Das GROSSE BUCH der Strickmuster

Jacquards · Hebemaschen · Reliefmuster · Zöpfe · Noppen · Ajour

CV

Die schönsten Strickmuster

Nadelschau – welche Stricknadeln eignen sich für welches Projekt?

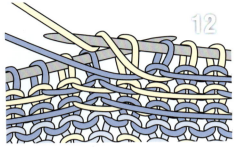

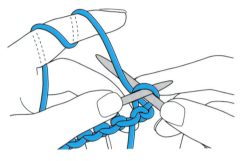

Strickschule – von A(nschlag) bis Z(usammenstricken)

Nur rechte und linke Maschen mustern die kuschelige Stola in leuchtendem Blau

Muster- und Modellvorschläge im Überblick

RELIEFMUSTER AB SEITE 24
- 25 Rechts-Links Reliefs
- 26 Mütze Yvonne
- 28 Stola Marina
- 36 Reliefmuster mit Flechtoptik

JACQUARDMUSTER AB SEITE 42
- 44 Grafische Bordüren
- 46 Flora & Fauna
- 48 Norwegersterne

HEBEMASCHEN AB SEITE 50
- 52 Decke und Kissen Kirembo
- 54 Hebemaschen mit Streifenoptik
- 61 Hebemaschen: Grafische Muster

ZOPFMUSTER AB SEITE 68
- 70 Damenpullover Cendrillon
- 72 Allover-Zöpfe
- 76 Statment-Zöpfe
- 80 Zopf-Lochmuster

NOPPENMUSTER AB SEITE 86
- 88 Noppenmuster
- 94 Noppenzöpfe

AJOURMUSTER AB SEITE 102
- 104 Wickeljäckchen und Baby-Bolero Aurora
- 108 Spitzenmuster
- 112 Blattmuster
- 116 Netzmuster
- 120 Wellenmuster

NADELSCHAU SEITE 8

Welches Werkzeug für welches Projekt?

STRICKSCHULE SEITE 12

Von Anschlag bis Zusammenstricken – in Wort und Bild genau erklärt

- 126 Impressum
- 126 Abkürzungen

Die schönsten Strickmuster

Es ist immer wieder unglaublich faszinierend, wie vielfältig und wandelbar Maschen sind. Die kleinen Schlaufen werden mal rechts, mal links gestrickt, abgehoben, verkreuzt, verzopft, vielfarbig kombiniert, zu Noppen verdickt oder mit Umschlägen zu Löchern erweitert – und schon entstehen die schönsten, ausdrucksvollsten Strukturen. Das wirkt mal romantisch, mal rustikal, mal duftig, mal kompakt, mal sportlich, mal elegant – und doch bestehen alle Muster letztendlich nur aus Maschen. Der Schatz an Ideen, die das Stricken so abwechslungsreich und interessant machen, ist riesig. Wir haben Ihnen die schönsten Muster zusammengestellt und zeigen eine große Vielfalt: Reliefmuster, Jacquards, Hebemaschen, Zöpfe, Noppen und Ajour.

Für einige unserer Vorschläge gibt es nicht nur eine übersichtliche Strickschrift für das Arbeiten in Reihen, sondern zusätzlich eine ausführliche Textanleitung in Reihen und Runden sowie eine separate Strickschrift fürs Rundstricken. Und für viele Muster finden Sie eine Videoanleitung auf YouTube: http://goo.gl/QegFRx. Jedes Thema wird mit Hintergrundinformationen und Kurzlehrgängen eingeführt, sodass auch Strickanfänger den Einstieg schaffen. Für sie gibt es außerdem eine ausführliche Strickschule, die vom Maschenanschlag bis zum Zusammennähen alle notwendigen Kenntnisse übersichtlich in Wort und Bild vermittelt.

Alle Muster haben wir aus einem hochwertigen Merinogarn von Lang Yarns gestrickt, das die Strukturen plastisch zur Geltung bringt. Auch unsere fünf Modellvorschläge sind aus Qualitätsgarnen des Schweizer Traditionshauses gearbeitet. Auf Seite 6/7 stellen wir Ihnen mit Knäueln von Lang Yarns die wichtigsten Faserlieferanten vor und auf Seite 8-11 präsentieren wir unser liebstes Handwerkzeug: Stricknadeln!

Tauchen Sie mit uns ein in die wunderbare Welt der Mustermaschen und entdecken Sie die vielen kreativen Möglichkeiten!

Herzlichst
Ihre Redaktion

Janne Graf ist zuständig für das Gesamtkonzept, die Serviceseiten und die Produktinformationen.

Helene Weinold ist stricktechnisch mit allen Wassern gewaschen und prüft die Strickanleitungen.

Ganz einfach, extrem effektvoll: rechte und linke Maschen im Wechsel. Mütze Seite 26

In Reihen und Runden, im Text und mit Strickschriften erklärt: Grafisches Hebemaschenmuster „Krauskästchen" von Seite 64

Mutter und Töchterchen im Partnerlook: Mamas Wickeljacke und Babys Bolero mit nostalgischem Ajourmuster auf Seite 104

Nadelschau

Zum Stricken braucht man außer Garn nur Nadeln – doch da ist inzwischen das Angebot riesig und sehr differenziert. Erfahren Sie, welche Nadeltypen im Handel sind, und wozu sie dienen.

LANGSTRICKNADELN

Zwei gerade Stäbe, an einer Seite ein Stopper, damit keine Maschen runterrutschen, an der anderen Seite eine Spitze, damit sich die Maschen gut aufnehmen lassen: Voilá - die Langstricknadel. Sie ist das Basismodell für das Stricken in Reihen und der Klassiker unter den verschiedenen Modellen, der auch bei Strickunkundigen sofort mit dieser Handarbeitstechnik assoziiert wird. Ist der Schaft bis auf die Spitze gleichmäßig dick, spricht man von Jackenstricknadeln. Verjüngt sich der Schaft nach hinten zum Stopper hin, haben wir es mit Schnellstricknadeln zu tun:

Der verjüngte Schaft nimmt mehr Maschen auf und hilft, schneller und mühelos zu stricken. Langstricknadeln sind im mediterranen Raum sehr beliebt, wo eine etwas andere Stricktechnik als bei uns geläufig ist. Dabei wird die linke Nadel unter dem linken Arm fixiert, die linke Hand legt den Faden, die rechte Hand führt die zweite Nadel, die die neuen Maschen aufnimmt. Weltweit ist diese Methode weit verbreitet und funktioniert natürlich nur mit langen, starren Nadeln. Langhaarige StrickerInnen schätzen diese Stricknadeln auch deshalb, weil man damit bei Bedarf die Haare hochstecken kann. Bei größeren Strickstücken hängt das Gewicht des Strickstücks an den Nadeln und strapaziert die Handgelenke – hier haben Flexi-Nadeln und Rundstricknadeln ihre Vorteile.

SPEZIELL FÜR KINDER

Kinder haben kleinere Hände und ein paar pfiffige Besonderheiten können ihnen das Strickenlernen erleichtern. Kinderstricknadeln haben alle Nadelhersteller im Sortiment. Von Pony, Prym & Co. gibt es für kleine Strickfans allerhand Buntes und Biegsames, das die Verletzungsgefahr minimiert. „addilinos" heißen zum Beispiel die Kinderstricknadeln von addi.

Die Jackennadeln sind nur 20 cm lang und lassen sich daher einfach bewegen. Sie haben verschiedenfarbige Stopperknöpfe an den Enden, damit Hin- und Rückreihen besser unterschieden werden können. Die Extra-Beschichtung bremst ein bisschen, so dass die Maschen nicht so leicht von der Nadel herunterfallen. addilinos-Rundstricknadeln haben kürzere Spitzen, die in unterschiedlichen Farben auch Erwachsenen mit Rechts-Links-Schwäche das Stricken erleichtert.

MATERIALIEN

Stricknadeln müssen absolut glatt sein, damit die Maschen gut rutschen und der Faden nirgends hängenbleibt. Das ist die wichtigste Anforderung an das Material und die Verarbeitung. Davon abgesehen gibt es ein vielfältiges Angebot, bei dem für jeden das Passende dabei ist.

Metall: Stahl-, Messing- oder die leichteren Aluminiumnadeln sind unverwüstlich und – für viele unverzichtbar – sorgen für das leise, rhythmische Klicken beim Stricken, das so ungeheuer beruhigend wirken kann.

Kunststoff: Noch etwas leichter im Gewicht, einfach einzufärben und so zum Beispiel von addi in champagnerfarbenem Goldglitter-Look attraktiv anzuschauen, sind Kunststoffnadeln auch für Nickelallergiker eine gute Alternative

Bambus: Das leichte, temperaturausgleichende Naturmaterial vermittelt ein angenehmes Wärmgefühl, nimmt Hautfeuchtigkeit auf, ist elastisch, federt daher weich, und lädt sich nicht elektrostatisch auf. Das schätzen rheumageplagte Menschen genauso wie Allergiker besonders. Bei Bambus-Nadelspielen rutschen die einzelnen Nadeln aufgrund des geringen Eigengewichts kaum aus dem Gestrick.

Holz: Die Haptik von Holz und die ästhetisch ansprechende Maserung machen Holznadeln zu ganz besonderen Strickwerkzeugen. Es gibt sie beispielsweise aus Olivenholz von nicht mehr tragenden Bäumen, die mit pflanzlichem Öl veredelt sind.

NADEL-SETS

Immer die richtigen Nadeln griffbereit – diesem Wunsch kommen Sie mit einem Nadelset sehr nahe, bei dem Nadelspitzen in verschiedenen Stärken frei mit Seilen kombiniert werden können. Profis, die z. B. wissen, dass sie Rückreihen fester stricken als Hinreihen, können für ein noch gleichmäßigeres Maschenbild zwei unterschiedliche Spitzen in einer Rundstricknadel kombinieren. Oder Sie verwenden Spitzen in sehr unterschiedlichen Stärken für ein abwechslungsreiches Muster aus engen und weiten Maschenreihen. Außerdem können Sie jederzeit die Nadelstärke wechseln, wenn Sie beispielsweise nach dem Bund mit größeren Nadeln stricken möchten. Auch die Seillänge lässt sich schnell verändern, etwa wenn Sie viele Maschen dazu aufnehmen.

Nadelschau

NADELSPIEL

Zum Stricken in kleinen Runden sind Nadelspiele gedacht. Sie bestehen aus fünf geraden Nadeln mit jeweils zwei Spitzen an den Enden. Die Klassiker sind jeweils 20 cm lang, typischerweise entstehen damit Socken, daher werden sie auch Strumpfstricknadeln genannt. Die 10 und 15 cm langen Varianten sind fürs Handschuhstricken ideal und heißen daher auch nach diesem Kleidungsstück Handschuhnadeln. Mit dem Trend zu dickeren Garnen und dem aktuellen Mützen-Boom sind Nadelspiele jetzt nicht mehr nur in den kleineren Stärken 1,25 bis 5 für die verschiedenen Sockengarnstärken, sondern auch für wesentlich voluminösere Garne in den Stärken 7 bis 15 und 20 erhältlich. Ihre Länge liegt bei 20, 23 oder 25 cm, es gibt aber auch Spielnadeln von 40 cm Länge.

Für jeden Zweck und Geschmack die richtigen Stricknadeln

FLEX-STRICKNADELN

Ein Hybrid zwischen Langstrick- und Rundstricknadeln sind Flex-Nadeln, bei denen jeweils eine starre Spitze mit einem flexiblen Seil verbunden ist, an dessen Ende ein Stopper sitzt, der die Maschen am Abrutschen hindert. Sie sind speziell für große Strickstücke gedacht und schonen die Handgelenke, da das Gewicht des Strickstücks beim Arbeiten auf dem Schoß oder der Unterlage liegt.

NADELSTÄRKEN

Der Durchmesser der Stricknadel bestimmt die Maschengröße, die Nadelstärke muss also zum Garn passen. Auf den Banderolen der Strickgarne sind die empfohlenen Nadelstärken jeweils angeben. Außerdem hilft die Maschenprobe dabei (siehe auch Seite 22), die richtige Nadelstärke für das gewählte Garn und die gewünschte Anleitung zu bestimmen. In Deutschland wird das metrische Maß angegeben, der Durchmesser der Nadel in Millimetern entspricht der Nadelstärke. Vorsicht beim Nadeleinkauf im Ausland oder bei fremdsprachigen Anleitungen: in Großbritannien gibt es ein anderes System, das sich wiederum vom US-amerikanischen unterscheidet.

NADELSTÄRKEN

Metrisch in mm	1,75	2	2,25	2,5	2,75	3	3,25	3,5	3,75	4	4,5	5	5,5	6	6,5	7	7,5	8	9	10	12	16	19	25
Britische Nadelstärken (Imperial)	15	14	13	-	12	11	10	-	9	8	7	6	5	4	3	2	1	0	00	000	-	-	-	-
Amerikanische Nadelstärken	00	0	1	-	2	3	-	4	5	6	7	8	9	10	10,5	-	1	11	13	15	17	19	35	50

Auch bei der Länge der Stricknadeln gibt es viel Auswahl. Langstricknadeln messen in der Regel 20 bis 40 cm, Flexi-Nadeln sind oft auch noch länger, da sie für große Projekte gedacht sind. Gängige Längen für Rundstricknadeln sind 40–150 cm, es gibt aber auch extra kurze Rundstricknadeln mit nur 20 und 30 cm Länge. Fein- oder Lacestricknadeln haben besonders feine, lange Spitzen, die die Maschenaufnahme erleichtern.

Nadelschau

RUNDSTRICKNADELN

Zwei starre Nadelenden, verbunden durch ein flexibles Seil – bei Rundstricknadeln ist das A und O der absolut perfekte, nahtlose Übergang zwischen glatten, leichten Spitzen und dem flexiblen Seil. Nur wenn hier nichts hakt, ist das Stricken mit Rundstricknadeln angenehm. Konzipiert sind Rundstricknadeln für das Stricken in Runden für Loops, in einem Stück gestrickte Pullover bis zum Armansatz oder Runden, also immer dann, wenn man im Prinzip eine nahtlose Röhre fertigt. Allerdings kann man mit Rundstricknadeln auch sehr gut „offen" in Reihen stricken. Das hat erstens den Vorteil, dass die zweite Nadel immer griffbereit ist und zweitens, dass das Gewicht des Strickstücks nicht an den Nadeln hängt, sondern entweder auf dem Schoß oder – wenn man an einem Tisch sitzend strickt – auf der Platte ruht. Außerdem ist ein Strickstück mit Rundstricknadeln weniger sperrig und lässt sich besser transportieren. Weltweit sind Rundstricknadeln daher mengenmäßig auf dem Vormarsch.

NÜTZLICHE HELFER

Nadeln und Faden – das ist die Grundausstattung fürs Stricken. Allerdings gibt es noch nützliches Zubehör, das den Maschenspaß erleichtert.

1 Zählrahmen für die obligatorische Maschenprobe. Damit fällt das Auszählen der Maschen und Reihen pro 10 cm x 10 cm noch leichter, und Sie starten mit dem sicheren Gefühl, dass bei Ihrem Strickmodell die Maße stimmen werden, da die Maschenprobe passt! Von addi mit integriertem Nadelmaß.

2 Maschenmarkierer werden in eine Masche eingehängt, um z. B. den Rundenanfang zu markieren, das Auszählen zu erleichtern, Zu- oder Abnahmen zu kennzeichnen oder Musterrapporte zu verdeutlichen. Sie sorgen für Orientierung im Maschendschungel und werden während der Arbeit gesetzt.

3 Der Dreh für die Übersicht: Reihenzähler werden auf die Nadelenden aufgesteckt; durch das Drehen am kleinen Zählwerk nach jeder Reihe oder Runde, wissen Sie immer, wie weit Sie an Ihrem Strickstück gerade sind.

4 Ein kleiner Bogen in der Mitte macht das Stricken von Zöpfen viel einfacher: Zopfnadeln sorgen dafür, dass die stillgelegten Maschen nicht herunterrutschen. Es gibt sie in Stärke 2,5 und 4 aus Aluminium sowie aus Kunststoff mit Goldflittereinlage in Stärke 7 und 10.

5 Die kleine, scharfe, spitze Schere darf in keinem Handarbeitskorb fehlen.

6 Wie überdimensionierte Sicherheitsnadeln sehen Maschenraffer aus, und sie funktionieren nach dem gleichen Prinzip. Sie dienen zum Stilllegen mehrerer Maschen, die von den Nadeln genommen, aber noch nicht abgekettet werden, z.B. beim getrennten Beenden der beiden Seiten am Halsausschnitt oder wenn die Schulternaht später im Maschenstich geschlossen wird.

7 Bunt und lustig sind die Nadelhalter in Bärchenform. Sie kommen zum Einsatz, wenn gerade nicht gestrickt wird und halten Rund-, Strumpf- und Jackenstricknadeln in den Stärken 2-8 zusammen. So sorgen sie dafür, dass das Strickstück z. B. beim Transport nicht abrutscht.

8 Nicht bei allen Stricknadeln findet sich ein Aufdruck, der Auskunft über die Stärke gibt. Da hilft ein Nadelmaß, das auch bei ausländischen Nadeln, die nach einem anderen System gekennzeichnet sind, zuverlässig die Stärke in Millimetern angibt.

9 Die Spirale mit Ösen ist ein Strickfingerhut, der sich beim mehrfarbigen Stricken nützlich macht. Er wird auf den linken Zeigefinger gesteckt, durch die kleinen Ösen können Sie zwei bis vier Fäden ziehen.

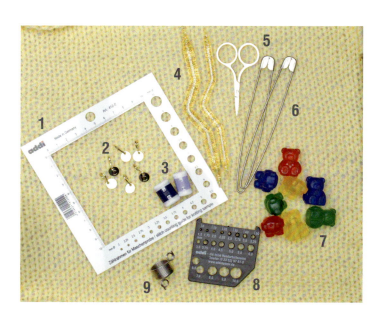

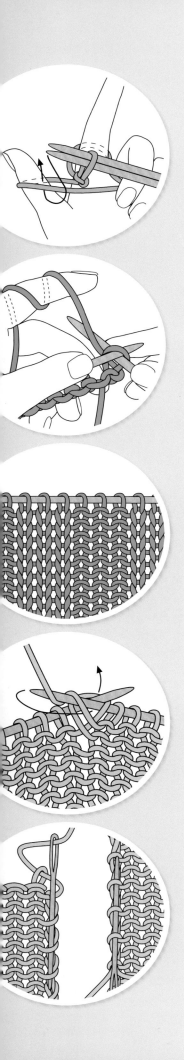

Strickschule

Hier kommen die Basics, Stricken von Anfang an: Maschenanschlag, rechts, links, Zu- und Abnahmen – von der allerersten Anfangsschlinge bis zum letzten vernähten Faden haben wir Ihnen in diesem Kurs die Grundlagen der Stricktechnik aufbereitet. Zu jedem Thema gibt es eine Bildfolge, die alles zeigt, mit Erklärungen, die jeder versteht. Wir zeigen ganz genau in Wort und Bild und Schritt für Schritt, wie Stricken funktioniert. Aufbauend auf dieses Grundlagenwissen werden zu jedem Musterthema die spezielleren Techniken vorgestellt, die dort zum Einsatz kommen – jeweils kompakt am Anfang des entsprechenden Kapitels. Dort finden Sie auch für jede Musterfamilie einige Vorschläge, die nicht nur mit einer übersichtlichen Strickschrift vorgestellt werden, sondern als Extra-Service für alle Leserinnen zusätzlich eine ausführliche Textbeschreibung bieten. Und das nicht nur für das offene Stricken in Reihen, sondern darüber hinaus mit Strickschrift und detaillierter Masche-für-Masche-Anleitung für das Stricken in Runden. Auf den folgenden Seiten geht es aber erst einmal um die Anfänge – zur Auffrischung für Wiedereinsteiger, als Einführung für Strickneulinge und als kleiner Technik-Abgleich für Strickprofis.

Das gesammelte Wissen, das in der Kulturtechnik Stricken zum Ausdruck kommt, und in dieser Strickschule zusammengefasst wird, hat eine lange Tradition. Heute steht der kreative Aspekt im Vordergrund und natürlich die Mode! Handstrick- Optik ist und bleibt unverwechselbar und individuell. Selbermachen liegt im Trend, und damit erlebt auch das Stricken einen Boom, gesellschaftliche Anerkennung und die verdiente Wertschätzung. Was viele Strickerinnen am eigenen Leib erfahren, wird jetzt auch wissenschaftlich bewiesen: Stricken entspannt, senkt Pulsrate und Blutdruck, stärkt das Selbstbewusstsein, hält das Hirn fit, hilft bei der Bewältigung von Schmerz, Krankheit und Lebenskrisen – kurz: Stricken tut gut!

Strickkurs für Einsteiger

Hier kommt die Theorie! Aber keine Angst: Alles wird Schritt für Schritt ganz übersichtlich in Wort und Bild erklärt. Die farbigen Zahlen in den Zeichnungen verweisen auf den dazugehörigen Text.

◀ **MASCHENANSCHLAG**

Der Anschlag wird mit 2 Nadeln gearbeitet, die 2. Nadel herausziehen, wenn die gewünschte Maschenzahl erreicht ist. Zunächst großzügig Faden vom Knäuel abwickeln: etwa 2 cm pro Masche plus ca. 20 cm Zugabe.

1. An der so abgemessenen Stelle den Faden fassen und wie im Bild gezeigt um die linke Hand legen. Der Faden des Knäuels kommt vom kleinen Finger, das abgemessene Fadenende verläuft vom Daumen in die Hand.

2. Die Nadeln in die Daumenschlinge schieben und dann den Faden, der vom Zeigefinger kommt, fassen.

3. Diesen Faden mit den Nadeln durch die Daumenschlinge ziehen.

4. Jetzt den Daumen aus der Schlinge ziehen, unter den vorderen Faden schieben und den Faden, durch Strecken des Daumens in die Ausgangsposition, festziehen. Jetzt liegt die erste Masche auf den Nadeln.

5. Mit den Nadeln den Faden, der vor dem Daumen liegt, fassen.

6. Dann mit den Nadeln wieder den Faden des Zeigefingers fassen und ihn durch die Daumenschlinge ziehen.

7. Den Daumen aus der Schlinge ziehen, ihn unter den vorderen Faden schieben …

8. … und den Faden, durch Strecken des Daumens in die Ausgangsposition, festziehen. Jetzt liegt die 2. Masche auf den Nadeln. Alle weiteren Maschen genauso arbeiten, die Schritte 5–8 also so lange wiederholen, bis die gewünschte Maschenzahl erreicht ist. Nachdem alle Maschen angeschlagen sind, die 2. Nadel herausziehen

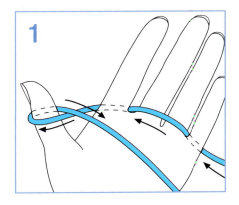
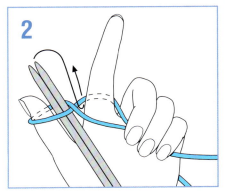
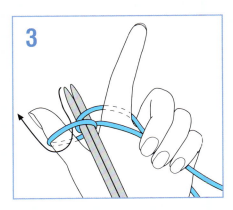
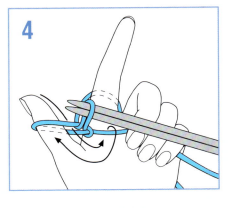
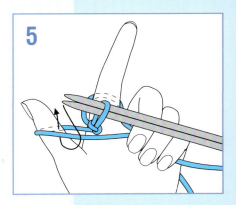
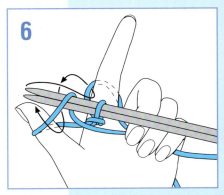
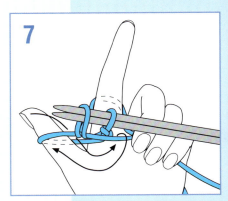
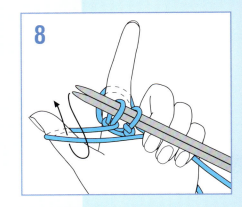

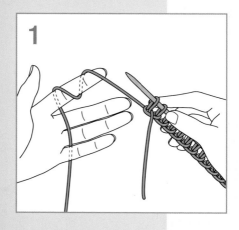
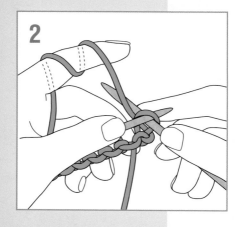
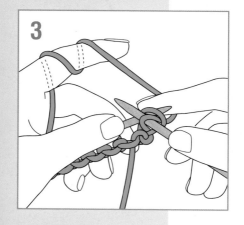
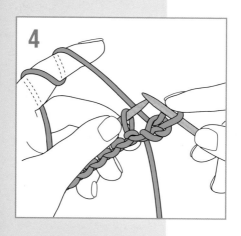

◀ **RECHTE MASCHEN STRICKEN**

1. Die Nadel mit den angeschlagenen Maschen in die rechte Hand nehmen, den vom Knäuel kommenden Faden, wie im Bild gezeigt, um die linke Hand wickeln.
2. Dann die Nadel mit den Maschen in die linke Hand nehmen, den Zeigefinger ausstrecken. Der Faden liegt hinter den Anschlagmaschen. Die 2. Nadel in die rechte Hand nehmen und damit von vorn in die 1. Masche stechen.
3. Den Faden fassen und durch die Masche ziehen.
4. Die Masche von der linken Nadel gleiten lassen. Auf der rechten Nadel liegt jetzt die erste rechte Masche.
5. Die Maschen auf der rechten Nadel mit dem Daumen zurückhalten, die nächste Masche auf der linken Nadel mit dem Mittelfinger Richtung Nadelspitze schieben. Mit der rechten Nadel von vorn in die nächste Masche der linken Nadel stechen. Schritt 3–5 stets wiederholen bis alle Maschen von der linken auf die rechte Nadel gewandert sind. Die 1. Reihe ist fertig.
6. Die 2. und alle folgenden Reihen genauso arbeiten, dazu muss nach jeder Reihe die Nadel mit den Maschen gewendet werden. Fadenführung und Handhaltung stets beibehalten, wie in Schritt 2 beschrieben.

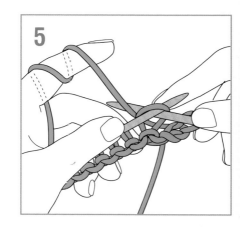
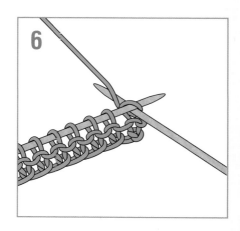
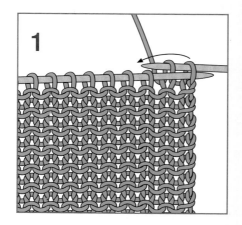

▶ **MASCHEN ABKETTEN**

1. Die ersten beiden Maschen stricken. Dann mit der linken Nadel in die 1. Masche einstechen, sie über die 2. Masche legen und mit der rechten Nadel die 2. Masche durch die 1. Masche ziehen.
2. Die nächste Masche stricken und die vorherige Masche darüberziehen, wie in Schritt 1 beschrieben. Diesen Vorgang so lange wiederholen, bis alle Maschen abgekettet sind. Faden abschneiden und durch die letzte Masche ziehen.

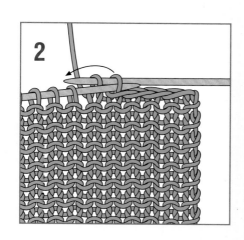

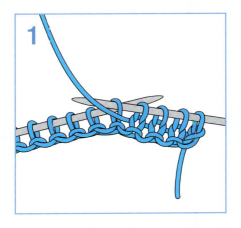

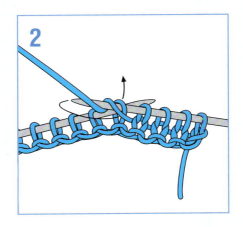

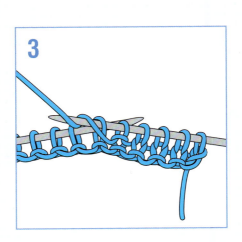

◀ **LINKE MASCHEN STRICKEN**

1. Im Gegensatz zur rechten Masche liegt bei der linken Masche der Faden vor der Nadel. Mit der rechten Nadel von rechts nach links in die Masche einstechen.
2. Den Faden von vorn nach hinten um die Nadelspitze schlingen und durch die Masche holen.
3. Die Masche von der linken Nadel gleiten lassen; auf der rechten Nadel liegt jetzt eine linke Masche.

In den Rückreihen die Maschen stricken, wie sie erscheinen. Also: rechte Maschen rechts, linke Maschen links stricken. Die 1. und die letzte Masche jeder Reihe bilden später die Kanten des Strickstücks. Für schöne Kanten ist daher die Strickart dieser Randmaschen entscheidend.

▶ **KNÖTCHENRAND**

1. Die 1. Masche jeder Reihe stets rechts abheben. Dabei liegt der Arbeitsfaden hinter der Nadel.
2. Die letzte Masche jeder Reihe stets rechts stricken.
3. Es ergibt sich ein etwas festerer Abschluss. Hier im Bild ist der rechte Rand (in der Hinreihe) gezeigt.
4. So sieht der linke Rand (in der Hinreihe) aus.

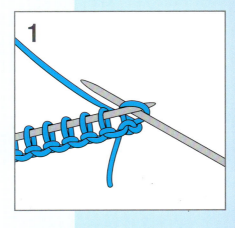

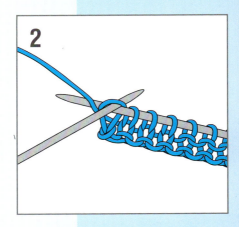

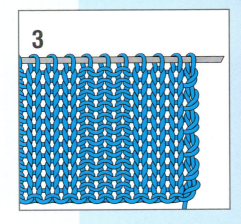

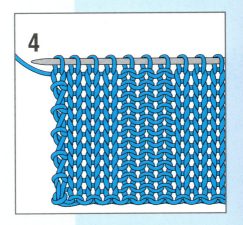

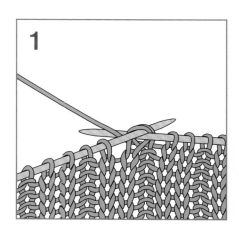

◀ **MASCHEN LINKS ZUSAMMENSTRICKEN**

1. Wie bei einer linken Masche den Faden vor legen, von rechts nach links durch beide Maschen stechen und den Faden durchholen.
2. Die Maschen von der linken Nadel gleiten lassen; aus 2 linken Maschen ist 1 linke Masche geworden.

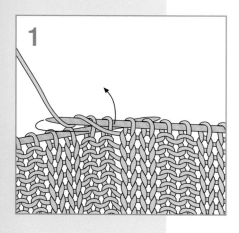

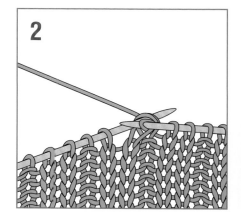

▶ **MASCHEN RECHTS ZUSAMMENSTRICKEN**

1. Wie bei einer rechten Masche liegt der Faden hinter der Arbeit. Mit der rechten Nadel von links nach rechts durch beide Maschen stechen.
2. Den Faden durchholen.
3. Die Maschen von der linken Nadel gleiten lassen; aus 2 Maschen ist 1 rechte Masche geworden.
4. Zwei rechte Maschen werden genauso rechts zusammengestrickt, wie in Schritt 1–3 beschrieben. Dabei wird entsprechend aus zwei rechten Maschen eine rechte Masche.

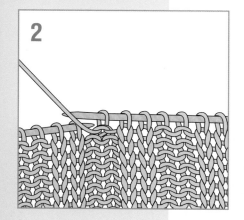

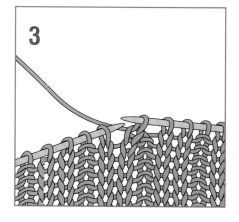

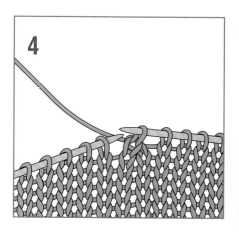

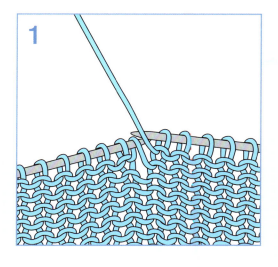

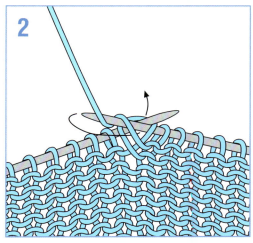

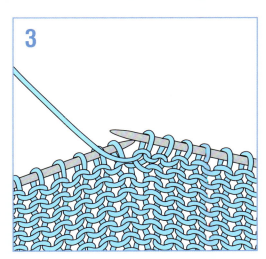

◀ **LINKS VERSCHRÄNKTE ZUNAHME**

1. Den Querfaden zwischen 2 Maschen mit der linken Nadel von vorn nach hinten aufnehmen.
2. Den Arbeitsfaden vor die Arbeit legen. Von links nach rechts in den hinteren Schlingenteil einstechen. Faden durchholen.
3. Den aufgenommenen Querfaden von der linken Nadel gleiten lassen. Auf der rechten Nadel liegt nun eine zusätzliche Masche.

▶ **RECHTS VERSCHRÄNKTE ZUNAHME**

1. Den Querfaden zwischen der zuletzt gestrickten und der nächsten Masche mit der linken Nadel von vorn nach hinten aufnehmen.
2. In den hinteren Schlingenteil einstechen. Der Arbeitsfaden liegt hinten. Faden durchholen.
3. Den aufgenommenen Querfaden von der linken Nadel gleiten lassen. Auf der rechten Nadel liegt nun eine zusätzliche Masche.

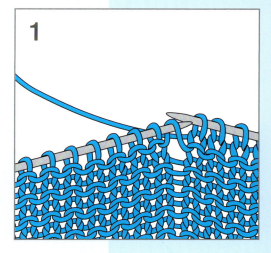

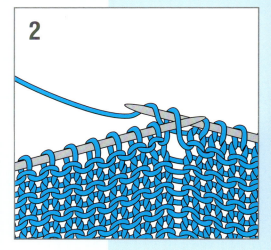

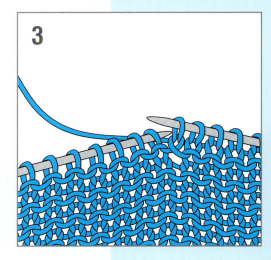

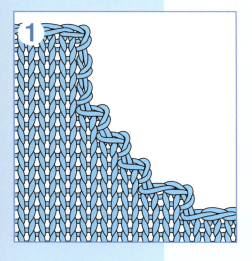

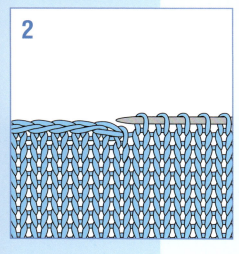

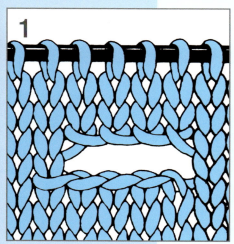

◀ **SEITEN GETRENNT BEENDEN**

1. Für den Halsausschnitt werden die mittleren Maschen abgekettet, dann wird zunächst die linke Seite fertig gestrickt.
2. Die rechte Seite ist stillgelegt, sie bleibt unbearbeitet, bis die linke Seite fertiggestellt ist. Dann wird die rechte Seite ebenso wie die linke gestrickt, Beginn in einer Rückreihe.

◀ **KNOPFLOCH**

1. In einer Hinreihe nur bis zu der Stelle stricken, die für das Knopfloch vorgesehen ist. Dann in der für das Knopfloch gewünschten Breite Maschen abketten und die Reihe zu Ende stricken. In der folgenden Rückreihe die entsprechende Maschenzahl über den abgeketteten Maschen wieder anschlagen.

▶ **AUFFASSEN VON MASCHEN**

Gestrickte Blenden werden mit einer kurzen Rundstricknadel oder, bei kleineren Ausschnitten, mit einem Nadelspiel gestrickt. Die Flexibilität der Rundstricknadel erleichtert das Auffassen der Maschen, außerdem entfällt beim Stricken in Runden die Naht.
1. An der linken Schulternaht beginnen. Beim geraden, senkrechten Reihenverlauf mit der Nadel das außen liegende Maschenglied der ersten Masche nach der Randmasche erfassen und den Faden durchholen. Bei längeren Geraden ca. jede 4. Reihe übergehen.
2. Beim Auffassen aus den Rundungen müssen die „Treppchen", die beim Abketten entstanden sind, ausgeglichen werden. Dabei darf auch einmal die Masche einer Reihe tiefer erfasst werden, um eine gleichmäßige Rundung zu erreichen.
3. Beim waagerechten, geraden Abkettrand in die Masche unterhalb des Abkettrands einstechen und den Faden durchholen. Hier wird aus jeder Masche eine Masche herausgestrickt.

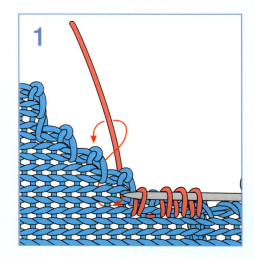

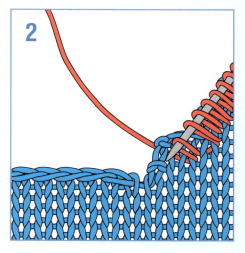

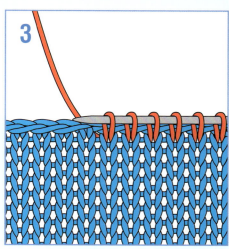

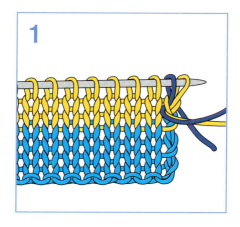

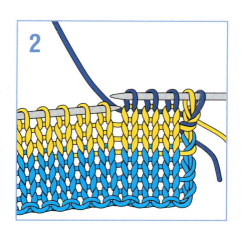

◀ **FARBWECHSEL AM RAND**

1. Die letzte Randmasche vor dem Farbwechsel mit dem neuen und dem alten Faden zusammen, also zweifädig, rechts stricken.
2. Die beiden Fäden der Randmasche zusammen abheben und mit dem neuen Faden weiterstricken. Nach einigen Maschen beide Fäden anziehen, sodass sich ein gleichmäßiges Maschenbild ergibt. Die beiden Fäden der Randmasche dann am Ende der folgenden Reihe als 1 Masche stricken. Den alten Faden nicht zu kurz abschneiden, etwa 10 cm hängen lassen.

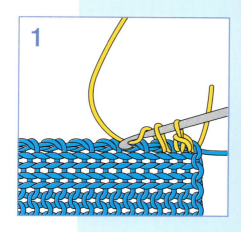

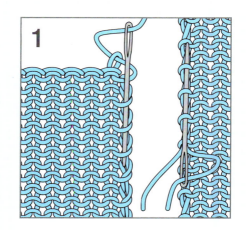

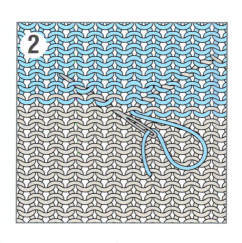

◀ **FÄDEN VERNÄHEN**

1. Die Fadenenden in eine stumpfe Wollnadel fädeln und in die Randmaschen einziehen, dabei einen Faden nach oben, den anderen nach unten ziehen. Bei zusammengenähten Strickteilen die Fäden in die Naht einziehen.
2. Geht ein Knäuel mitten in der Reihe zu Ende oder ist ein Farbwechsel in einer Reihe notwendig, werden die Fäden auf der Rückseite der Arbeit vernäht. Dabei zunächst durch die daneben liegende Masche stechen, sodass zwischen der letzten Masche des alten Fadens, und der ersten, die mit dem neuen Faden gestrickt wurde, eine Verkreuzung entsteht. Den Faden schräg in die Maschenreihen einziehen, dabei immer nur einen Teil der Maschenglieder erfassen, damit der Faden auf der Vorderseite nicht sichtbar ist.

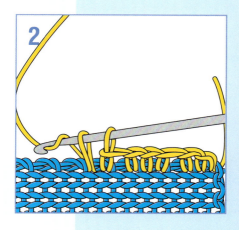

KANTEN UMHÄKELN ▲

1. Mit der Häkelnadel zwischen Randmasche und 1. Masche einstechen und den Faden zu einer Schlinge durchholen. * Eine Reihe weiter links wieder zwischen Randmasche und 1. Masche einstechen und eine Schlinge durchholen. Den Faden um die Häkelnadel legen und durch beide Schlingen ziehen, also eine feste Masche häkeln.
2. Ab * stets wiederholen, dabei immer wieder 1 Reihe übergehen (etwa nach jeder 3. Masche), sonst wellt sich der Rand.

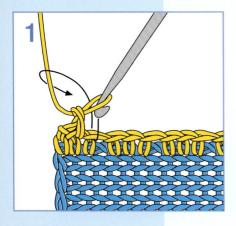

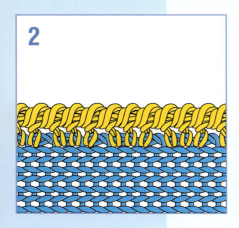

◀ KREBSMASCHEN

Krebsmaschen sind feste Maschen, die von links nach rechts, also rückwärts, gehäkelt werden. Sie werden direkt im Anschluss an die Reihe fester Maschen gehäkelt.

1. Dafür die Arbeit nach der letzten Masche nicht wenden. In die vorletzte feste Masche der Vorreihe einstechen und den Faden zur Schlinge durchholen. Den Faden um die Häkelnadel legen und durch beide Schlingen ziehen. Für jede weitere Krebsmasche sticht man rückwärts arbeitend in die nächste Masche der Vorreihe. An den Knopflöchern dementsprechend nur die Luftmaschen mit Krebsmaschen behäkeln.

2. Es ergibt sich eine feste und gleichmäßige Abschlusskante, die besonders dekorativ wirkt.

▶ AUFSTRICKEN AM RECHTEN RAND

1. Dafür in die 1. Masche wie zum Rechtsstricken einstechen, den Faden zur Schlinge durchholen und auf der rechten Nadel lassen.

2. Mit der linken Nadel die Schlinge von vorne nach hinten erfassen (von rechts her einstechen) und als Masche auf die linke Nadel nehmen.

3. In die neue Masche wieder wie zum Rechtsstricken einstechen und die nächste Masche aufstricken, wie unter Schritt 1 und 2 beschrieben.

4. Diese Zunahme stets wiederholen, bis die gewünschte Maschenzahl erreicht ist.

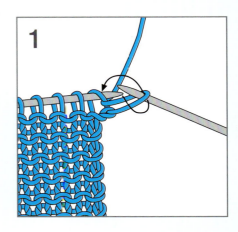

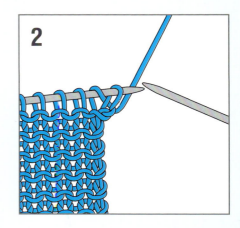

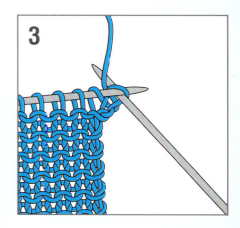

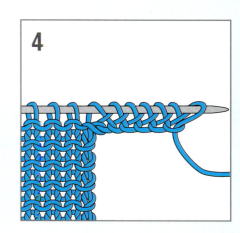

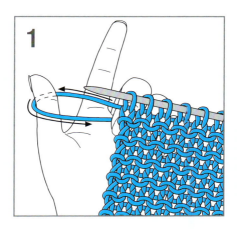
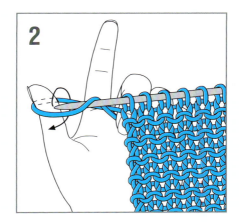
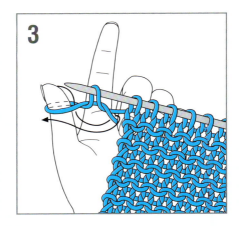
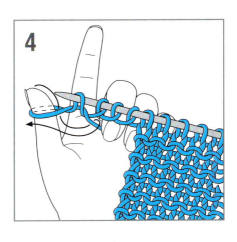

◀ **MASCHEN AM LINKEN RAND DAZU ANSCHLAGEN**

1. Dafür den Faden von der Nadel kommend von hinten nach vorn um den Daumen legen, mit Mittel-, Ring- und kleinem Finger leicht festhalten.
2. Mit der rechten Nadel von vorn nach hinten in die Schlinge stechen und den hinteren Faden fassen.
3. Den Faden zur Schlinge durchziehen, den Daumen aus der Schlinge nehmen und den Faden anziehen, sodass eine neue Masche entsteht. Mit dem Daumen den Faden so aufnehmen, dass er wieder wie in Schritt 1 um den Daumen liegt.
4. Diese Zunahme stets wiederholen, bis die gewünschte Maschenzahl erreicht ist.

▶ **RUNDSTRICKEN MIT NADELSPIEL**

1. Maschen anschlagen, allerdings nur mit einer, nicht mit doppelt gelegten Nadeln. Bereits beim Anschlag die Maschen gleichmäßig auf 4 Nadeln verteilen. Sind die Maschen auf der 1. Nadel angeschlagen, die 2. Nadel parallel dazu und direkt darüber halten, sodass die Spitze etwas vorsteht. Dann die Maschen auf der 2. Nadel anschlagen und so fort, bis alle Maschen auf den 4 Nadeln liegen.
2. Die 4 Nadeln zu einem Quadrat legen, dabei darauf achten, dass die unteren Kanten aller Maschen nach innen weisen und keine Maschen verdreht sind. Das Fadenende markiert den Rundenanfang, evtl. zusätzlich den Rundenanfang nach der letzten angeschlagenen Masche mit einem andersfarbigen Faden markieren. Diese Markierung wandert beim Stricken mit nach oben und zeigt an, nach welcher Masche eine Runde abgeschlossen ist.
3. Mit der 5. Nadel die erste Anschlagmasche stricken; dadurch schließt sich die Runde. Den Faden dabei fest anziehen, damit keine Lücke entsteht. Sind die Maschen der 1. Nadel gestrickt, mit der frei gewordenen Nadel die 2. Nadel abstricken und so fort bis die ganze Runde gestrickt ist. Die Markierung nach jeder Runde abheben; sie wandert sozusagen mit.

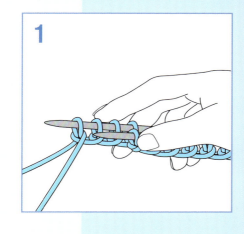
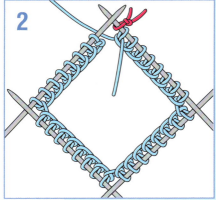
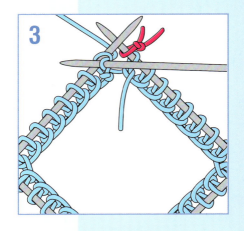

Strickteile zusammenfügen

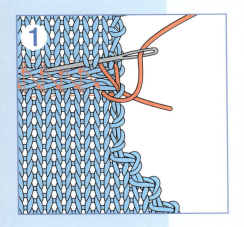

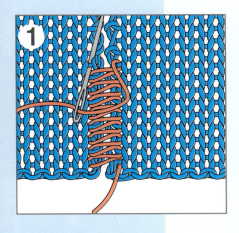

Sind alle Teile gestrickt, dann geht es ans Zusammennähen. Damit die Nähte unauffällig, fest und dennoch elastisch sind, werden dabei unterschiedliche Stiche verwendet. Beim Einsetzen der Ärmel sorgfältig darauf achten, dass die Mitte stimmt, sonst sitzen sie später nicht korrekt.

◀ MASCHENSTICH

Diese Naht eignet sich besonders für das Zusammennähen abgeketteter Kanten, z.B. an den Schulternähten. Sie ist schön flach und bildet sozusagen eine genähte Maschenlinie.

1. Die Abkettränder flach gegeneinander legen, die Vorderseiten liegen oben. An einer Kante beginnen, durch die halbe Randmasche des unteren Teils stechen und den Faden durchziehen. Nun in die Randmasche des oberen Teils einstechen und in der Mitte der nächsten Masche (unterhalb des Abkettrands) wieder ausstechen. Wie mit Pfeilen in der Abbildung gezeigt, auch beim unteren Teil mit der Nadel jeweils in eine Masche unterhalb der Abkett-Reihe einstechen und bei der nächsten wieder ausstechen.

2. Beim oberen Teil wiederum versetzt arbeiten, d.h. bei der Masche unter der Abkettreihe ein Maschenglied der letzten und ein Maschenglied der nächsten Masche erfassen, dabei jeweils durch die Mitte zweier Maschen stechen. Nach jeweils etwa 2 cm den Faden anziehen. Die Maschenglieder ziehen sich dabei so ineinander, dass ein durchgehendes Maschenbild entsteht.

◀ MATRATZENSTICH

Eine vielseitige Naht, die schön flach liegt und das exakte Aufeinandertreffen von Farb- oder Musterstreifen ermöglicht, da sie auf der Vorderseite gearbeitet wird. Sie wird zum Beispiel zum Schließen der seitlichen Nähte oder der Ärmelnähte eingesetzt.

1. Vorder- und Rückenteil mit der Vorderseite nach oben parallel nebeneinander legen; die Ärmelschrägungen parallel gegeneinander legen. Mit der Nadel den Querfaden zwischen der Randmasche und der ersten Masche erfassen, Faden durchziehen. Auf der anderen Seite den gegenüberliegenden Querfaden zwischen Randmasche und 1. Masche erfassen und Faden durchziehen. Diesen Vorgang abwechselnd einmal auf der einen, dann auf der anderen Seite wiederholen.

2. Nach ca. 2 cm den Arbeitsfaden anziehen, damit sich die Strickteile übergangslos aneinanderfügen.

▼ GERADE ÄRMEL EINSETZEN

Bei geraden Ärmeln zunächst den offenen Ärmel an Vorder- und Rückenteil nähen und dann Ärmel- und Seitennaht in einem Stück schließen.

1. Zuerst die Ärmelmitte markieren. Die Teile werden mit der rechten Seite nach außen zusammengenäht. Den Ärmel mit Stecknadeln an Vorder- und Rückenteilkante fixieren, die Ärmelmitte trifft auf die Schulternaht, die im Maschenstich geschlossen wurde. Dabei am Ärmel jeweils 1 Masche unterhalb des Abkettrands erfassen, bei Vorder- und Rückenteil jeweils 2 Querfäden zwischen der Randmasche und der 1. Masche erfassen. Da Maschen und Reihen unterschiedlich breit sind, erfasst man ab und zu nur 1 Querfaden.

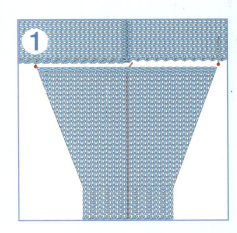

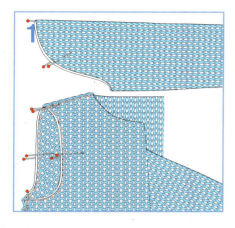

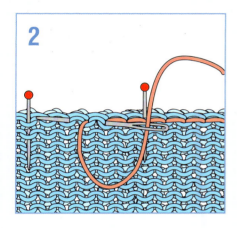

◀ ÄRMEL MIT ARMKUGEL EINSETZEN

Zunächst die gerade Ärmelnaht schließen.

1. Die Ärmelmitte markieren. Den Ärmel rechts auf rechts an die Schulternaht legen und mit Stecknadeln befestigen, die Ärmelmitte trifft auf die Schulternaht. Von der Mitte ausgehend den Ärmel mit Stecknadeln im Armausschnitt fixieren, dabei die Ärmelweite gleichmäßig verteilen. Die untere Ärmelnaht trifft auf die Seitennaht.

2. Hier wird eine Steppnaht gearbeitet (ausstechen, einen Rückstich arbeiten und links vor der Ausstichstelle wieder ausstechen). Die Stepplinie soll unterhalb des Abkettrands verlaufen. Beim Ein- und Ausstechen möglichst nur zwischen die Maschen stechen, den Faden selbst also nicht durchstechen. Überprüfen Sie ab und zu den Verlauf und das Aussehen der Naht auf der Vorderseite.

▼ MASCHENPROBE

In jeder Anleitung wird eine Maschenprobe vorgegeben, die beim Stricken eingehalten werden muss, sonst wird das Strickstück größer oder kleiner als in den Schnittmaßen angegeben. Dies gelingt durch die Wahl der richtigen Nadelstärke.

1. Zunächst eine Strickprobe anfertigen und prüfen, ob dieselbe Maschen- und Reihenzahl erreicht wird, wie vorgegeben. Dafür ein mindestens 12 x 12 cm großes Stück im angegebenen Muster stricken und dann nachzählen: Wie viele Maschen in der Breite und wie viele Reihen in der Höhe ergeben 10 x 10 cm. Hat die Probe mehr Maschen als in der Maschenprobe angegeben, lockerer stricken oder 1/2 bis 1 Stärke dickere Nadeln nehmen. Hat die Probe weniger Maschen, heißt es fester stricken oder eine dünnere Nadel verwenden.

Das richtige Maß

Damit die selbst gestrickten Pullis und Jacken auch passen: Bitte nachmessen! In der Größentabelle unten finden Sie dann die Größe, die den ermittelten Körpermaßen entspricht. Zu jeder Anleitung gehört außerdem ein Schnitt, der alle Maße im Überblick zeigt. Vergleichen Sie diese Angaben mit Ihrem Lieblingspulli und Sie können abschätzen, wie das Modell bei Ihnen sitzen wird.

Maßnehmen

Brustumfang: Einmal rundum auf Brusthöhe gemessen.
Taillenweite: Schön locker, ohne zu schnüren, einmal rund um die Taille gemessen.
Hüftweite: Waagerecht einmal rund herum an der stärksten Stelle gemessen.

Maßtabellen

Die Maßtabelle hilft bei der Auswahl der richtigen Größe. Vergleichen Sie die gemessenen Körpermaße mit den Werten in der Tabelle.

Damengrößen											
Größe	34	36	38	40	42	44	46	48	50	52	54
Oberweite	82	84	88	92	96	100	104	108	112	116	120
Taillenweite	62	64	68	72	77	82	87	92	97	102	107
Hüftweite	88	90	94	98	102	106	110	114	118	122	126

Reliefmuster

Reliefmuster sind einfach, aber effektvoll. Sie geben gestrickten Flächen Struktur, sind unkompliziert zu nadeln und daher bei Strickanfängern beliebt. Doch auch Profis setzen immer wieder auf das reizvolle Wechselspiel von rechten und linken Maschen. Denn Reliefmuster geben dem Strickstück „Stand", sie lassen sich leicht variieren, Zu- und Abnahmen sind relativ einfach in den Musterverlauf zu integrieren und sie sind so einfach, dass das Stricken schnell und leicht von der Hand geht. Die simpelste Form ist auch eine der meist gestrickten: das Perlmuster – rechte und linke Maschen im Wechsel, Reihe für Reihe um eine Masche versetzt. Seine markante, körnige Struktur passt wunderbar zu allen dekorativen Mustermaschen, und überdies ist es der ideale Problemlöser rechts und links vom Mustersatz, bei Zu- und Abnahmen, Übergängen und wenn ein paar Zentimeter mehr oder weniger Weite gebraucht werden. Doch Reliefmuster können noch viel mehr! Flechtoptik, Rauten, Kästchen, Rippen oder Bordüren – der einfache Wechsel von rechten und linken Maschen lässt die interessantesten Effekte entstehen. Wir stellen Ihnen die schönsten auf den nächsten Seiten vor. Allover, in Kombination miteinander oder mit anderen Mustern – Reliefs sind vielseitig einsetzbar! Probieren Sie es aus!

STRICKSCHRIFTEN LESEN

Wie Sie ein Muster stricken, wird in der Strickschrift gezeigt. Dabei steht im Prinzip jedes Kästchen für eine Masche, jede Kästchenreihe zeigt eine Maschenreihe bzw. -runde.

Unsere Strickschriften für das Stricken in Reihen lesen Sie in den Hinreihen von rechts nach links, in den Rückreihen von links nach rechts. Die Abfolge der Kästchen in der Strickschrift entspricht also der Abfolge der Maschen beim Stricken.
Die Zahlen an den Seiten der Strickschriften nennen die Reihenzahlen von unten nach oben, genauso, wie gestrickt wird. Rechts stehen die Zahlen für die Hinreihen, links die der Rückreihen. Bei vielen Mustern sind nur die Hinreihen gezeichnet, in den Rückreihen werden dann die Maschen so gestrickt, wie sie erscheinen. Also: Linke Maschen links stricken, rechte Maschen rechts. Auf Ausnahmen von dieser Regel und auf Besonderheiten weisen wir direkt an der Strickschrift hin. Sind auch Rückreihen gezeichnet, werden die Maschen jeweils so gestrickt, wie angegeben.

Bei den Strickschriften für das Stricken in Runden lesen Sie stets von rechts nach links, die Zahlen an der Seite der Strickschrift bezeichnen die Rundenzahlen.

Wie die jeweilige Masche gestrickt wird, verdeutlichen wir durch Zeichen. Die Erklärungen dazu finden Sie in der Zeichenerklärung. Alle Zeichen sind so gewählt, dass sie möglichst dem Maschenbild ähneln. So prägen sie sich relativ schnell ein und lassen das Muster bildhaft schon in der Strickschrift erkennen. Nur Mut, bald „sprechen" die Strickschriften auch zu Ihnen!

Der Mustersatz (MS) zeigt die Anzahl der Maschen in der Breite, die Sie benötigen, um das Muster einmal zu bilden. Er wird in den Strickschriften mit Pfeilen oder einer eckigen Klammer markiert. Beim Stricken beginnen Sie mit den Maschen vor dem Mustersatz, dann den Mustersatz stets wiederholen, bis die gewünschte Gesamtbreite erreicht ist, und mit den Maschen nach dem Mustersatz enden.

Die Strickschrift zeigt in der Höhe so viele Reihen bzw. Runden, wie benötigt werden, um das Muster einmal zu bilden. Die gezeigten Reihen/Runden werden stets wiederholt. Ausnahmen von dieser Regel nennen wir an der jeweiligen Strickschrift.

Relief: RECHTS-LINKS-MUSTER

PERLSTREIFEN

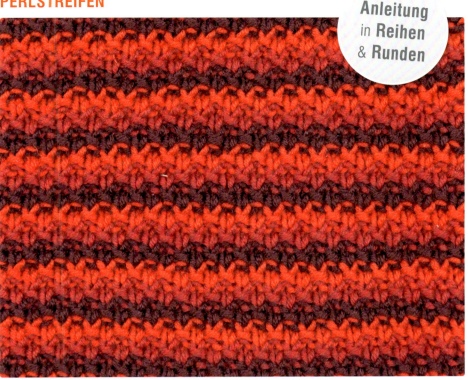

Anleitung in **Reihen** & **Runden**

IN REIHEN:
M-Zahl teilbar durch 2 +1 + 2 Rand-M.
Jede R mit 1 Rand-M beginnen und beenden.

1. Reihe (Hinr), Fb A: * 1 M re, 1 M li;
ab * fortlfd wdh bis zur letzten M, 1 M re.
2. Reihe (Rückr), Fb A: 1 M li, * 1 M re,
1 M li; ab * fortlfd wdh.
3. Reihe, Fb B: * 1 M li, 1 M re; ab * fortlfd wdh
bis zur letzten M, 1 M li.
4. Reihe, Fb B: 1 M re, * 1 M li, 1 M re;
ab * fortlfd wdh.
5. Reihe, Fb C: * 1 M re, 1 M li; ab * fortlfd wdh
bis zur letzten M, 1 M re.
6. Reihe, Fb C: 1 M li, * 1 M re, 1 M li;
ab * fortlfd wdh.
7. Reihe, Fb A: * 1 M li, 1 M re; ab * fortlfd wdh
bis zur letzten M, 1 M li.
8. Reihe, Fb A: 1 M re, * 1 M li, 1 M re;
ab * fortlfd wdh.
9. Reihe, Fb B: * 1 M re, 1 M li; ab * fortlfd wdh
bis zur letzten M, 1 M re.
10. Reihe, Fb B: 1 M li, * 1 M re, 1 M li;
ab * fortlfd wdh.
11. Reihe, Fb C: * 1 M li, 1 M re; ab * fortlfd wdh
bis zur letzten M, 1 M li.
12. Reihe, Fb C: 1 M re, * 1 M li, 1 M re;
ab * fortlfd wdh.
Die 1.–12. R stets wdh, dabei die Farbangaben
beachten.

IN RUNDEN:
M-Zahl teilbar durch 2.

1. Runde, Fb A: * 1 M re, 1 M li;
ab * fortlfd wdh.
2. Runde, Fb A: Wie die 1. Rd str.
3. Runde, Fb B: * 1 M li, 1 M re;
ab * fortlfd wdh.
4. Runde, Fb B: Wie die 3. Rd str.
5. Runde, Fb C: * 1 M re, 1 M li;
ab * fortlfd wdh.
6. Runde, Fb C: Wie die 5. Rd str.
7. Runde, Fb A: * 1 M li, 1 M re;
ab * fortlfd wdh.
8. Runde, Fb A: Wie die 7. Rd str.
9. Runde, Fb B: * 1 M re, 1 M li;
ab * fortlfd wdh.
10. Runde, Fb B: Wie die 9. Rd str.
11. Runde, Fb C: * 1 M li, 1 M re;
ab * fortlfd wdh.
12. Runde, Fb C: Wie die 11. Rd str.
Die 1.–12. Rd stets wdh, dabei die Farbangaben
beachten.

Strickschrift in Reihen:

Strickschrift in Runden:

Zeichenerklärung für die Strickmuster dieser Doppelseite:
| = in Hinr 1 M re, in Rückr 1 M li; in Rd stets 1 M re
– = in Hinr 1 M li, in Rückr 1 M re; in Rd stets 1 M li

A = Hochrot
B = Bordeaux
C = Kirschrot

ABKÜRZUNGEN SIEHE SEITE 126

VIDEO-LEHRGÄNGE
zu vielen der dargestellten
Muster finden Sie im Internet
auf YouTube:
http://goo.gl/QegFRx

Mütze Yvonne

Aus voluminösem Wollgarn ist diese Mütze im Handumdrehen gestrickt.

Rechte und linke Maschen in Runden – mehr müssen Sie nicht beherrschen, um diese Mütze stricken zu können. Durch den Wechsel entstehen dekorative Querrippen, die der Mütze ihren guten Sitz und die charakteristische Struktur verleihen. Das bauschige Wollgarn Virginia von Lang Yarns wird mit dicken Nadeln verstrickt. Besonderes Extra:

Strickmuster
Muster I (Ndspiel 9 mm)
1. Runde: Li M str.
2. Runde: Re M str.
Die 1. und 2. Rd stets wdh.

Muster II (Ndspiel 10 mm)
1.–4. Runde: Re M str.
5.–8. Runde: Li M str.
Die 1.–8. Rd stets wdh.

GRÖSSE
Einheitsgröße für einen Kopfumfang von ca. 54–58 cm

GARN
Lang Yarns Virginia (100 % Schurwolle, traceability; LL 50 m/100 g) in Beige (Fb 920.0022), 200 g

NADELN
Nadelspiele 9 mm und 10 mm
Wollnadel

MASCHENPROBE
9 M und 15 Rd mit Nd 10 mm im Muster II gestrickt = 10 cm x 10 cm

ABKÜRZUNGEN SEITE 126

MÜTZE
Mit dem Ndspiel 9 mm 42 M anschl und zur Rd schließen, ohne die M zu verdrehen.
4 cm im Muster I str; mit einer 2. Rd enden.
Die Arbeit auf links wenden, sodass die bisherige Innenseite nun außen liegt.
Im Muster II weiterstr, dabei in der 1. Rd gleichmäßig verteilt 2 M zun (= 44 M).
In 21 cm Gesamthöhe (nach einer 3. Rd im Muster II) mit den Abn für den Mützenkopf beginnen wie folgt:
1. Abnahmerunde: * 2 M re, 2 M re zusstr; ab * fortlfd wdh bis Rd-Ende (= 33 M).
4 Rd mustergemäß str.
2. Abnahmerunde: * 1 M re, 2 M re zusstr; ab * fortlfd wdh bis Rd-Ende (= 22 M).
1 Rd mustergemäß str.
3. Abnahmerunde: Fortlfd 2 M re zusstr bis Rd-Ende (= 11 M).

Fertigstellung
Den Faden lang abschneiden. Das Fadenende in eine Wollnadel einfädeln, durch die verbleibenden 11 M führen und die Öffnung fest zusammenziehen. Fadenenden vernähen. ◆

Der Wechsel zwischen glatt rechts und glatt links gestrickten Streifen ergibt eine interessante Struktur und sorgt für guten Sitz.

Stola Marina

Das einfache Schachbrettmuster dieser Stola gelingt auch Einsteigern ohne Probleme.

GRÖSSE
55 x 175 cm

GARN
Lang Yarns Virginia Flamé (100 % Schurwolle; LL 80 m/100 g) in Rauchblau (Fb 923.0025), 600 g

NADELN
Stricknadeln 10 mm

MASCHENPROBE
9 M und 13 R mit Nd 10 mm im Schachbrettmuster gestrickt = 10 cm x 10 cm

ABKÜRZUNGEN SEITE 126

Das Schachbrettmuster dieser Stola ist kinderleicht zu arbeiten und gelingt auch Einsteigern problemlos, zumal die Arbeit mit dicken Nadeln schnell von der Hand geht. Durch das ungleichmäßig strukturierte Flammengarn Virginia Flamé von Lang Yarns aus reiner Schurwolle entsteht eine interessante Optik. Der schöne Blauton lässt sich besonders gut mit Schwarz und Grau kombinieren, passt aber auch zu vielen anderen Farben.

STOLA
50 M locker anschl.
Im Schachbrettmuster str wie folgt, dabei die Rand-M stets im entsprechenden Muster str:
1. Reihe: * 10 M re, 10 M li; ab * noch 1 x wdh, enden mit 10 M re.
2. Reihe: * 10 M li, 10 M re; ab * noch 1 x wdh, enden mit 10 M li.
Die 1. und 2. R noch 5x wdh.
13. Reihe: * 10 M li, 10 M re; ab * noch 1 x wdh, enden mit 10 M li.
14. Reihe: * 10 M re, 10 M li; ab * noch 1 x wdh, enden mit 10 M re.
Die 13. und 14. R noch 5x wdh.
Die 1.–24. R stets wdh bis zu einer Gesamthöhe von ca. 175 cm; nach einer 12. oder 24. R enden.
Alle M locker abk.

Fertigstellung
Die Fadenenden vernähen. Die Stola spannen, anfeuchten und trocknen lassen. ♦

Die voluminöse Stola mit dem markanten Schachbrettmuster ersetzt schon mal eine wärmende Decke.

Relief: RECHTS-LINKS-MUSTER

RAUTENRELIEF

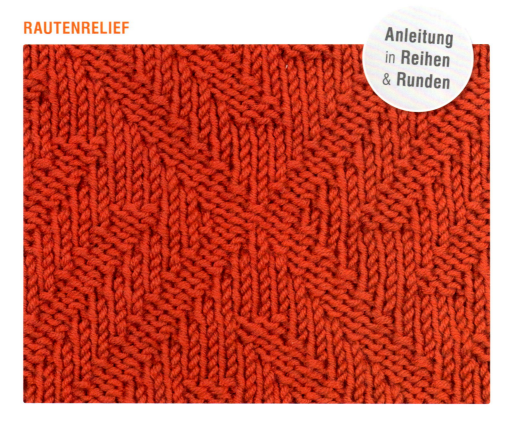

Anleitung in Reihen & Runden

IN REIHEN:
M-Zahl teilbar durch 26 +1 + 2 Rand-M.
Jede R mit 1 Rand-M beginnen und beenden.

1. Reihe (Hinr): * 4 x [3 M li, 3 M re], 2 M li; ab * fortlfd wdh bis zur letzten M, 1 M li.
2. Reihe (Rückr): 1 M re, * 2 M re, 4 x [3 M li, 3 M re]; ab * fortlfd wdh.
3. Reihe: * 1 M re, 2 x [3 M li, 3 M re], 3 M li, 7 M re, 3 M li; ab * fortlfd wdh bis zur letzten M, 1 M re.
4. Reihe: 1 M li, * 3 M re, 7 M li, 2 x [3 M re, 3 M li], 3 M re, 1 M li; ab * fortlfd wdh.
5. Reihe: * 2 M re, 2 x [3 M li, 3 M re], 3 M li, 5 M re, 3 M li, 1 M re; ab * fortlfd wdh bis zur letzten M, 1 M re.
6. Reihe: 1 M li, * 1 M li, 3 M re, 5 M li, 2 x [3 M re, 3 M li], 3 M re, 2 M li; ab * fortlfd wdh.
7. Reihe: * 4 x [3 M re, 3 M li], 2 M re; ab * fortlfd wdh bis zur letzten M, 1 M re.
8. Reihe: 1 M li, * 2 M li, 4 x [3 M re, 3 M li]; ab * fortlfd wdh.
9. Reihe: * 4 M re, 3 M li, 3 M re, 3 M li, 7 M re, 3 M li, 3 M re; ab * fortlfd wdh bis zur letzten M, 1 M li.
10. Reihe: 1 M re, * 3 M li, 3 M re, 7 M li, 3 M re, 3 M li, 3 M re, 4 M li; ab * fortlfd wdh.
11. Reihe: * 2 M li, 2 x [3 M re, 3 M li], 5 M re, 3 M li, 3 M re, 1 M li; ab * fortlfd wdh bis zur letzten M, 1 M li.
12. Reihe: 1 M re, * 1 M re, 3 M li, 3 M re, 5 M li, 2 x [3 M re, 3 M li], 2 M re; ab * fortlfd wdh.
13. Reihe: * 1 M li, 5 M re, 3 x [3 M li, 3 M re], 2 M li; ab * fortlfd wdh bis zur letzten M, 1 M li.
14. Reihe: 1 M re, * 2 M re, 3 x [3 M li, 3 M re], 5 M li, 1 M re; ab * fortlfd wdh.
15. Reihe: * 2 x [7 M re, 3 M li], 3 M re, 3 M li; ab * fortlfd wdh bis zur letzten M, 1 M re.
16. Reihe: 1 M li, * 3 M re, 3 M li, 2 x [3 M re, 7 M li]; ab * fortlfd wdh.
17. Reihe: * 2 M re, 3 M li, 3 M re, 3 M li, 5 M re, 3 M li, 3 M li, 1 M re; ab * fortlfd wdh bis zur letzten M, 1 M re.
18. Reihe: 1 M li, * 1 M li, 3 M re, 3 M li, 3 M re, 5 M li, 3 M re, 3 M li, 3 M re, 2 M li; ab * fortlfd wdh.
19. Reihe: * 1 M re, 3 M li, 5 M re, 2 x [3 M li, 3 M re], 3 M li, 2 M re; ab * fortlfd wdh bis zur letzten M, 1 M re.
20. Reihe: 1 M li, * 2 M li, 2 x [3 M re, 3 M li], 3 M re, 5 M li, 3 M re, 1 M li; ab * fortlfd wdh.
21. Reihe: * 3 M li, 7 M re, 3 M li, 1 M re, 2 x [3 M li, 3 M re]; ab * fortlfd wdh bis zur letzten M, 1 M li.
22. Reihe: 1 M re, * 2 x [3 M li, 3 M re], 1 M li, 3 M re, 7 M li, 3 M re; ab * fortlfd wdh.
23. Reihe: * 2 M li, 3 M re, 3 M li, 3 M re, 5 M li, 3 M re, 3 M li, 3 M re, 1 M li; ab * fortlfd wdh bis zur letzten M, 1 M li.
24. Reihe: 1 M re, * 1 M re, 3 M li, 3 M re, 3 M li, 5 M re, 3 M li, 3 M re, 3 M li, 2 M re; ab * fortlfd wdh.
25. Reihe: * 1 M li, 2 x [3 M re, 3 M li], 1 M re, 3 M li, 7 M re, 2 M li; ab * fortlfd wdh bis zur letzten M, 1 M li.
26. Reihe: 1 M re, * 2 M re, 7 M li, 3 M re, 1 M li, 2 x [3 M re, 3 M li], 1 M re; ab * fortlfd wdh.
27. Reihe: * 3 x [3 M re, 3 M li], 5 M re, 3 M li; ab * fortlfd wdh bis zur letzten M, 1 M re.
28. Reihe: 1 M li, * 3 M re, 5 M li, 3 x [3 M re, 3 M li]; ab * fortlfd wdh.
29. Reihe: * 2 M re, 3 M li, 3 M re, 3 M li, 5 M re, 3 M li, 3 M re, 3 M li, 1 M re; ab * fortlfd wdh bis zur letzten M, 1 M re.
30. Reihe: 1 M li, * 1 M li, 3 M re, 3 M li, 3 M re, 5 M li, 3 M re, 3 M li, 3 M re, 2 M li; ab * fortlfd wdh.
31. Reihe: * 1 M re, 3 M li, 3 M re, 3 M li, 7 M re, 3 M li, 6 M re; ab * fortlfd wdh bis zur letzten M, 1 M re.
32. Reihe: 1 M li, * 6 M li, 3 M re, 7 M li, 3 M re, 3 M li, 3 M re, 1 M li; ab * fortlfd wdh.
33. Reihe: * 3 x [3 M li, 3 M re], 3 M li, 5 M re; ab * fortlfd wdh bis zur letzten M, 1 M li.
34. Reihe: 1 M re, * 5 M li, 3 x [3 M re, 3 M li], 3 M re; ab * fortlfd wdh.
35. Reihe: * 2 M li, 3 M re, 3 M li, 5 M re, 2 x [3 M li, 3 M re], 1 M li; ab * fortlfd wdh bis zur letzten M, 1 M li.

Zeichenerklärung für die Strickmuster dieser Doppelseite:
☐ = in Hinr 1 M re, in Rückr 1 M li; in Rd stets 1 M re
⊟ = in Hinr 1 M li, in Rückr 1 M re; in Rd stets 1 M li

ABKÜRZUNGEN SIEHE SEITE 126

Relief: RECHTS-LINKS-MUSTER

36. Reihe: 1 M re, * 1 M re, 2 x [3 M li, 3 M re], 5 M li, 3 M re, 3 M li, 2 M re; ab * fortlfd wdh.
37. Reihe: * 4 M re, 3 M li, 7 M re, 2 x [3 M li, 3 M re]; ab * fortlfd wdh bis zur letzten M, 1 M re.
38. Reihe: 1 M li, * 2 x [3 M re, 3 M li], 7 M li, 3 M re, 4 M li; ab * fortlfd wdh.
39. Reihe: * 4 x [3 M re, 3 M li], 2 M re; ab * fortlfd wdh bis zur letzten M, 1 M re.
40. Reihe: 1 M li, * 2 M li, 4 x [3 M re, 3 M li]; ab * fortlfd wdh.
41. Reihe: * 2 M re, 3 M li, 5 M re, 2 x [3 M li, 3 M re], 3 M li, 1 M re; ab * fortlfd wdh bis zur letzten M, 1 M re.
42. Reihe: 1 M li, * 1 M li, 2 x [3 M re, 3 M li], 3 M re, 5 M li, 3 M re, 2 M li; ab * fortlfd wdh.
43. Reihe: * 1 M re, 3 M li, 7 M re, 2 x [3 M li, 3 M re], 3 M li; ab * fortlfd wdh bis zur letzten M, 1 M re.
44. Reihe: 1 M li, * 2 x [3 M re, 3 M li], 3 M re, 7 M li, 3 M re, 1 M li; ab * fortlfd wdh.
Die 1.–44. R stets wdh.

IN RUNDEN:
M-Zahl teilbar durch 26.

1. Runde: * 4 x [3 M li, 3 M re], 2 M li; ab * fortlfd wdh.
2. Runde: Wie die 1. Rd str.
3. Runde: * 1 M re, 2 x [3 M li, 3 M re], 3 M li, 7 M re, 3 M li; ab * fortlfd wdh.
4. Runde: Wie die 3. Rd str.
5. Runde: * 2 M re, 2 x [3 M li, 3 M re], 3 M li, 5 M re, 3 M li, 1 M re; ab * fortlfd wdh.
6. Runde: Wie die 5. Rd str.
7. Runde: * 4 x [3 M li, 3 M re], 2 M re; ab * fortlfd wdh.
8. Runde: Wie die 7. Rd str.
9. Runde: * 4 M re, 3 M li, 3 M re, 3 M li, 7 M re, 3 M li, 3 M re; ab * fortlfd wdh.
10. Runde: Wie die 9. Rd str.
11. Runde: * 2 M li, 2 x [3 M re, 3 M li], 5 M re, 3 M li, 3 M re, 1 M li; ab * fortlfd wdh.
12. Runde: Wie die 11. Rd str.
13. Runde: * 1 M li, 5 M re, 3 x [3 M li, 3 M re], 2 M li; ab * fortlfd wdh.
14. Runde: Wie die 13. Rd str.
15. Runde: * 2 x [7 M re, 3 M li], 3 M re, 3 M li; ab * fortlfd wdh.
16. Runde: Wie die 15. Rd str.
17. Runde: * 2 M re, 3 M li, 3 M re, 3 M li, 5 M re, 3 M li, 3 M re, 3 M li, 1 M re; ab * fortlfd wdh.
18. Runde: Wie die 17. Rd str.
19. Runde: * 1 M re, 3 M li, 5 M re, 2 x [3 M li, 3 M re], 3 M li, 2 M re; ab * fortlfd wdh.
20. Runde: Wie die 19. Rd str.
21. Runde: * 3 M li, 7 M re, 3 M li, 1 M re, 2 x [3 M li, 3 M re]; ab * fortlfd wdh.
22. Runde: Wie die 21. Rd str.
23. Runde: * 2 M li, 3 M re, 3 M li, 3 M re, 5 M li, 3 M re, 3 M li, 3 M re, 1 M li; ab * fortlfd wdh.
24. Runde: Wie die 23. Rd str.
25. Runde: * 1 M li, 2 x [3 M re, 3 M li], 1 M re, 3 M li, 7 M re, 2 M li; ab * fortlfd wdh.
26. Runde: Wie die 25. Rd str.
27. Runde: * 3 x [3 M re, 3 M li], 5 M re, 3 M li; ab * fortlfd wdh.
28. Runde: Wie die 27. Rd str.
29. Runde: * 2 M re, 3 M li, 3 M re, 3 M li, 5 M re, 3 M li, 3 M re, 3 M li, 1 M re; ab * fortlfd wdh.
30. Runde: Wie die 29. Rd str.
31. Runde: * 1 M re, 3 M li, 3 M re, 3 M li, 7 M re, 3 M li, 6 M re; ab * fortlfd wdh.
32. Runde: Wie die 31. Rd str.
33. Runde: * 3 x [3 M li, 3 M re], 3 M li, 5 M re; ab * fortlfd wdh.
34. Runde: Wie die 33. Rd str.
35. Runde: * 2 M li, 3 M re, 3 M li, 5 M re, 2 x [3 M li, 3 M re], 1 M li; ab * fortlfd wdh.
36. Runde: Wie die 35. Rd str.
37. Runde: * 4 M re, 3 M li, 7 M re, 2 x [3 M li, 3 M re]; ab * fortlfd wdh.
38. Runde: Wie die 37. Rd str.
39. Runde: * 4 x [3 M re, 3 M li], 2 M re; ab * fortlfd wdh.
40. Runde: Wie die 39. Rd str.
41. Runde: * 2 M re, 3 M li, 5 M re, 2 x [3 M li, 3 M re], 3 M li, 1 M re; ab * fortlfd wdh.
42. Runde: Wie die 41. Rd str.
43. Runde: * 1 M re, 3 M li, 7 M re, 2 x [3 M li, 3 M re], 3 M li; ab * fortlfd wdh.
44. Runde: Wie die 43. Rd str.
Die 1.–44. Rd stets wdh.

Strickschrift in Reihen:

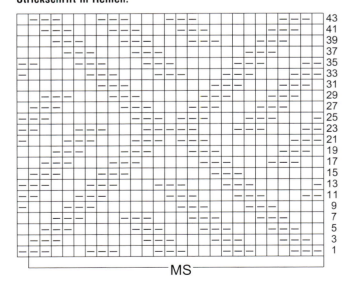

Strickschrift in Runden:

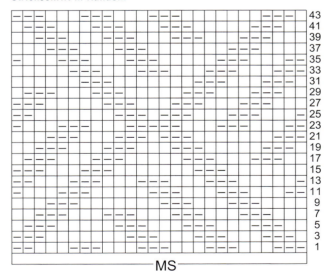

VIDEO-LEHRGÄNGE
zu vielen der dargestellten Muster finden Sie im Internet auf YouTube:
http://goo.gl/QegFRx

Relief: RECHTS-LINKS-MUSTER

KETTENRELIEF

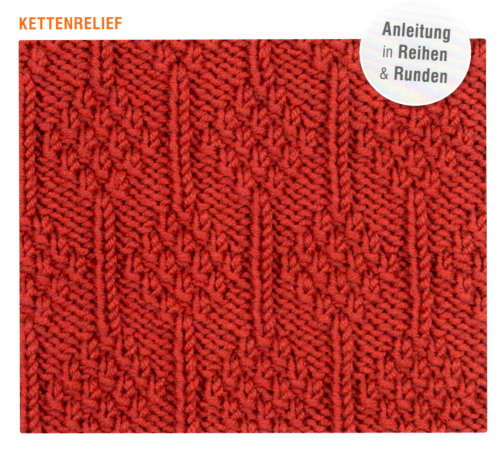

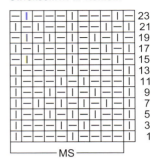
Anleitung in Reihen & Runden

Strickschrift in Reihen:
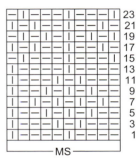

Strickschrift in Runden:

IN REIHEN:
M-Zahl teilbar durch 10 + 1 + 2 Rand-M. Jede R mit 1 Rand-M beginnen und beenden.

1. Reihe (Hinr): 1 re, * 2 x [4 M li, 1 M re], ab * fortlfd wdh.
2. Reihe (Rückr): * 2 x [1 M li, 4 M re], ab * fortlfd wdh bis zur letzten M, 1 M li.
3. Reihe: 1 re, * 3 M li, 1 M re, 1 M li, 1 M re, 3 M li, 1 M re, ab * fortlfd wdh.
4. Reihe: * 1 M li, 3 M re, 1 M li, 1 M re, 1 M li, 3 M re, ab * fortlfd wdh bis zur letzten M, 1 M li.
5. Reihe: 1 re, * 2 M li, 2 x [1 M re, 1 M li], 1 M re, 2 M li, 1 M re, ab * fortlfd wdh.
6. Reihe: * 1 M li, 2 M re, 2 x [1 M li, 1 M re], 1 M li, 2 M re, ab * fortlfd wdh bis zur letzten M, 1 M li.
7. Reihe: 1 re, * 5 x [1 M li, 1 M re], ab * fortlfd wdh.
8. Reihe: * 5 x [1 M li, 1 M re], ab * fortlfd wdh bis zur letzten M, 1 M li.
9. Reihe: Wie die 5. R str.
10. Reihe: Wie die 6. R str.
11. Reihe: Wie die 3. R str.
12. Reihe: Wie die 4. R str.
13. Reihe: Wie die 1. R str.
14. Reihe: Wie die 2. R str.
15. Reihe: 1 M li, * 2 x [1 M re, 3 M li], 1 M re, 1 M li, ab * fortlfd wdh.
16. Reihe: * 1 M re, 1 M li, 2 x [3 M re, 1 M li], ab * fortlfd wdh bis zur letzten M, 1 M re.
17. Reihe: 1 M re, * 1 M li, 2 x [1 M re, 2 M li], 1 M re, 1 M li, 1 M re, ab * fortlfd wdh.
18. Reihe: * 1 M li, 1 M re, 2 x [1 M li, 2 M re], 1 M li, 1 M re, ab * fortlfd wdh bis zur letzten M, 1 M li.
19. Reihe: 1 M li, * 5 x [1 M re, 1 M li], ab * fortlfd wdh.
20. Reihe: * 5 x [1 M re, 1 M li], ab * fortlfd wdh bis zur letzten M, 1 M re.
21. Reihe: Wie die 17. R str.
22. Reihe: Wie die 18. R str.
23. Reihe: Wie die 15. R str.
24. Reihe: Wie die 16. R str.
Die 1.-24. R stets wdh.

IN RUNDEN:
M-Zahl teilbar durch 2

1. Runde: * 2 x [4 M li, 1 M re], ab * fortlfd wdh.
2. Runde: Wie die 1. Rd str.
3. Runde: * 3 M li, 1 M re, 1 M li, 1 M re, 3 M li, 1 M re, ab * fortlfd wdh.
4. Runde: Wie die 3. Rd str.
5. Runde: * 2 M li, 2 x [1 M re, 1 M li], 1 M re, 2 M li, 1 M re, ab * fortlfd wdh.
6. Runde: Wie die 5. Rd str.
7. Runde: * 5 x [1 M li, 1 M re], ab * fortlfd wdh.
8. Runde: Wie die 7. Rd str.
9. + 10. Runde: Wie die 5. Rd str.
11. + 12. Runde: Wie die 3. Rd str.
13. + 14. Runde: Wie die 1. Rd str.
15. Runde: * 2 x [1 M re, 3 M li], 1 M re, 1 M li, ab * fortlfd wdh.
16. Runde: Wie die 16. Rd str.
17. Runde: * 1 M li, 2 x [1 M re, 2 M li], 1 M re, 1 M li, 1 M re, ab * fortlfd wdh.
18. Runde: Wie die 17. Rd str.
19. Runde: * 5 x [1 M re, 1 M li], ab * fortlfd wdh.
20. Runde: Wie die 19. Rd str.
21. und 22. Runde: Wie die 17. Rd str.
23. und 24. Runde: Wie die 15. Rd str.
Die 1.-24. Rd stets wdh.

Zeichenerklärung für die Strickmuster:
| = in Hinr 1 M re, in Rückr 1 M li; in Rd stets 1 M re
− = in Hinr 1 M li, in Rückr 1 M re; in Rd stets 1 M li

ABKÜRZUNGEN SIEHE SEITE 126

Relief: RECHTS-LINKS-MUSTER

ZICKZACK-RELIEF

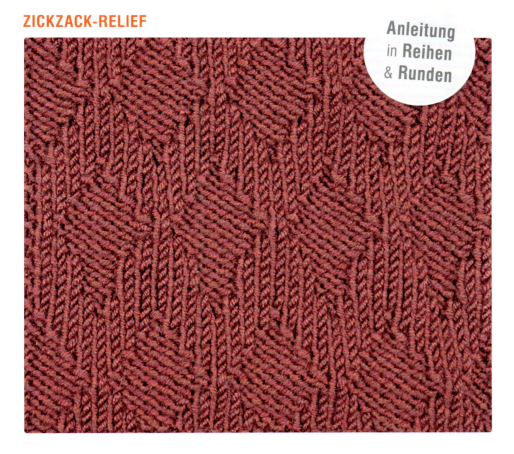

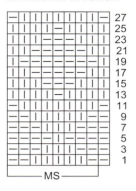
Anleitung in Reihen & Runden

Strickschrift in Reihen:

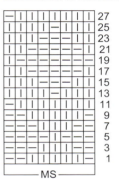

Strickschrift in Runden:

IN REIHEN:
M-Zahl teilbar durch 8 + 1 + 2 Rand-M. Jede R mit 1 Rand-M beginnen und beenden.

1. Reihe (Hinr): 1 M li, * 1 M li, 5 M re, 2 M li, ab * fortlfd wdh.
2. Reihe (Rückr): * 2 M re, 5 M li, 1 M re, ab * fortlfd wdh bis zur letzten M, 1 M re.
3. Reihe: 1 M li, * 2 M li, 3 M re, 3 M li, ab * fortlfd wdh.
4. Reihe: * 3 M re, 3 M li, 2 M re, ab * fortlfd wdh bis zur letzten M, 1 M re.
5. Reihe: 1 M li, * 3 M li, 1 M re, 4 M li, ab * fortlfd wdh.
6. Reihe: * 4 M re, 1 M li, 3 M re, ab * fortlfd wdh bis zur letzten M, 1 M re.
7. Reihe: Wie die 3. R str.
8. Reihe: Wie die 4. R str.
9. Reihe: Wie die 1. R str.
10. Reihe: Wie die 2. R str.
11. Reihe: 1 M li, * 7 M re, 1 M li, ab * fortlfd wdh.
12. Reihe: * 1 M re, 7 M li, ab * fortlfd wdh bis zur letzten M, 1 M re.
13. Reihe: 1 M re, * 3 M re, 1 M li, 4 M re, ab * fortlfd wdh.
14. Reihe: * 4 M li, 1 M re, 3 M li, ab * fortlfd wdh bis zur letzten M, 1 M li.
15. Reihe: 1 M re, * 2 M re, 3 M li, 3 M re, ab * fortlfd wdh.
16. Reihe: * 3 M li, 3 M re, 2 M li, ab * fortlfd wdh bis zur letzten M, 1 M li.
17. Reihe: 1 M re, * 1 M re, 5 M li, 2 M re, ab * fortlfd wdh.
18. Reihe: * 2 M li, 5 M re, 1 M li, ab * fortlfd wdh bis zur letzten M, 1 M li.
19. Reihe: 1 M re, * 7 M li, 1 M re, ab * fortlfd wdh.
20. Reihe: * 1 M li, 7 M re, ab * fortlfd wdh bis zur letzten M, 1 M li.
21. Reihe: Wie die 17. R str.
22. Reihe: Wie die 18. R str.
23. Reihe: Wie die 15. R str.
24. Reihe: Wie die 16. R str.
25. Reihe: Wie die 13. R str.
26. Reihe: Wie die 14. R str.
27. Reihe: Wie die 11. R str.
28. Reihe: Wie die 12. R str.
Die 1.-28. R stets wdh.

IN RUNDEN:
M-Zahl teilbar durch 8

1. Runde: * 1 M li, 5 M re, 2 M li, ab * fortlfd wdh.
2. Runde: Wie die 1. Rd str.
3. Runde: * 2 M li, 3 M re, 3 M li, ab * fortlfd wdh.
4. Runde: Wie die 3. Rd str.
5. Runde: * 3 M li, 1 M re, 4 M li, ab * fortlfd wdh.
6. Runde: Wie die 5. Rd str.
7. + 8. Runde: Wie die 3. Rd str.
9. + 10. Runde: Wie die 1. Rd str.
11. Runde: * 7 M re, 1 M li, ab * fortlfd wdh.
12. Runde: Wie die 11. Rd str.
13. Runde: * 3 M re, 1 M li, 4 M re, ab * fortlfd wdh.
14. Runde: Wie die 13. Rd str.
15. Runde: * 2 M re, 3 M li, 3 M re, ab * fortlfd wdh.
16. Runde: Wie die 15. Rd str.
17. Runde: * 1 M re, 5 M li, 2 M re, ab * fortlfd wdh.
18. Runde: Wie die 17. Rd str.
19. Runde: * 7 M li, 1 M re, ab * fortlfd wdh.
20. Runde: Wie die 19. Rd str.
21. + 22. Runde: Wie die 17. Rd str.
23. + 24. Runde: Wie die 15. Rd str.
25. + 26. Runde: Wie die 13. Rd str.
27. und 28. Runde: Wie die 11. Rd str.
Die 1.-28. Rd stets wdh.

VIDEO-LEHRGÄNGE
zu vielen der dargestellten Muster finden Sie im Internet auf YouTube:
http://goo.gl/QegFRx

Relief: RECHTS-LINKS-MUSTER

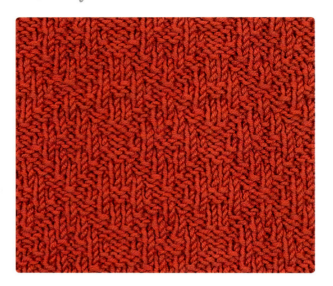

WABENRELIEF

M-Zahl teilbar durch 8 + 1 + 2 Rand-M. Gemäß Strickschrift arb. Es sind nur die Hinr gezeichnet. In den Rückr alle M str, wie sie erscheinen. Mit 1 Rand-M beginnen, den MS fortlfd wdh und mit der M nach dem MS und 1 Rand-M enden. Die 1.–16. R stets wdh.

Strickschrift

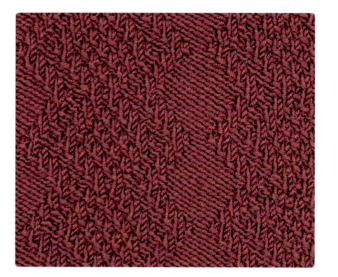

RAUTENSTREIFEN

Über 21 M gestrickt. Den Musterstreifen zur optischen Abgrenzung von den benachbarten Mustern rechts und links mit glatt li M rahmen. Strickschrift arb. Es sind nur die Hinr gezeichnet. In den Rückr alle M str, wie sie erscheinen. In der Breite die gezeichneten 21 M 1x arb. In der Höhe die 1.–16. R stets wdh.

Strickschrift

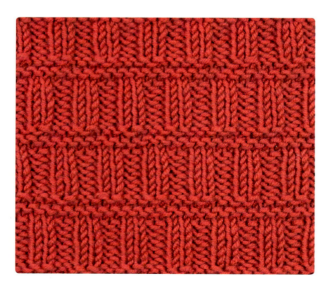

ARKADENRELIEF

M-Zahl teilbar durch 4 + 2 + 2 Rand-M. Gemäß Strickschrift arb. Es sind nur die Hinr gezeichnet. In den Rückr alle M str, wie sie erscheinen bzw. wie beschrieben. Mit 1 Rand-M beginnen, den MS fortlfd wdh und mit den M nach dem MS und 1 Rand-M enden.
Die 1.–20. R stets wdh.

Strickschrift

Zeichenerklärung für die Strickmuster dieser Doppelseite:
| + □ = 1 M re
– = 1 M li
X = 1 M kraus re (in Hin- und Rückr re str)

ABKÜRZUNGEN SIEHE SEITE 126

Relief: RECHTS-LINKS-MUSTER

PERLRAUTEN

M-Zahl teilbar durch 12 + 1 + 2 Rand-M. Gemäß Strickschrift arb. Es sind nur die Hinr gezeichnet. In den Rückr alle M str, wie sie erscheinen. Mit 1 Rand-M beginnen, den MS fortlfd wdh und mit der M nach dem MS und 1 Rand-M enden. Die 1.–32. R stets wdh.

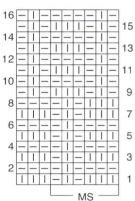

SCHACHBRETTRELIEF

M-Zahl teilbar durch 6 + 3 + 2 Rand-M. In Hin- und Rückr gemäß Strickschrift arb. Mit 1 Rand-M beginnen, den MS fortlfd wdh, enden mit den M nach dem MS und 1 Rand-M. Die 1.–16. R stets wdh.

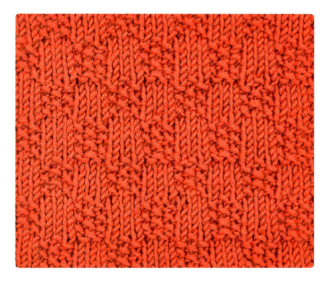

RINGRELIEF

M-Zahl teilbar durch 15 + 2 and-M. Gemäß Strickschrift str. Es sind Hin- und Rückr gezeichnet. Mit 1 Rand-M beginnen, den MS fortlfd wdh und mit 1 Rand-M enden. Die 1.–20. R stets wdh.

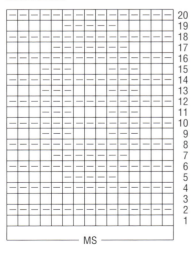

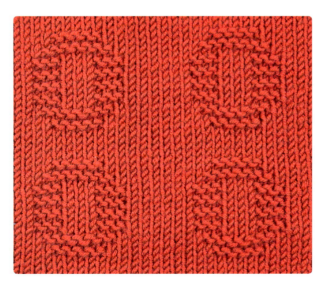

VIDEO-LEHRGÄNGE zu vielen der dargestellten Muster finden Sie im Internet auf YouTube:
http://goo.gl/QegFRx

Relief: MIT FLECHTOPTIK

MATTENGEFLECHT

Anleitung in Reihen & Runden

In Reihen:
M-Zahl teilbar durch 18 + 1 + 2 Rand-M. Jede R mit 1 Rand-M beginnen und beenden.

1. Reihe (Hinr): * 5 M re, 2 M li, 1 M re, 3 M li, 1 M re, 2 M li, 4 M re; ab * fortlfd wdh bis zur letzten M, 1 M re.
2. Reihe (Rückr): 1 M li, * 4 M li, 2 x [1 M re, 3 M li], 1 M re, 5 M li; ab * fortlfd wdh.
3. Reihe: * 7 M li, 1 M re, 3 M li, 1 M re, 6 M li; ab * fortlfd wdh bis zur letzten M, 1 M li.
4. Reihe: 1 M re, * 5 M re, 3 M li, 1 M re, 3 M li, 6 M re; ab * fortlfd wdh.
5. Reihe: Wie die 1. R str.
6. Reihe: Wie die 2. R str.
7. Reihe: * 2 M li, 1 M re, 4 M li, 1 M re, 3 M li, 1 M re, 4 M li, 1 M re, 1 M li; ab * fortlfd wdh bis zur letzten M, 1 M li.
8. Reihe: 1 M re, * 3 M li, 2 M re, 3 M li, 1 M re, 3 M li, 2 M re, 3 M li, 1 M re; ab * fortlfd wdh.
9. Reihe: Wie die 7. R str.
10. Reihe: Wie die 8. R str.
11. Reihe: Wie die 7. R str.
12. Reihe: Wie die 8. R str.
13. Reihe: * 2 M li, 1 M re, 2 M li, 9 M re, 2 M li, 1 M re, 1 M li; ab * fortlfd wdh bis zur letzten M, 1 M li.
14. Reihe: 1 M re, * 3 M li, 1 M re, 9 M li, 1 M re, 3 M li, 1 M re; ab * fortlfd wdh.
15. Reihe: * 2 M li, 1 M re, 13 M li, 1 M re, 1 M li; ab * fortlfd wdh bis zur letzten M, 1 M li.
16. Reihe: 1 M re, * 3 M li, 11 M re, 3 M li, 1 M re; ab * fortlfd wdh.
17. Reihe: Wie die 13. R str.
18. Reihe: Wie die 14. R str.
19. Reihe: Wie die 7. R str.
20. Reihe: Wie die 8. R str..
21. Reihe: Wie die 7. R str.
22. Reihe: Wie die 8. R str.
23. Reihe: Wie die 7. R str.
24. Reihe: Wie die 8. R str.
Die 1.–24. R stets wdh.

In Runden:
M-Zahl teilbar durch 18.

1. Runde: * 5 M re, 2 M li, 1 M re, 3 M li, 1 M re, 2 M li, 4 M re; ab * fortlfd wdh.
2. Runde: * 5 M re, 2 x [1 M li, 3 M re], 1 M li, 4 M re; ab * fortlfd wdh.
3. Runde: * 7 M li, 1 M re, 3 M li, 1 M re, 6 M li; ab * fortlfd wdh.
4. Runde: * 6 M li, 3 M re, 1 M li, 3 M re, 5 M li; ab * fortlfd wdh.
5. Runde: Wie die 1. Rd str.
6. Runde: Wie die 2. Rd str.
7. Runde: * 2 M li, 1 M re, 4 M li, 1 M re, 3 M li, 1 M re, 4 M li, 1 M re, 1 M li; ab * fortlfd wdh.
8. Runde: * 1 M li, 3 M re, 2 M li, 3 M re, 1 M li, 3 M re, 2 M li, 3 M re; ab * fortlfd wdh.
9. Runde: Wie die 7. Rd str.
10. Runde: Wie die 8. Rd str.
11. Runde: Wie die 7. Rd str.
12. Runde: Wie die 8. Rd str.
13. Runde: * 2 M li, 1 M re, 2 M li, 9 M re, 2 M li, 1 M re, 1 M li; ab * fortlfd wdh.
14. Runde: * 1 M li, 3 M re, 1 M li, 9 M re, 1 M li, 3 M re; ab * fortlfd wdh.
15. Runde: * 2 M li, 1 M re, 13 M li, 1 M re, 1 M li; ab * fortlfd wdh.
16. Runde: * 1 M li, 3 M re, 11 M li, 3 M re; ab * fortlfd wdh.
17. Runde: Wie die 13. Rd str.
18. Runde: Wie die 14. Rd str.
19. Runde: Wie die 7. Rd str.
20. Runde: Wie die 8. Rd str..
21. Runde: Wie die 7. Rd str.
22. Runde: Wie die 8. Rd str.
23. Runde: Wie die 7. Rd str.
24. Runde: Wie die 8. Rd str.
Die 1.–24. Rd stets wdh.

Strickschrift in Reihen:

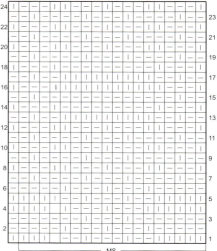

Strickschrift in Runden:

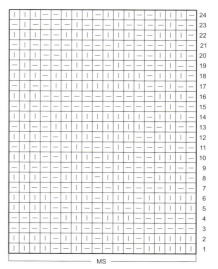

Zeichenerklärung für die Strickmuster dieser Doppelseite:
| + ☐ = 1 M re
☐ = 1 M li

ABKÜRZUNGEN SIEHE SEITE 126

Relief: MIT FLECHTOPTIK

WEIDENGEFLECHT

Anleitung in Reihen & Runden

In Reihen:
M-Zahl teilbar durch 16 + 12 + 2 Rand-M.
Jede R mit 1 Rand-M beginnen und beenden.

1. Reihe (Hinr): 1 M li, 5 M re, * 5 M re, 6 M li, 5 M re; ab * fortlfd wdh bis zu den letzten 6 M, 5 M re, 1 M li.
2. Reihe (Rückr): 2 M re, 4 M li, * 4 M li, 8 M re, 4 M li; ab * fortlfd wdh bis zu den letzten 6 M, 4 M li, 2 M re.
3. Reihe: 3 M li, 3 M re, * 3 M re, 10 M li, 3 M re; ab * fortlfd wdh bis zu den letzten 6 M, 3 M re, 3 M li.
4. Reihe: 4 M re, 2 M li, * 2 M li, 4 M re, 4 M li, 4 M re, 2 M li; ab * fortlfd wdh bis zu den letzten 6 M, 2 M li, 4 M re.
5. Reihe: 1 M re, 3 M li, 2 M re, * 2 M re, 3 M li, 6 M re, 3 M li, 2 M re; ab * fortlfd wdh bis zu den letzten 6 M, 2 M re, 3 M li, 1 M re.
6. Reihe: 2 M li, 2 M re, 2 M li, * 2 M li, 2 M re, 8 M li, 2 M re, 2 M li; ab * fortlfd wdh bis zu den letzten 6 M, 2 M li, 2 M re, 2 M li.
7. Reihe: 3 M re, 1 M li, 2 M re, * 2 M re, 1 M li, 10 M re, 1 M li, 2 M re; ab * fortlfd wdh bis zu den letzten 6 M, 2 M re, 1 M li, 3 M re.
8. Reihe: 3 M li, 3 M re, * 3 M re, 10 M li, 3 M re; ab * fortlfd wdh bis zu den letzten 6 M, 3 M re, 3 M li.
9. Reihe: 2 M re, 4 M li, * 4 M li, 8 M re, 4 M li; ab * fortlfd wdh bis zu den letzten 6 M, 4 M li, 2 M re.
10. Reihe: 1 M li, 5 M re, * 5 M re, 6 M li, 5 M re; ab * fortlfd wdh bis zu den letzten 6 M, 5 M re, 1 M li.
11. Reihe: 4 M li, 2 M re, * 2 M re, 4 M li, 4 M re, 4 M li, 2 M re; ab * fortlfd wdh bis zu den letzten 6 M, 2 M re, 4 M li.
12. Reihe: 3 M re, 3 M li, * 3 M li, 3 M re, 4 M li, 3 M re, 3 M li; ab * fortlfd wdh bis zu den letzten 6 M, 3 M li, 3 M re.
13. Reihe: 2 M li, 4 M re, * 4 M re, 2 M li, 4 M re, 2 M li, 4 M re; ab * fortlfd wdh bis zu den letzten 6 M, 4 M re, 2 M li.
14. Reihe: 1 M re, 5 M li, * 5 M li, 1 M re, 4 M li, 1 M re, 5 M li; ab * fortlfd wdh bis zu den letzten 6 M, 5 M li, 1 M re.
Die 1.–14. R stets wdh.

In Runden:
M-Zahl teilbar durch 16.

1. Runde: * 5 M re, 6 M li, 5 M re; ab * fortlfd wdh.
2. Runde: * 4 M re, 8 M li, 4 M re; ab * fortlfd wdh.
3. Runde: * 3 M re, 10 M li, 3 M re; ab * fortlfd wdh.
4. Runde: * 2 M re, 4 M li, 4 M re, 4 M li, 2 M re; ab * fortlfd wdh.
5. Runde: * 2 M re, 3 M li, 6 M re, 3 M li, 2 M re; ab * fortlfd wdh.
6. Runde: * 2 M re, 2 M li, 8 M re, 2 M li, 2 M re; ab * fortlfd wdh.
7. Runde: * 2 M re, 1 M li, 10 M re, 1 M li, 2 M re; ab * fortlfd wdh.
8. Runde: * 3 M li, 10 M re, 3 M li; ab * fortlfd wdh.
9. Runde: * 4 M li, 8 M re, 4 M li; ab * fortlfd wdh.
10. Runde: * 5 M li, 6 M re, 5 M li; ab * fortlfd wdh.
11. Runde: * 2 M li, 4 M re, 4 M li, 4 M re, 2 M li; ab * fortlfd wdh.
12. Runde: * 3 M li, 3 M re, 4 M li, 3 M re, 3 M li; ab * fortlfd wdh.
13. Runde: * 4 M li, 2 M re, 4 M li, 2 M re, 4 M li; ab * fortlfd wdh.
14. Runde: * 5 M li, 1 M re, 4 M li, 1 M re, 5 M li; ab * fortlfd wdh.
Die 1.–14. Rd stets wdh.

Strickschrift in Reihen:

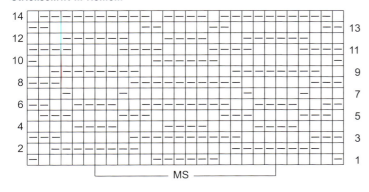

Strickschrift in Runden:

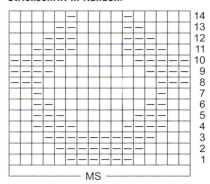

VIDEO-LEHRGÄNGE
zu vielen der dargestellten Muster finden Sie im Internet auf YouTube:
http://goo.gl/QegFRx

Relief: MIT FLECHTOPTIK

KORBGEFLECHT

Anleitung in Reihen & Runden

In Reihen:
M-Zahl teilbar durch 12 + 2 + 2 Rand-M. Jede R mit 1 Rand-M beginnen und beenden.

1. Reihe (Hinr): * 2 M li, 10 M re, ab * fortlfd wdh bis zu den letzten 2 M, 2 M li.
2. Reihe (Rückr): 2 M re, * 10 M li, 2 M re, ab * fortlfd wdh.
3. Reihe: * 2 M li, 2 M re, 6 M li, 2 M re, ab * fortlfd wdh bis zu den letzten 2 M, 2 M li.
4. Reihe: 2 M re, * 2 M li, 6 M li, 2 M li, 2 M re, ab * fortlfd wdh.
5. Reihe: Wie die 1. R str.
6. Reihe: Wie die 2. R str.
7. Reihe: * 6 M re, 2 M li, 4 M re, ab * fortlfd wdh bis zu den letzten 2 M, 2 M re.
8. Reihe: 2 M li, * 4 M li, 2 M re, 6 M li, ab * fortlfd wdh.
9. Reihe: * 4 M li, 2 x [2 M re, 2 M li], ab * fortlfd wdh bis zu den letzten 2 M, 2 M li.
10. Reihe: 2 M re, * 2 x [2 M re, 2 M li], 4 M re, ab * fortlfd wdh.
11. Reihe: Wie die 7. R str.
12. Reihe: Wie die 8. R str.
Die 1.-12. R stets wdh.

In Runden:
M-Zahl teilbar durch 12.

1. Runde: * 2 M li, 10 M re, ab * fortlfd wdh.
2. Runde: Wie die 1. Rd str.
3. Runde: * 2 M li, 2 M re, 6 M li, 2 M re, ab * fortlfd wdh.
4. Runde: Wie die 3. Rd str.
5. + 6. Runde: Wie die 1. Rd str.
7. Runde: * 6 M re, 2 M li, 4 M re, ab * fortlfd wdh.
8. Runde: Wie die 7. Rd str.
9. Runde: * 4 M li, 2 x [2 M re, 2 M li], ab * fortlfd wdh.
10. Runde: Wie die 9. Rd str.
11. Runde: Wie die 7. Rd str.
12. Runde: Wie die 8. Rd str.
Die 1.-12. Rd stets wdh.

Strickschrift in Reihen:

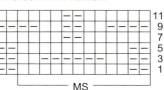

Strickschrift in Runden:

Zeichenerklärung für die Strickmuster dieser Doppelseite:
☐ + ☐ = in Hinr 1 M re, in Rückr 1 M li; in Rd stets 1 M re
☐ = in Hinr 1 M li, in Rückr 1 M re; in Rd stets 1 M li

ABKÜRZUNGEN SIEHE SEITE 126

Relief: MIT FLECHTOPTIK

PALISADEN

Anleitung in Reihen & Runden

In Reihen:

M-Zahl teilbar durch 16 + 8 + 2 Rand-M. Jede R mit 1 Rand-M beginnen und beenden.

1. Reihe (Hinr): * 8 M li, 8 M re, ab * fortlfd wdh bis zu den letzten 8 M, 8 M li.
2. Reihe (Rückr): Li M str.
3. Reihe: Wie die 1. R str.
4. Reihe: Li M str.
5. Reihe: * 2 M li, 4 M re, 2 M li, 2 M re, 4 M li, 2 M re, ab * fortlfd wdh bis zu den letzten 8 M, 2 M li, 4 M re, 2 M li.
6. Reihe: Li M str.
7. Reihe: Wie die 5. R str.
8. Reihe: Li M str.
9. Reihe: Wie die 5. R str.
10. Reihe: Li M str.
11. Reihe: Wie die 1. R str.
12. Reihe: Li M str.
13. Reihe: Wie die 1. R str.
14. Reihe: Li M str.
15. Reihe: * 8 M re, 8 M li, ab * fortlfd wdh bis zu den letzten 8 M, 8 M re.
16. Reihe: Li M str.
17. Reihe: Wie die 15. R str.
18. Reihe: Li M str.
19. Reihe: * 2 M re, 4 M li, 2 M re, 2 M li, 4 M re, 2 M li, ab * fortlfd wdh bis zu den letzten 8 M, 2 M re, 4 M li, 2 M re.
20. Reihe: Li M str.
21. Reihe: Wie die 19. R str.
22. Reihe: Li M str.
23. Reihe: Wie die 19. R str.
24. Reihe: Li M str.
25. Reihe: Wie die 15. R str.
26. Reihe: Li M str.
27. Reihe: Wie die 15. R str.
28. Reihe: Li M str.
Die 1.-28. R stets wdh.

In Runden:

M-Zahl teilbar durch 16

1. Runde: * 8 M li, 8 M re, ab * fortlfd wdh.
2. Runde: Re M str.
3. Runde: Wie die 1. Rd str.
4. Runde: Re M str.
5. Runde: * 2 M li, 4 M re, 2 M li, 2 M re, 4 M li, 2 M re, ab * fortlfd wdh.
6. Runde: Re M str.
7. Runde: Wie die 5. Rd str.
8. Runde: Re M str.
9. Runde: Wie die 5. Rd str.
10. Runde: Re M str.
11. Runde: Wie die 1. Rd str.
12. Runde: Re M str.
13. Runde: Wie die 1. Rd str.
14. Runde: Re M str.
15. Runde: * 8 M re, 8 M li, ab * fortlfd wdh.
16. Runde: Re M str.
17. Runde: Wie die 15. Rd str.
18. Runde: Re M str.
19. Runde: * 2 M re, 4 M li, 2 M re, 2 M li, 4 M re, 2 M li, ab * fortlfd wdh.
20. Runde: Re M str.
21. Runde: Wie die 19. Rd str.
22. Runde: Re M str.
23. Runde: Wie die 19. Rd str.
24. Runde: Re M str.
25. Runde: Wie die 15. Rd str.
26. Runde: Re M str.
27. Runde: Wie die 15. Rd str.
28. Runde: Re M str.
Die 1.-28. Rd stets wdh.

Strickschrift in Reihen:

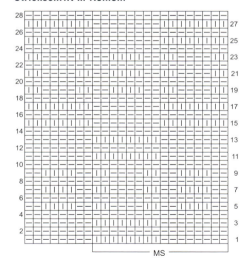

Strickschrift in Runden:

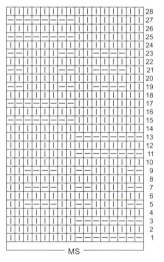

VIDEO-LEHRGÄNGE zu vielen der dargestellten Muster finden Sie im Internet auf YouTube:
http://goo.gl/QegFRx

Relief: MIT FLECHTOPTIK

WEBGEFLECHT

M-Zahl teilbar durch 12 + 4 + 2 Rand-M. Gemäß Strickschrift arb. Es sind nur die Hinr gezeichnet. In den Rückr alle M str, wie sie erscheinen. Mit 1 Rand-M und den M vor dem Mustersatz beginnen, den Mustersatz fortlfd wdh und mit 1 Rand-M enden. Die 1.–12. R stets wdh.

Strickschrift

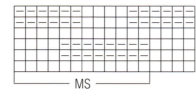

BASTGEFLECHT

M-Zahl teilbar durch 6 + 3 + 2 Rand-M. In Hin- und Rückr gemäß Strickschrift arb. Mit 1 Rand-M beginnen, den Mustersatz fortlfd wdh und mit den M nach dem Mustersatz und 1 Rand-M enden. Die 1.–20. R stets wdh.

Strickschrift

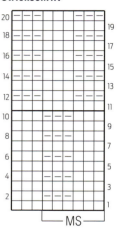

KRAUSGEFLECHT

M-Zahl teilbar durch 8 + 1 + 2 Rand-M. Gemäß Strickschrift arb. Es sind nur die Hinr gezeichnet. In den Rückr alle M str, wie sie erscheinen bzw. wie beschrieben. Mit 1 Rand-M und der M vor dem Mustersatz beginnen, den Mustersatz fortlfd wdh und mit 1 Rand-M enden. Die 1.–12. R stets wdh.

Strickschrift

Zeichenerklärung für die Strickmuster dieser Doppelseite:

| + ☐ = 1 M re
— = 1 M li
X = 1 M kraus re (in Hin- und Rückr re str)

ABKÜRZUNGEN SIEHE SEITE 126

Relief: MIT FLECHTOPTIK

RATTANGEFLECHT

M-Zahl teilbar durch 8 + 2 Rand-M. In Hin- und Rückr gemäß Strickschrift str. Mit 1 Rand-M beginnen, den Mustersatz fortlfd wdh und mit 1 Rand-M enden. Die 1.–12. R stets wdh.

Strickschrift

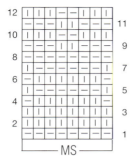

SCHILFGEFLECHT

M-Zahl teilbar durch 7 + 2 Rand-M. Es sind nur die Hinr gezeichnet. In den Rückr alle M str, wie sie erscheinen bzw. wie beschrieben. Mit 1 Rand-M und der M vor dem MS beginnen, den Mustersatz fortlfd wdh, mit den M nach dem MS und 1 Rand-M enden. Die 1.–12. R stets wdh.

Strickschrift

RAUTENGEFLECHT

M-Zahl teilbar durch 14 + 2 Rand-M. In Hin- und Rückr gemäß Strickschrift str. Mit 1 Rand-M beginnen, den Mustersatz fortlfd wdh und mit 1 Rand-M enden. Die 1.–12. R stets wdh.

Strickschrift

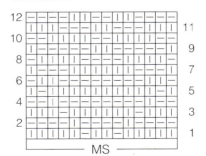

VIDEO-LEHRGÄNGE
zu vielen der dargestellten Muster finden Sie im Internet auf YouTube:
http://goo.gl/QegFRx

Jacquardmuster

Mit dem Begriff Jacquardmuster hat sich ein französischer Seidenweber aus dem 18. Jahrhundert verewigt. Er entwickelte den nach ihm benannten Webstuhl, auf dem Webmuster möglich wurden, die den Einstrickmustern ähneln. Der Begriff aus der Weberei übertrug sich auf das Stricken und bezeichnet heute die zwei- oder mehrfarbigen, glatt rechts gearbeiteten Muster, bei denen in einer Reihe mit verschiedenen Farben gestrickt wird und die jeweils nicht benötigten Fäden auf der Rückseite der Arbeit locker mitlaufen. Diese sogenannten Spannfäden dürfen jedoch nie unter Spannung stehen, sonst wird das Gestrick unelastisch, und das Muster kann sich verziehen. Werden bei dünnem Garn mehr als 7, bei dickerem Garn mehr als 4 Maschen überspannt, die Spannfäden alle paar Maschen einweben, also den Arbeitsfaden mal über, mal unter dem Spannfaden erfassen, sodass der Spannfaden am Gestrick fixiert wird. So vermeiden Sie sehr lange Schlaufen, an denen man auch beim An- und Ausziehen allzu leicht hängen bleibt. Jacquardmuster werden nach Zählmustern gestrickt, jedes Kästchen symbolisiert dabei eine Masche, jedes Zeichen bzw. jeder Farbton eine Garnfarbe. So entstehen aus verschiedenfarbigen, glatt rechten Maschen wunderschöne Norwegersterne, dekorative Bordüren, figürliche Motive, grafische Muster und vieles mehr.

Lassen Sie sich überraschen!

Kleine Strickschule Jacquards

Jacquardmuster werden mit zwei oder mehr Farben in einer Reihe oder Runde gestrickt. Wie das funktioniert, zeigt unser Lehrgang.

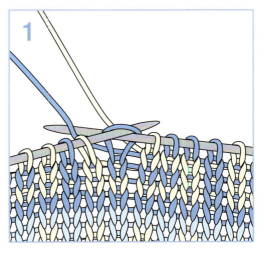

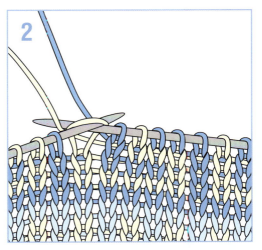

1. Die benötigten Fäden zusammen um den Zeigefinger der linken Hand wickeln. Nun die Maschen gemäß Zählmuster abstricken, den nicht benötigten Faden auf der Rückseite der Arbeit locker mitführen.
2. Wird der andere Faden gebraucht, die Maschen auf der rechten Nadel etwas auseinanderschieben, sodass der neue Faden den richtigen Abstand erhält. Diese Spannfäden sollen die andersfarbigen Maschen locker überbrücken, zu kurze Spannfäden ziehen das Gestrick unschön zusammen, zu lange Spannfäden machen das Maschenbild ungleichmäßig und löcherig.
3. In Rückreihen wird ebenso gearbeitet, die Fäden werden dann vor der Arbeit weitergeführt.
4. Um die Fadenspannung an den Rändern beizubehalten, werden die Randmaschen jeweils mit allen Fäden der Reihe gestrickt.

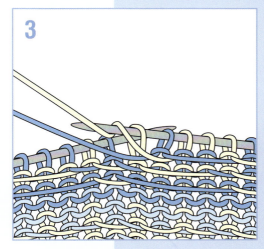

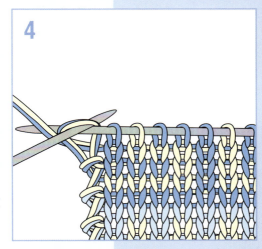

TIPP

Auf Seite 11 stellen wir Ihnen ein **nützliches Hilfsmittel fürs mehrfarbige Stricken** mit 2-4 Fäden vor: den **Strickfingerhut**. Einfach auf den linken Zeigefinger aufsetzen und die Fäden durch die kleinen Ösen führen.
Er erleichtert das Arbeiten, da die Fäden sich nicht mehr so leicht miteinander verdrehen.

Jacquardmuster: GRAFISCHE BORDÜREN

AMSTERDAM

M-Zahl teilbar durch 6 + 5 + 2 Rand-M. In Hin- und Rückr glatt re in Jacquardtechnik nach dem Zählmuster arb, dabei mit 1 Rand-M und den M vor dem MS beginnen, den MS fortlfd wdh und mit den M nach dem MS und 1 Rand-M enden. Die 1.–12. R 1 x arb.

Zählmuster

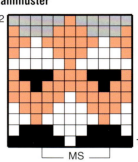

MALAGA

M-Zahl teilbar durch 14 + 1 + 2 Rand-M. In Hin- und Rückr glatt re in Jacquardtechnik nach dem Zählmuster arb, dabei mit 1 Rand-M und der M vor dem MS beginnen, den MS fortlfd wdh und mit 1 Rand-M enden. Den jeweils unbenutzten Faden stets locker auf der Rückseite der Arbeit mitführen. Die 1.–27. R 1 x arb.

Zählmuster

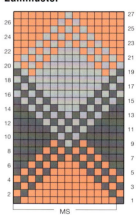

SANTA FE

M-Zahl teilbar durch 10 + 2 Rand-M. In Hin- und Rückr glatt re in Jacquardtechnik nach dem Zählmuster arb, dabei mit 1 Rand-M und der M vor dem MS beginnen, den MS fortlfd wdh und mit 1 Rand-M enden. Den jeweils unbenutzten Faden stets locker auf der Rückseite der Arbeit mitführen. Die 1.–22. R 1 x arb.

Zählmuster

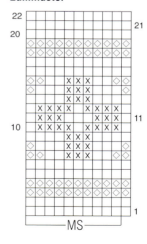

Zeichenerklärung für die Strickmuster dieser Doppelseite:

- ▨ = Hellgrau
- ▮ = Dunkelgrau
- ■ = Schwarz
- 1 Kästchen = 1 M und 1 R
- ▨ = Hellblau
- □ = Weiß
- ▨ = Lachs
- □ = Schwarz
- X = Hellgrau
- ◇ = Lachs

ABKÜRZUNGEN SIEHE SEITE 126

Jacquardmuster: GRAFISCHE BORDÜREN

MARRAKESCH

M-Zahl teilbar durch 8 + 1 + 2 Rand-M. In Hin- und Rückr glatt re in Jacquardtechnik nach dem Zählmuster arb, dabei mit 1 Rand-M beginnen, den MS fortlfd wdh und der M nach dem MS und 1 Rand-M enden. Den jeweils unbenutzten Faden stets locker auf der Rückseite der Arbeit mitführen.
Die 1.-29. R 1 x arb.

Zählmuster

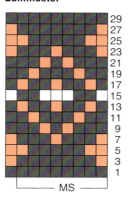

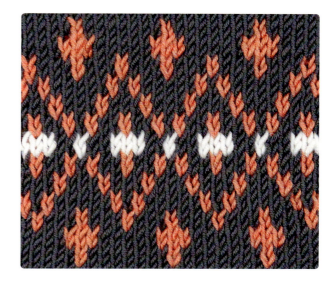

BRÜGGE

M-Zahl teilbar durch 6 + 2 Rand-M. In Hin- und Rückr glatt re in Jacquardtechnik nach dem Zählmuster arb, dabei mit 1 Rand-M beginnen, den MS fortlfd wdh und mit mit der M nach dem MS und 1 Rand-M enden. Den jeweils unbenutzten Faden stets locker auf der Rückseite der Arbeit mitführen. 1 x die 1.-37. R arb, dann die 6.-37. R stets wdh; mit einer 21. oder 37. R enden.

Zählmuster

LISSABON

M-Zahl teilbar durch 6 + 2 Rand-M. In Hin- und Rückr glatt re in Jacquardtechnik nach dem Zählmuster arb, dabei mit 1 Rand-M beginnen, den MS fortlfd wdh und mit 1 Rand-M enden. Den jeweils unbenutzten Faden stets locker auf der Rückseite der Arbeit mitführen. Die 1.-16. R stets wdh, dabei die Muster-Fb gemäß Zählmuster wechseln wie folgt: * Schwarz, Hellgrau, Dunkelgrau, Weiß (siehe Foto), ab * stets wdh.

Zählmuster

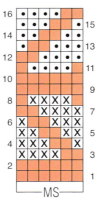

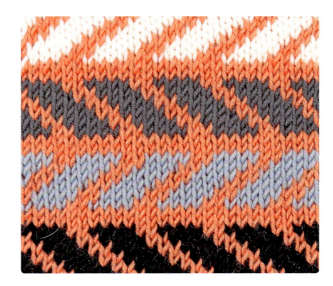

• = 1. Muster-Fb
X = 2. Muster-Fb

VIDEO-LEHRGÄNGE
zu vielen der dargestellten Muster finden Sie im Internet auf YouTube:
http://goo.gl/QegFRx

Jacquardmuster: BLUMEN UND TIERE

LILIEN

Zählmuster 1: M-Zahl teilbar durch 4 + 1 + 2 Rand-M.
Zählmuster 2: M-Zahl teilbar durch 32 + 5 + 2 Rand-M.
In Hin- und Rückr glatt re in Jacquardtechnik nach dem Zählmuster arb, dabei mit 1 Rand-M beginnen, den MS fortlfd wdh und mit den M nach dem MS und 1 Rand-M enden. Den jeweils unbenutzten Faden stets locker auf der Rückseite der Arbeit mitführen. 1 x die 1.-7. R des Zählmusters „Lilien 1" arb, dann 1 x die 1.-17. R des Zählmusters „Lilien 2" arb und mit der 1.-7. R des Zählmusters „Lilien 1" enden.

Zählmuster 1

Zählmuster 2

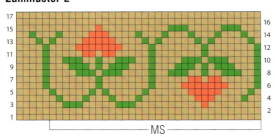

APFELBLÜTE

M-Zahl teilbar durch 12 + 4 + 2 Rand-M. Je 2 R glatt re in Weiß, Grün und Lachs str, dann glatt re in Jacquardtechnik nach dem Zählmuster arb, dabei mit 1 Rand-M und der M vor dem MS beginnen, den MS fortlfd wdh und mit den M nach dem MS und 1 Rand-M enden. Den jeweils unbenutzten Faden stets locker auf der Rückseite der Arbeit mitführen. 1 x die 1.-19. R arb, dann je 2 R glatt re in Lachs, Grün und Weiß arb.

Zählmuster

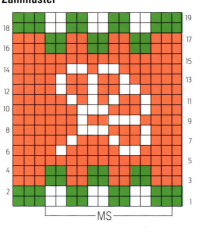

ROSEN

M-Zahl teilbar durch 24 + 9 + 2 Rand-M. In Hin- und Rückr glatt re in Jacquardtechnik nach dem Zählmuster arb, dabei mit 1 Rand-M und den M vor dem MS beginnen, den MS fortlfd wdh und mit den M nach dem MS und 1 Rand-M enden. Den jeweils unbenutzten Faden stets locker auf der Rückseite der Arbeit mitführen. Die 1.-34. R 1 x arb.

Zählmuster

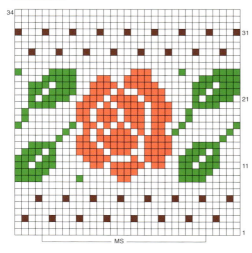

Zeichenerklärung für die Strickmuster dieser Doppelseite:

- = Camel
- = Grün
- = Lachs
- = Weiß
- = Hellgrau
- = Braun

1 Kästchen = 1 M und 1 R
☐ = Camel
☒ = Braun

ABKÜRZUNGEN SIEHE SEITE 126

Jacquardmuster: BLUMEN UND TIERE

LAMAPARADE

M-Zahl teilbar durch 12 + 2 Rand-M. In Hin- und Rückr glatt re in Jacquardtechnik nach dem Zählmuster arb, dabei mit 1 Rand-M beginnen, den MS fortlfd wdh und mit 1 Rand-M enden. Den jeweils unbenutzten Faden stets locker auf der Rückseite der Arbeit mitführen. Die 1.-30. R 1 x arb.

Zählmuster

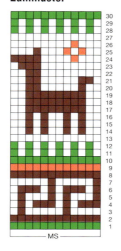

REHWECHSEL

M-Zahl teilbar durch 20 + 2 Rand-M. In Hin- und Rückr glatt re in Jacquardtechnik nach dem Zählmuster arb, dabei mit 1 Rand-M beginnen, den MS fortlfd wdh und mit 1 Rand-M enden. Den jeweils unbenutzten Faden stets locker auf der Rückseite der Arbeit mitführen. Die 1.-27. R 1 x arb.

Zählmuster

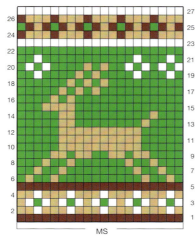

HIRSCHSPRUNG

M-Zahl teilbar durch 16 + 2 Rand-M. Je 2 R glatt re in Grün, Weiß und Lachs str, dann glatt re in Jacquardtechnik nach dem Zählmuster arb, dabei mit 1 Rand-M beginnen, den MS fortlfd wdh und mit den M nach dem MS und 1 Rand-M enden. Den jeweils unbenutzten Faden stets locker auf der Rückseite der Arbeit mitführen. Die 1.-22. R 1 x arb, dann mit je 2 R glatt re in Lachs, Weiß und Grün enden.

Zählmuster

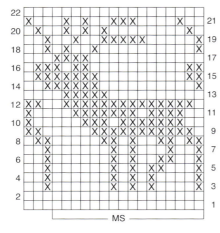

VIDEO-LEHRGÄNGE zu vielen der dargestellten Muster finden Sie im Internet auf YouTube: http://goo.gl/QegFRx

Jacquardmuster: NORWEGERSTERNE

NORDSTERN

M-Zahl teilbar durch 29 + 2 Rand-M. In Hin- und Rückr glatt re in Jacquardtechnik nach dem Zählmuster arb, dabei mit 1 Rand-M den 13 M vor dem MS beginnen, den MS fortlfd wdh und mit den 13 M nach dem MS und 1 Rand-M enden. Den jeweils unbenutzten Faden stets locker auf der Rückseite der Arbeit mitführen. Die 1.-27. R 1 x arb.

Zählmuster

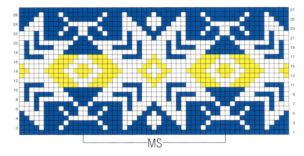

KREUZ DES SÜDENS

M-Zahl teilbar durch 30 + 2 Rand-M. In Hin- und Rückr glatt re in Jacquardtechnik nach dem Zählmuster arb, dabei mit 1 Rand-M beginnen, den MS fortlfd wdh und mit 1 Rand-M enden. Den jeweils unbenutzten Faden stets locker auf der Rückseite der Arbeit mitführen. Die 1.-30. R 1 x arb.

Zählmuster

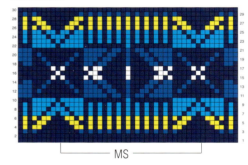

POLARLICHT

M-Zahl teilbar durch 21 + 2 Rand-M. In Hin- und Rückr glatt re in Jacquardtechnik nach dem Zählmuster arb, dabei mit 1 Rand-M beginnen, den MS fortlfd wdh und mit 1 Rand-M enden. Den jeweils unbenutzten Faden stets locker auf der Rückseite der Arbeit mitführen. Die 1.-21. R 1 x arb.

Zählmuster

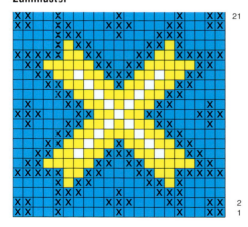

Zeichenerklärung für die Strickmuster dieser Doppelseite:

- ☐ = Weiß
- ■ = Blau
- ■ = Gelb
- ■ = Türkis
- + X = Mittelblau
- ☐ = in Hinr 1 M li, in Rückr 1 M re str
- ☐ 1 Kästchen = 1 M und 1 R

ABKÜRZUNGEN SIEHE SEITE 126

Jacquardmuster: NORWEGERSTERNE

NORSKSTJERNE

M-Zahl teilbar durch 16 + 2 Rand-M. In Hin- und Rückr glatt re in Jacquardtechnik nach dem Zählmuster arb, dabei mit 1 Rand-M beginnen, den MS fortlfd wdh und mit 1 Rand-M enden. Den jeweils unbenutzten Faden stets locker auf der Rückseite der Arbeit mitführen. Die 4. R (= Rückr) re str, die 29. R (= Hinr) li str. Die 1.–31. R 1 x arb.

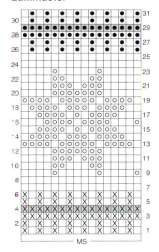

STERNSCHNUPPEN

M-Zahl teilbar durch 20 + 2 Rand-M. In Hin- und Rückr glatt re in Jacquardtechnik nach dem Zählmuster arb, dabei mit 1 Rand-M beginnen, den MS fortlfd wdh und mit 1 Rand-M enden. Den jeweils unbenutzten Faden stets locker auf der Rückseite der Arbeit mitführen. Die 1.–29. R 1 x arb.

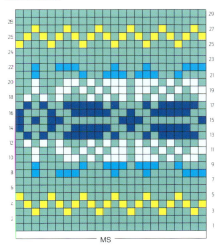

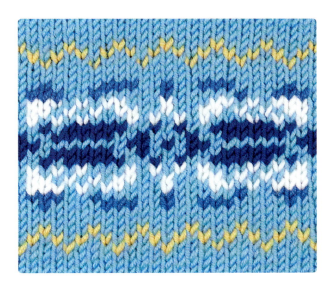

ABENDSTERN

M-Zahl teilbar durch 28 + 2 Rand-M (= 2 MS des Sternmotivs bzw. 7 MS der Bordüren darüber und darunter). In Hin- und Rückr glatt re in Jacquardtechnik nach dem Zählmuster arb, dabei mit 1 Rand-M beginnen, den MS fortlfd wdh und mit 1 Rand-M enden. Den jeweils unbenutzten Faden stets locker auf der Rückseite der Arbeit mitführen. Die 1.–33. R 1 x arb.

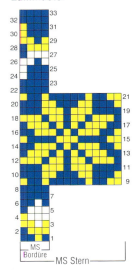

- M = Weiß
- X = Türkis
- O = Blau
- ● = Gelb

VIDEO-LEHRGÄNGE
zu vielen der dargestellten Muster finden Sie im Internet auf YouTube:
http://goo.gl/QegFRx

Hebemaschen

Auf den nächsten Seiten stellen wir Ihnen mehrfarbige Muster vor, die kompliziert und kunstvoll aussehen, dabei aber ganz strickleicht sind. Der Trick sind Hebemaschen. In jeder Reihe oder Runde wird dabei immer nur mit einer Farbe gestrickt, allerdings heben Sie andersfarbige Maschen der Vorreihe(n) nur ab, die sich dadurch als langgezogene Maschen in die Reihen der aktuellen Farbe legen. Der umständliche Farbwechsel in der Reihe oder Runde entfällt also, das Stricken ist einfacher und geht schneller voran. Gleichzeitig entsteht nicht nur der mehrfarbige Effekt in dieser Reihe/Runde, zusätzlich treten die langgezogenen Maschen auch plastisch hervor und geben dem Maschenbild ein wenig Struktur. Hebemaschen können auch nur einfarbig gestrickt werden, dann wirken sie sehr dezent strukturierend und zeigen ein leichtes Relief. Hebemaschen verleihen Ringelmustern eine interessantere Optik und gestalten Farbübergänge abwechslungsreich. Und sie lassen sich wunderbar mit anderen Techniken kombinieren, da sie sich nicht verziehen und stets mit der gleichen Maschenzahl gearbeitet werden. Kurzum: Ein Musterspaß, der Anfängern Freude macht und Profis zu fantasievollen Modellen inspiriert!

Kleine Strickschule Hebemaschen

Hebemaschen sind obenauf liegende, betonte, langgezogene Maschen. Gerade beim mehrfarbigen Stricken können so reizvolle Effekte auf einfache Art erzielt werden.

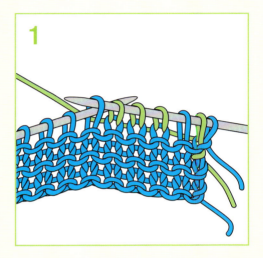

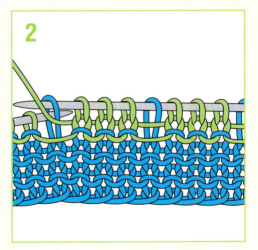

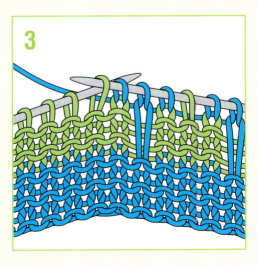

◄ Pro Reihe wird nur mit einer Farbe gestrickt, in der Wirkung entstehen aber mehrfarbige Reihen. Andersfarbige Maschen der Vorreihe werden über einige Reihen hinweg nur abgehoben und legen sich dadurch als langgezogene Masche in die Reihen der neuen Farbe.

1. In der 1. Reihe (= Hinreihe) gemäß Strickschrift arbeiten. In unserem Beispiel werden Maschen links abgehoben. Den Faden dabei hinter die Arbeit legen. Dann wie zum Linksstricken in die Masche einstechen und sie auf die rechte Nadel nehmen, ohne sie zu stricken. Den Faden dabei locker hinter der Masche weiterführen.

2. In den Rückreihen werden die Hebemaschen in unserem Beispiel ebenfalls links abgehoben, der Faden liegt dabei aber vor der Arbeit. Wieder wie zum Linksstricken in die Masche einstechen und sie auf die rechte Nadel nehmen, ohne sie zu stricken. Den Faden dabei locker vor der Masche weiterführen.

3. So werden die Hebemaschen von Reihe zu Reihe nur abgehoben und ziehen sich dadurch in die Länge. Je nach Muster können die Hebemaschen über eine, zwei oder drei Reihen gehoben werden, bei einige Mustern werden sogar noch mehr Reihen überbrückt, allerdings muss dann recht locker gearbeitet werden, damit sich das Gestrick um die Hebemasche nicht verzieht.

TIPP

Natürlich können nicht nur einzelne Maschen als Hebemaschen gearbeitet werden, es können auch **mehrere Maschen hintereinander abgehoben** werden.
In der Hinreihe wird der Faden dabei locker auf der Rückseite mitgeführt. Dadurch entstehen Muster, die Jacquardmustern ähneln, ohne dass ein Farbwechsel innerhalb der Reihe gearbeitet werden muss.

In der Rückreihe werden die Maschen links abgehoben, der Faden liegt dann vor der Arbeit.

Decke und Kissen Kirembo

An afrikanische Muster erinnern Farben und Design dieser Decke mit passendem Kissen.

Überraschend einfach ist das Muster von Decke und Kissen zu stricken, doch das Ergebnis wirkt überwältigend. Das Zauberwort heißt „Hebemaschen": Durch sie entsteht das raffinierte Muster, obwohl jede Reihe nur in einer einzigen Farbe gestrickt wird. Das Garn Malou Light von Lang Yarns ist außerordentlich leicht und luftig, sodass die Decke kuschelig wärmt, ohne zu belasten. Die Farben erinnern an afrikanische Volkskunst.

DECKE
In Beige 222 M anschl.
Im Hebemaschenmuster nach der Strickschrift str, dabei den MS innerhalb der R stets wdh. Die 1.–36. R (= MS) insgesamt 17 x arb, dann die 1. und 2. R noch 1 x arb.
Alle M abk. Die Fadenenden vernähen.

KISSENHÜLLE
In Beige 72 M anschl.
Im Hebemaschenmuster nach der Strickschrift str, dabei den MS innerhalb der R stets wdh. Die 1.–36. R (= MS) insgesamt 7 x arb, dann die 1. und 2. R noch 1 x arb.
Alle M abk. Die Fadenenden vernähen.

Fertigstellung
Die Anschlag- und die Abkettkante aufeinanderlegen und die Seitennähte schließen. Anschlag- und Abkettkante beidseitig jeweils 2 cm weit zusammennähen. Die Öffnung mit 1 R fM in Beige behäkeln. Den Reißverschluss einnähen. Die Kissenfüllung einschieben und den Reißverschluss schließen. ♦

Strickschrift für das Hebemaschenmuster

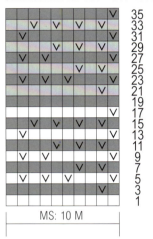

Die Strickschrift zeigt nur die Hinr. In den Rückr die M re bzw. wie beschrieben und in den Farben, in denen sie erscheinen, str.

GRÖSSE
Decke: ca. 123 cm x 185 cm
Kissenhülle: ca. 40 cm x 40 cm

GARN
Lang Yarns Malou Light (72 % Baby-Alpaka, 16 % Polyamid, 12 % Wolle; LL 190 m/50 g)

	Beige (Fb 887.0022)	Anthrazit (Fb 887.0070)	Gelb (887.0013)	
Decke	200	350	150	g
Kissen	50	50	50	g

NADELN UND ZUBEHÖR
Stricknadeln 5,5 mm
Für die Kissenhülle:
Häkelnadel 4,5 mm
1 Reißverschluss, 35 cm lang
Nähgarn, farblich passend
Nähnadel
Kissenfüllung, 40 cm x 40 cm

MASCHENPROBE
18 M und 33 R mit Nd 5,5 mm im Hebemaschenmuster gestrickt = 10 cm x 10 cm

BEZUGSQUELLEN UND ABKÜRZUNGEN SEITE 126

Zeichenerklärung
☐ = Beige
▨ = Anthrazit
▧ = Gelb
☐ = 1 M re
V = 1 Hebe-M (in Hinr 1 M re abh mit dem Faden hinter der Arbeit, in Rückr 1 M li abh mit dem Faden vor der Arbeit)

VIDEO-LEHRGÄNGE
zu vielen der dargestellten Muster finden Sie im Internet auf YouTube:
http://goo.gl/QegFRx

Hebemaschen: MIT STREIFENOPTIK

WELLENLINIEN

Anleitung in Reihen & Runden

IN REIHEN:
M-Zahl teilbar durch 7 + 2 Rand-M.
Jede R mit 1 Rand-M beginnen und beenden.

1. Reihe (Hinr), Fb A: * 1 M li abh (Fh), 1 M re, 1 M li abh (Fh), 4 M re; ab * fortlfd wdh.
2. Reihe (Rückr), Fb A: * 4 M re, 1 M li abh (Fv), 1 M re, 1 M li abh (Fv); ab * fortlfd wdh.
3. Reihe, Fb B: * 2 x 2 M lvkr, 3 M re; ab * fortlfd wdh.
4. Reihe, Fb B: * 3 M re, 2 x [1 M li abh (Fv), 1 M re]; ab * fortlfd wdh.
5. Reihe, Fb C: * 2 x [1 M re, 1 M li abh (Fh)], 3 M re; ab * fortlfd wdh.
6. Reihe, Fb C: * 3 M re, 2 x [1 M re, 1 M li abh (Fv)]; ab * fortlfd wdh.
7. Reihe, Fb B: * 1 M re, 2 x 2 M lvkr, 2 M re; ab * fortlfd wdh.
8. Reihe, Fb B: * 2 x [1 M re, 1 M li abh (Fv)], 1 M re; ab * fortlfd wdh.
9. Reihe, Fb D: * 2 M re, 1 M li abh (Fh), 1 M re, 1 M li abh (Fh), 2 M re; ab * fortlfd wdh.
10. Reihe, Fb D: * 2 M re, 1 M li abh (Fv), 1 M re, 1 M li abh (Fv), 2 M re; ab * fortlfd wdh.
11. Reihe, Fb B: * 2 M re, 2 x 2 M lvkr, 1 M re; ab * fortlfd wdh.
12. Reihe, Fb B: * 1 M re, 2 x [1 M li abh (Fv), 1 M re], 2 M re; ab * fortlfd wdh.
13. Reihe, Fb E: * 3 M re, 2 x [1 M li abh (Fh), 1 M re]; ab * fortlfd wdh.
14. Reihe, Fb E: * 2 x [1 M re, 1 M li abh (Fv)], 3 M re; ab * fortlfd wdh.
15. Reihe, Fb B: * 3 M re, 2 x 2 M lvkr; ab * fortlfd wdh.
16. Reihe, Fb B: * 2 x [1 M re, 1 M li abh (Fv), 1 M re], 3 M re; ab * fortlfd wdh.
17. Reihe, Fb B: * 4 M re, 1 M li abh (Fh), 1 M re, 1 M li abh (Fh); ab * fortlfd wdh.
18. Reihe, Fb B: * 1 M li abh (Fv), 1 M li, 1 M li abh (Fv), 4 M li; ab * fortlfd wdh.
19. Reihe, Fb B: Re M str.
20. Reihe, Fb B: * 1 M li abh (Fv), 1 M re, 1 M li abh (Fv), 4 M li; ab * fortlfd wdh.
21. Reihe, Fb E: * 4 M re, 1 M li abh (Fh), 1 M re, 1 M li abh (Fh); ab * fortlfd wdh.
22. Reihe, Fb E: * 1 M li abh (Fv), 1 M re, 1 M li abh (Fv), 4 M re; ab * fortlfd wdh.
23. Reihe, Fb B: * 3 M re, 2 x 2 M rvkr; ab * fortlfd wdh.
24. Reihe, Fb B: * 2 x [1 M re, 1 M li abh (Fv)], 3 M re; ab * fortlfd wdh.
25. Reihe, Fb D: * 3 M re, 2 x [1 M li abh (Fh), 1 M re]; ab * fortlfd wdh.
26. Reihe, Fb D: * 2 x [1 M re, 1 M li abh (Fv)], 3 M re; ab * fortlfd wdh.
27. Reihe, Fb B: * 2 M re, 2 x 2 M rvkr, 1 M re; ab * fortlfd wdh.
28. Reihe, Fb B: * 2 M re, 1 M li abh (Fv), 1 M re, 1 M li abh (Fv), 2 M re; ab * fortlfd wdh.
29. Reihe, Fb C: * 2 M re, 1 M li abh (Fh), 1 M re, 1 M li abh (Fh), 2 M re; ab * fortlfd wdh.
30. Reihe, Fb C: * 2 M re, 1 M li abh (Fv), 1 M re, 1 M li abh (Fv), 2 M re; ab * fortlfd wdh.
31. Reihe, Fb B: * 1 M re, 2 x 2 M rvkr, 2 M re; ab * fortlfd wdh.
32. Reihe, Fb B: * 3 M re, 2 x [1 M li abh (Fv), 1 M re]; ab * fortlfd wdh.
33. Reihe, Fb A: * 2 x [1 M re, 1 M li abh (Fh)], 3 M re; ab * fortlfd wdh.
34. Reihe, Fb A: * 3 M re, 2 x [1 M li abh (Fv), 1 M re]; ab * fortlfd wdh.
35. Reihe, Fb B: * 2 x 2 M rvkr, 3 M re; ab * fortlfd wdh.
36. Reihe, Fb B: * 4 M re, 1 M li abh (Fv), 1 M re, 1 M li abh (Fv); ab * fortlfd wdh.
37. Reihe, Fb B: * 1 M li abh (Fh), 1 M re, 1 M li abh (Fh), 4 M re; ab * fortlfd wdh.
38. Reihe, Fb B: * 4 M li, 1 M li abh (Fv), 1 M li, 1 M li abh (Fv); ab * fortlfd wdh.

Zeichenerklärung für die Strickmuster dieser Doppelseite:

- **X** = in Hin- und Rückr 1 M re; in ungeraden Rd 1 M re, in geraden Rd 1 M li
- **I** = in Hinr 1 M re, in Rückr 1 M li; in Rd stets 1 M re
- **V** = in Hinr 1 M li abh (Fh), Rückr 1 M li abh (Fv); in Rd stets 1 M li abh (Fh)
- **/** = in Hin und ungeraden Rd 1 M re, in Rückr 1 M li abh (Fv); in geraden Rd 1 M li abh (Fh)
- **X/V** = 2 M rvkr: die nächste M auf einer Zopfnd hinter die Arbeit legen, 1 M re, dann die M der Zopfnd re str; in Rückr 1 M re, 1 M li abh (Fv) bzw in geraden Rd 1 M li abh (Fh), 1 M li

ABKÜRZUNGEN SIEHE SEITE 126

Hebemaschen: MIT STREIFENOPTIK

39. Reihe, Fb B: Re M str.
40. Reihe, Fb B: * 4 M re, 1 M li abh (Fv), 1 M re, 1 M li abh (Fv); ab * fortlfd wdh.
Die 1.–40. R stets wdh, dabei die Fb-Angaben beachten.

IN RUNDEN:
M-Zahl teilbar durch 7.

1. Runde, Fb A: * 1 M li abh (Fh), 1 M re, 1 M li abh (Fh), 4 M re; ab * fortlfd wdh.
2. Runde, Fb A: * 1 M li abh (Fh), 1 M li, 1 M li abh (Fh), 4 M li; ab * fortlfd wdh.
3. Runde, Fb B: * 2 x 2 M lvkr, 3 M re; ab * fortlfd wdh.
4. Runde, Fb B: * 2 x [1 M li, 1 M li abh (Fh)], 3 M li; ab * fortlfd wdh.
5. Runde, Fb C: * 2 x [1 M re, 1 M li abh (Fh)], 3 M re; ab * fortlfd wdh.
6. Runde, Fb C: * 2 x [1 M li, 1 M li abh (Fh)], 3 M li; ab * fortlfd wdh.
7. Runde, Fb B: * 1 M re, 2 x 2 M lvkr, 2 M re; ab * fortlfd wdh.
8. Runde, Fb B: * 2 M li, 2 x [1 M li abh (Fh), 1 M li], 1 M li; ab * fortlfd wdh.
9. Runde, Fb D: * 2 M re, 1 M li abh (Fh), 1 M re, 1 M li abh (Fh), 2 M re; ab * fortlfd wdh.
10. Runde, Fb D: * 2 M li, 1 M li abh (Fh), 1 M li, 1 M li abh (Fh), 2 M li; ab * fortlfd wdh.
11. Runde, Fb B: * 2 M re, 2 x 2 M lvkr, 1 M re; ab * fortlfd wdh.
12. Runde, Fb B: * 3 M li, 2 x [1 M li abh (Fh), 1 M li]; ab * fortlfd wdh.
13. Runde, Fb E: * 3 M re, 2 x [1 M li abh (Fh), 1 M re]; ab * fortlfd wdh.
14. Runde, Fb E: * 3 M li, 2 x [1 M li abh (Fh), 1 M li]; ab * fortlfd wdh.
15. Runde, Fb B: * 3 M re, 2 x 2 M lvkr; ab * fortlfd wdh.
16. Runde, Fb B: * 4 M li, 1 M li abh (Fh), 1 M li, 1 M li abh (Fh); ab * fortlfd wdh.
17. Runde, Fb B: * 4 M re, 1 M li abh (Fh), 1 M re, 1 M li abh (Fh); ab * fortlfd wdh.
18. Runde, Fb B: Wie die 17. Rd str.
19. Runde, Fb B: Re M str.
20. Runde, Fb B: * 4 M li, 1 M li abh (Fh), 1 M li, 1 M li abh (Fh); ab * fortlfd wdh.
21. Runde, Fb E: * 4 M re, 1 M li abh (Fh), 1 M re, 1 M li abh (Fh); ab * fortlfd wdh.
22. Runde, Fb E: * 4 M li, 1 M li abh (Fh), 1 M li, 1 M li abh (Fh); ab * fortlfd wdh.
23. Runde, Fb B: * 3 M re, 2 x 2 M rvkr; ab * fortlfd wdh.
24. Runde, Fb B: * 3 M li, 2 x [1 M li abh (Fh), 1 M li]; ab * fortlfd wdh.
25. Runde, Fb D: * 3 M re, 2 x [1 M li abh (Fh), 1 M re]; ab * fortlfd wdh.
26. Runde, Fb D: * 3 M li, 2 x [1 M li abh (Fh), 1 M li]; ab * fortlfd wdh.
27. Runde, Fb B: * 2 M re, 2 x 2 M rvkr, 1 M re; ab * fortlfd wdh.
28. Runde, Fb B: * 2 M li, 2 x [1 M li abh (Fh), 1 M li], 1 M li; ab * fortlfd wdh.
29. Runde, Fb C: * 2 M re, 1 M li abh (Fh), 1 M re, 1 M li abh (Fh), 2 M re; ab * fortlfd wdh.
30. Runde, Fb C: * 2 M li, 1 M li abh (Fh), 1 M li, 1 M li abh (Fh), 2 M li; ab * fortlfd wdh.
31. Runde, Fb B: * 1 M re, 2 x 2 M rvkr, 2 M re; ab * fortlfd wdh.
32. Runde, Fb B: * 1 M li, 2 x [1 M li abh (Fh), 1 M li], 2 M li; ab * fortlfd wdh.
33. Runde, Fb A: * 2 x [1 M re, 1 M li abh (Fh)], 3 M re; ab * fortlfd wdh.
34. Runde, Fb A: * 2 x [1 M li, 1 M li abh (Fh)], 3 M li; ab * fortlfd wdh.
35. Runde, Fb B: * 2 x 2 M rvkr, 3 M re; ab * fortlfd wdh.
36. Runde, Fb B: * 2 x [1 M li abh (Fh), 1 M li], 3 M li; ab * fortlfd wdh.
37. Runde, Fb B: * 1 M li abh (Fh), 1 M re, 1 M li abh (Fh), 4 M re; ab * fortlfd wdh.
38. Runde, Fb B: Wie die 37. Rd str.
39. Runde, Fb B: Re M str.
40. Runde, Fb B: * 1 M li abh (Fh), 1 M li, 1 M li abh (Fh), 4 M li; ab * fortlfd wdh.
Die 1.–40. Rd fortlfd wdh, dabei die Fb-Angaben beachten.

Strickschrift in Reihen: / **Strickschrift in Runden:**

⎯ = 2 M lvkr: die nächste M auf einer Zopfnd vor die Arbeit legen, 1 M re, dann die M der Zopfnd re str; in Rückr 1 M li abh (Fv), 1 M re bzw in geraden Rd 1 M li, 1 M li abh (Fh)

A = Dunkelgrün
B = Hellgrün
C = Grasgrün
D = Olivgrün
E = Blattgrün

VIDEO-LEHRGÄNGE
zu vielen der dargestellten Muster finden Sie im Internet auf YouTube:
http://goo.gl/QegFRx

Hebemaschen: MIT STREIFENOPTIK

BORDÜRENSTREIFEN

Anleitung in Reihen & Runden

IN REIHEN:
M-Zahl teilbar durch 8 + 2 Rand-M.
Jede R mit 1 Rand-M beginnen und beenden.

1. Reihe (Hinr), Fb A: Re M str.
2. Reihe (Rückr), Fb A: Li M str.
3. Reihe, Fb A: Re M str.
4. Reihe, Fb A: Li M str.
5. Reihe, Fb B: * 4 x [1 M li abh (Fh), 1 M re]; ab * fortlfd wdh.
6. Reihe, Fb B: * 4 x [1 M li, 1 M li abh (Fv)]; ab * fortlfd wdh.
7. Reihe, Fb B: Re M str.
8. Reihe, Fb B: Li M str.
9. Reihe, Fb C: * 4 x [1 M re, 1 M li abh (Fh)]; ab * fortlfd wdh.
10. Reihe, Fb C: * 4 x [1 M li abh (Fv), 1 M li]; ab * fortlfd wdh.
11. Reihe, Fb C: Re M str.
12. Reihe, Fb C: Li M str.
13. Reihe, Fb D: Re M str.
14. Reihe, Fb D: Li M str.
15. Reihe, Fb E: * 3 M re, 2 M li abh (Fh), 3 M re; ab * fortlfd wdh.
16. Reihe, Fb E: * 3 M li, 2 M li abh (Fv), 3 M li; ab * fortlfd wdh.
17. Reihe, Fb E: * 3 M re, 2 M li abh (Fh), 3 M re; ab * fortlfd wdh..
18. Reihe, Fb E: * 3 M li, 2 M li abh (Fv), 3 M li; ab * fortlfd wdh.
19. Reihe, Fb D: Re M str.
20. Reihe, Fb D: Li M str.
21. Reihe, Fb A: * 4 x [1 M re, 1 M li abh (Fh)]; ab * fortlfd wdh.
22. Reihe, Fb A: * 4 x [1 M li abh (Fv), 1 M li]; ab * fortlfd wdh.
23. Reihe, Fb A: Re M str.
24. Reihe, Fb A: Li M str.

1 x die 1.–24. R str, dann die 5.–24. R stets wdh, dabei die Fb-Angaben beachten.

IN RUNDEN:
M-Zahl teilbar durch 8.

1. Runde, Fb A: Re M str.
2. Runde, Fb A: Re M str.
3. Runde, Fb A: Re M str.
4. Runde, Fb A: Re M str.
5. Runde, Fb B: * 4 x [1 M li abh (Fh), 1 M re]; ab * fortlfd wdh.
6. Runde, Fb B: Wie die 5. Rd str.
7. Runde, Fb B: Re M str.
8. Runde, Fb B: Re M str.
9. Runde, Fb C: * 4 x [1 M re, 1 M li abh (Fh)]; ab * fortlfd wdh.
10. Runde, Fb C: Wie die 9. Rd str.
11. Runde, Fb C: Re M str.
12. Runde, Fb C: Re M str.
13. Runde, Fb D: Re M str.
14. Runde, Fb D: Re M str.
15. Runde, Fb E: * 3 M re, 2 M li abh (Fh), 3 M re; ab * fortlfd wdh.
16.–18. Runde, Fb E: Wie die 15. Rd str.
19. Runde, Fb D: Re M str.
20. Runde, Fb D: Re M str.
21. Runde, Fb A: * 4 x [1 M re, 1 M li abh (Fh)]; ab * fortlfd wdh.
22. Runde, Fb A: Wie die 21. Rd str.
23. Runde, Fb A: Re M str.
24. Runde, Fb A: Re M str.

1 x die 1.–24. Rd str, dann die 5.–24. Rd stets wdh, dabei die Fb-Angaben beachten.

Strickschrift in Reihen:

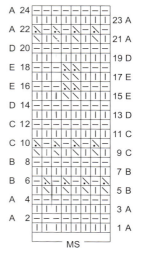

Strickschrift in Runden:

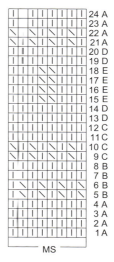

Farbangaben:
A = Hellgrün
B = Dunkelgrün
C = Grasgrün
D = Olivgrün
E = Blattgrün

Zeichenerklärung für die Strickmuster dieser Doppelseite:

| | = 1 M re
– = 1 M li
◤ = 1 M li abh (Fh)
◤ = 1 M li abh (Fv)

ABKÜRZUNGEN SIEHE SEITE 126

Hebemaschen: MIT STREIFENOPTIK

SÄULENSTREIFEN

IN REIHEN:
M-Zahl teilbar durch 2 + 2 Rand-M.
Jede R mit 1 Rand-M beginnen und beenden.

1. Reihe (Hinr), Fb B: Re M str.
2. Reihe (Rückr), Fb B: Li M str.
3. Reihe, Fb A: * 1 M re, 1 M li abh (Fh); ab * fortlfd wdh.
4. Reihe, Fb A: * 1 M li abh (Fv), 1 M li ab * fortlfd wdh.
5. Reihe, Fb B: * 1 M li abh (Fh), 1 M re ab * fortlfd wdh.
6. Reihe, Fb B: * 1 M re, 1 M li abh (Fv); ab * fortlfd wdh.
7. Reihe, Fb A: Wie die 3. R str.
8. Reihe, Fb A: Wie die 4. R str.
9. Reihe, Fb B: Wie die 5. R str.
10. Reihe, Fb B: Wie die 6. R str.
11. Reihe, Fb A: Wie die 3. R str.
12. Reihe, Fb A: Wie die 4. R str.
13. Reihe, Fb B: Re M str.
14. Reihe, Fb B: Li M str.
15. Reihe, Fb C: Re M str.
16. Reihe, Fb C: Li M str.
Die 1.–16. R stets wdh, dabei die Fb-Angaben beachten.

IN RUNDEN:
M-Zahl teilbar durch 2.

1. Runde, Fb B: Re M str.
2. Runde, Fb B: Re M str.
3. Runde, Fb A: * 1 M re, 1 M li abh (Fh); ab * fortlfd wdh.
4. Runde, Fb A: Wie die 3. Rd str.
5. Runde, Fb B: * 1 M li abh (Fh), 1 M re; ab * fortlfd wdh.
6. Runde, Fb B: * 1 M li abh (Fh), 1 M li; ab * fortlfd wdh.
7. und 8. Runde, Fb A: Wie die 3. Rd str.
9. Runde, Fb B: Wie die 5. Rd str.
10. Runde, Fb B: Wie die 6. Rd str.
11. und 12. Runde, Fb A: Wie die 3. Rd str.
13. Runde, Fb B: Re M str.
14. Runde, Fb B: Re M str.
15. Runde, Fb C: Re M str.
16. Runde, Fb C: Re M str.
Die 1.–16. Rd stets wdh, dabei die Fb-Angaben beachten.

Strickschrift in Reihen:
Strickschrift in Runden:

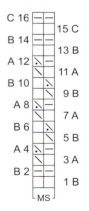

Farbangaben:
A = Hellgrün
B = Olivgrün
C = Blattgrün

Anleitung in Reihen & Runden

VIDEO-LEHRGÄNGE zu vielen der dargestellten Muster finden Sie im Internet auf YouTube:
http://goo.gl/QegFRx

Hebemaschen: MIT STREIFENOPTIK

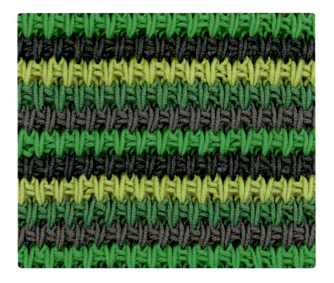

STRUKTURRINGEL

Gerade M-Zahl. In Hin- und Rück gemäß Strickschrift arb. Mit 1 Rand-M beginnen, den MS fortlfd wdh und mit 1 Rand-M enden. Die 1.–8. R stets wdh.
Farbfolge: * Je 4 R in Dunkelgrün, Grasgrün, Olivgrün, Blattgrün und Hellgrün str; ab * stets wdh.

Strickschrift

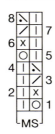

RINGELKÄSTCHEN

M-Zahl teilbar durch 4 + 3 + 2 Rand-M. In Hin- und Rückr gemäß Strickschrift arb, dabei mit 1 Rand-M und der M vor dem MS beginnen, den MS fortlfd wdh, mit den M nach dem MS und 1 Rand-M enden. Die 1. und 2. R 1 x arb, dann die 3.–6. R stets wdh
Farbfolge: * Je 2 R in Dunkelgrün, Blattgrün, Dunkelgrün, Hellgrün, Dunkelgrün und Grasgrün str; ab * stets wdh.

Strickschrift

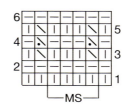

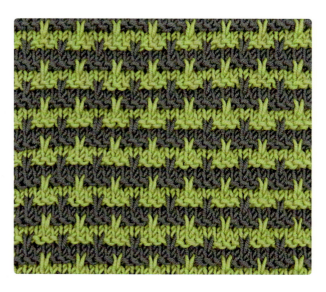

HAHNENTRITTSTREIFEN

M-Zahl teilbar durch 4 + 1 + 2 Rand-M. In Hin- und Rückr gemäß Strickschrift arb, dabei mit 1 Rand-M beginnen, den MS fortlfd wdh, mit der M nach dem MS und 1 Rand-M enden. Die 1.–8. R stets wdh.

Strickschrift

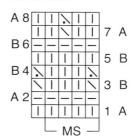

A = Olivgrün
B = Hellgrün

Zeichenerklärung für die Strickmuster dieser Doppelseite:

- ☐ + ☐ = 1 M re
- O = 1 M re, dabei 2 U auf die N legen
- X = 1 M wie zum Li-str abh, Faden vor der Arbeit weiterführen und die U fallen lassen
- ⟍ = 1 M li abheben, dabei den Faden hinter der Arbeit langführen
- ⟍ = 1 M li abheben, dabei den Faden vor der Arbeit langführen
- ⟍ = 1 M li abheben, dabei den Faden hinter der Arbeit langführen
- ⟋ = 1 M re abheben, dabei den Faden hinter der Arbeit langführen

ABKÜRZUNGEN SIEHE SEITE 126

Hebemaschen: MIT STREIFENOPTIK

PÜNKTCHENRINGEL

M-Zahl teilbar durch 4 + 1 + 2 Rand-M. In Hin- und Rückr gemäß Strickschrift arb, dabei mit 1 Rand-M beginnen, den MS fortlfd wdh und mit der M nach dem MS und 1 Rand-M enden. Die 1.–8. R stets wdh.
Farbfolge: * Jeweils 2 R in Fb A und Fb B str; ab * stets wdh.

Strickschrift

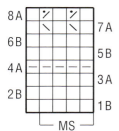

Zeichenerklärung
A = Blattgrün
B = Dunkelgrün

FLECHTSTREIFEN

M-Zahl teilbar durch 10 + 1 + 2 Rand-M In Hin- und Rückr gemäß Strickschrift arb, dabei mit 1 Rand-M beginnen, den MS fortlfd wdh und mit der M nach dem MS und 1 Rand-M enden. Die 1.–8. R stets wdh.
Farbfolge: * Je 2 R in Fb A und Fb B str; ab * stets wdh.

Strickschrift

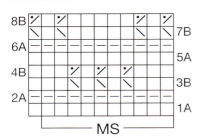

Zeichenerklärung
A = Hellgrün
B = Olivgrün

RIPPENSTREIFEN

M-Zahl teilbar durch 4 + 2 Rand-M. In Hin- und Rückr gemäß Strickschrift arb, dabei mit 1 Rand-M beginnen, den MS fortlfd wdh und mit 1 Rand-M enden. Die 1.–22. R stets wdh.
Farbfolge: * Je 6 R in Hellgrün, Olivgrün, Blattgrün und Dunkelgrün arb; ab * stets wdh.

Strickschrift

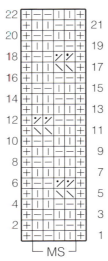

+ = 1 Rand-M

VIDEO-LEHRGÄNGE
zu vielen der dargestellten Muster finden Sie im Internet auf YouTube:
http://goo.gl/QegFRx

Hebemaschen: MIT STREIFENOPTIK

WELLENSTREIFEN

Anleitung in Reihen & Runden

IN REIHEN:

M-Zahl teilbar durch 7 + 1 + 2 Ramd-M. Jede R mit 1 Rand-M beginnen und beenden.

1. Reihe (Hinr), Fb B: Re M.
2. Reihe (Rückr), Fb B: Li M.
3. Reihe, Fb A: 1 M re, * 2 M re, 2 M li abh (Fh), 3 M re, ab * fortlfd wdh.
4. Reihe, Fb A: * 3 M li, 2 M li abh (Fv), 2 M li, ab * fortlfd wdh bis zur letzten M, 1 M li.
5. Reihe, Fb B: 1 M re, * 1 M re, 2 M rkr, 2 M lkr, 2 M re, ab * fortlfd wdh.
6. Reihe, Fb B: * 3 M li, 2 M li abh (Fv), 2 M li, ab * fortlfd wdh bis zur letzten M, 1 M li.
7. Reihe, Fb A: 1 M re, * 1 M re, 2 M rkr, 2 M lkr, 2 M re, ab * fortlfd wdh.
8. Reihe, Fb A: * 3 M li, 2 M li abh (Fv), 2 M li, ab * fortlfd wdh bis zur letzten M, 1 M li.

1 x die 1.-8. R str, dann die 5.-8. R stets wdh, dabei die Farbangaben beachten.

IN RUNDEN:

M-Zahl teilbar durch 7

1. Runde, Fb B: Re M.
2. Runde, Fb B: Re M.
3. Runde, Fb A: * 2 M re, 2 M li abh (Fh), 3 M re, ab * fortlfd wdh.
4. Runde, Fb A: Wie die 3. Rd str.
5. Runde, Fb B: * 1 M re, 2 M rkr, 2 M lkr, 2 M re, ab * fortlfd wdh.
6. Runde, Fb B: * 2 M re, 2 M li abh (Fh), 3 M re, ab * fortlfd wdh.
7. Runde, Fb A: * 1 M re, 2 M rkr, 2 M lkr, 2 M re, ab * fortlfd wdh.
8. Runde, Fb A: * 2 M re, 2 M li abh (Fh), 3 M re, ab * fortlfd wdh.

1 x die 1.-8. Rd str, dann die 5.-8. Rd stets wdh, dabei die Farbangaben beachten.

Strickschrift in Reihen:

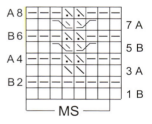

Strickschrift in Runden:

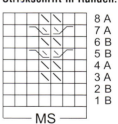

Zeichenerklärung für die Strickmuster dieser Doppelseite:

- ☐ = 1 M re
- ⊟ = 1 M li
- ◲ = 1 M li abh (Fh)   A = Hellgrün
- ◱ = 1 M li abh (Fv)   B = Dunkelgrün
- ⟋⟍ = 2 M rvkr: die nächste M auf einer Zopfnd hinter die Arbeit legen, 1 M re str, dann die M der Zopfnd li abh (Fh)
- ⟍⟋ = 2 M lvkr: die nächste M auf einer Zopfnd vor die Arbeit legen, 1 M li abh (Fh), dann die M der Zopfnd re str

ABKÜRZUNGEN SIEHE SEITE 126

Hebemaschen: GRAFISCHE MUSTER

GITTERKAROS

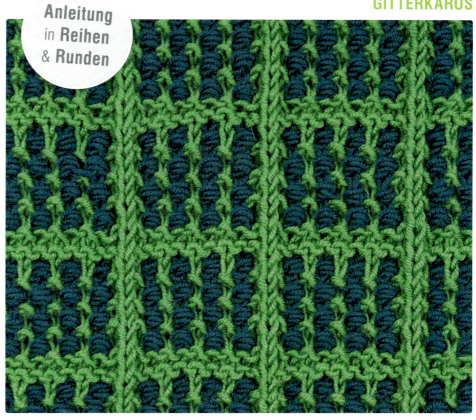

Anleitung in Reihen & Runden

IN REIHEN:

M-Zahl teilbar durch 10 + 9 + 2 Rand-M.
Jede R mit 1 Rand-M beginnen und beenden.

1. Reihe (Hinr), Fb B: 1 M li abh (Fh), * 4 x [2 M zun, 1 M li abh (Fh)], 2 M li abh (Fh); ab * fortlfd wdh bis zu den letzten 8 M, 4 x [2 M zun, 1 M li abh (Fh)].
2. Reihe (Rückr), Fb B: 4 x [1 M li abh (Fv), 3 M re verschr zusstr], * 2 M li abh (Fv), 4 x [1 M li abh (Fv), 3 M re verschr zusstr]; ab * fortlfd wdh bis zur letzten M, 1 M li abh (Fv).
3. Reihe, Fb A: 1 M re, * 4 x [1 M li abh (Fh), 1 M re], 2 M re; ab * fortlfd wdh bis zu den letzten 8 M, 4 x [1 M li abh (Fh), 1 M re].
4. Reihe, Fb A: 4 x [1 M re, 1 M li abh (Fv)], * 1 M re, 1 M li, 4 x [1 M re, 1 M li abh (Fv)]; ab * fortlfd wdh bis zur letzten M, 1 M re.
5. Reihe, Fb B: Wie die 1. R str.
6. Reihe, Fb B: Wie die 2. R str.
7. Reihe, Fb A: Wie die 3. R str.
8. Reihe, Fb A: Wie die 4. R str.
9. Reihe, Fb B: Wie die 1. R str.
10. Reihe, Fb B: Wie die 2. R str.
11. Reihe, Fb A: Wie die 3. R str.
12. Reihe, Fb A: Wie die 4. R str.
13. Reihe, Fb B: Wie die 1. R str.
14. Reihe, Fb B: Wie die 2. R str.
15. Reihe, Fb A: Re M str.
16. Reihe, Fb A: 8 M re, * 1 M re, 1 M li, 8 M re; ab * fortlfd wdh bis zur letzten M, 1 M re.
17. Reihe, Fb A: Re M str.
18. Reihe, Fb A: Wie die 16. R str

Die 1.–18. R fortlfd wdh, dabei die Fb-Angaben beachten.

IN RUNDEN:

M-Zahl teilbar durch 10.

1. Runde, Fb B: * 4 x [2 M zun, 1 M li abh (Fh)], 2 M li abh (Fh); ab * fortlfd wdh.
2. Runde, Fb B: * 4 x [3 M re verschr zusstr, 1 M li abh (Fh)], 2 M li abh (Fh); ab * fortlfd wdh.
3. Runde, Fb A: * 4 x [1 M li abh (Fh), 1 M re], 2 M re; ab * fortlfd wdh.
4. Runde, Fb A: * 4 x [1 M li abh (Fh), 1 M li], 1 M re, 1 M li; ab * fortlfd wdh.
5. Runde, Fb B: Wie die 1. Rd str.
6. Runde, Fb B: Wie die 2. Rd str.
7. Runde, Fb A: Wie die 3. Rd str.
8. Runde, Fb A: Wie die 4. Rd str.
9. Runde, Fb B: Wie die 1. Rd str.
10. Runde, Fb B: Wie die 2. Rd str.
11. Runde, Fb A: Wie die 3. Rd str.
12. Runde, Fb A: Wie die 4. Rd str.
13. Runde, Fb B: Wie die 1. Rd str.
14. Runde, Fb B: Wie die 2. Rd str.
15. Runde, Fb A: Re M str.
16. Runde, Fb A: * 8 M li, 1 M re, 1 M li; ab * fortlfd wdh.
17. Runde, Fb A: Re M str.
18. Runde, Fb A: Wie die 16. Rd str

Die 1.–18. Rd fortlfd wdh, dabei die Fb-Angaben beachten.

A = Blattgrün
B = Tannengrün

Strickschrift in Reihen:

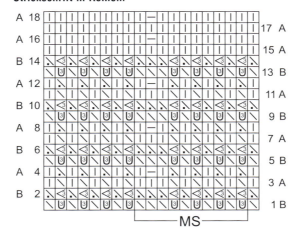

Strickschrift in Runden:

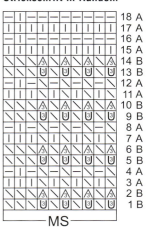

VIDEO-LEHRGÄNGE zu vielen der dargestellten Muster finden Sie im Internet auf YouTube: http://goo.gl/QegFRx

Hebemaschen: GRAFISCHE MUSTER

DIAGONALRAUTEN

Anleitung in Reihen & Runden

IN REIHEN:
M-Zahl teilbar durch 24 + 10 + 2 Rand-M.
Jede R mit 1 Rand-M beginnen und beenden.

1. Reihe (Hinr), Fb A: Re M str.
2. Reihe (Rückr), Fb A: Li M str.
3. Reihe, Fb B: 3 M li abh (Fh), 2 M re, * 4 M re, 2 M li abh (Fh), 2 x [4 M re, 4 M li abh (Fh)], 2 M re; ab * fortlfd wdh bis zu den letzten 5 M, 4 M re, 1 M li abh (Fh).
4. Reihe, Fb B: 1 M li abh (Fv), 4 M li, * 2 M li, 2 x [4 M li abh (Fv), 4 M li], 2 M li abh (Fv), 4 M li; ab * fortlfd wdh bis zu den letzten 5 M, 2 M li, 3 M li abh (Fv).
5. Reihe, Fb A: 5 M re, * 2 M li abh (Fh), 22 M re; ab * fortlfd wdh bis zu den letzten 5 M, 2 M li abh (Fh), 3 M re.
6. Reihe, Fb A: 3 M li, 2 M li abh (Fv), * 22 M li, 2 M li abh (Fv); ab * fortlfd wdh bis zu den letzten 5 M, 5 M li.
7. Reihe, Fb B: 1 M li abh (Fh), 4 M re, * 8 M re, 2 x [4 M li abh (Fh), 4 M re]; ab * fortlfd wdh bis zu den letzten 5 M, 5 M re.
8. Reihe, Fb B: 5 M li, * 2 x [4 M li, 4 M li abh (Fv)], 8 M li; ab * fortlfd wdh bis zu den letzten 5 M, 4 M li, 1 M li abh (Fv).
9. Reihe, Fb A: 5 M re, * 4 M li abh (Fh), 20 M re; ab * fortlfd wdh bis zu den letzten 5 M, 4 M li abh (Fh), 1 M re.
10. Reihe, Fb A: 1 M li, 4 M li abh (Fv), * 20 M li, 4 M li abh (Fv); ab * fortlfd wdh bis zu den letzten 5 M, 5 M li.
11. Reihe, Fb B: 5 M re, * 8 M re, 2 M li abh (Fh), 4 M re, 4 M li abh (Fh), 6 M re; ab * fortlfd wdh bis zu den letzten 5 M, 5 M re.
12. Reihe, Fb B: 5 M li, * 6 M li, 4 M li abh (Fv), 4 M li, 2 M li abh (Fv), 8 M li; ab * fortlfd wdh bis zu den letzten 5 M, 5 M li.
13. Reihe, Fb A: 1 M re, 2 M li abh (Fh), 2 M re, * 2 M re, 4 M li abh (Fh), 14 M re, 2 M li abh (Fh), 2 M re; ab * fortlfd wdh bis zu den letzten 5 M, 2 M re, 3 M li abh (Fh).
14. Reihe, Fb A: 3 M li abh (Fv), 2 M li, * 2 M li, 2 M li abh (Fv), 14 M li, 4 M li abh (Fv), 2 M li; ab * fortlfd wdh bis zu den letzten 5 M, 2 M li, 2 M li abh (Fv), 1 M li.
15. Reihe, Fb B: 5 M re, * 12 M re, 4 M li abh (Fh), 8 M re; ab * fortlfd wdh bis zu den letzten 5 M, 5 M re.
16. Reihe, Fb B: 5 M li, * 8 M li, 4 M li abh (Fv), 12 M li; ab * fortlfd wdh bis zu den letzten 5 M, 5 M li.
17. Reihe, Fb A: 1 M re, 4 M li abh (Fh), * 4 M re, 4 M li abh (Fh), 12 M re, 4 M li abh (Fh); ab * fortlfd wdh bis zu den letzten 5 M, 4 M re, 1 M li abh (Fh).
18. Reihe, Fb A: 1 M li abh (Fv), 4 M li, * 4 M li abh (Fv), 12 M li, 4 M li abh (Fv), 4 M li; ab * fortlfd wdh bis zu den letzten 5 M, 4 M li abh (Fv), 1 M li.
19. Reihe, Fb B: 5 M re, * 12 M re, 2 M li abh (Fh), 10 M re; ab * fortlfd wdh bis zu den letzten 5 M, 5 M re.
20. Reihe, Fb B: 5 M li, * 10 M li, 2 M li abh (Fv), 12 M li; ab * fortlfd wdh bis zu den letzten 5 M, 5 M li.
21. Reihe, Fb A: 3 M re, 2 M li abh (Fh), * 2 M li abh (Fh), 4 M re, 4 M li abh (Fh), 6 M re, 2 M li abh (Fh), 4 M re, 2 M li abh (Fh); ab * fortlfd wdh bis zu den letzten 5 M, 2 M li abh (Fh), 3 M re.
22. Reihe, Fb A: 3 M li, 2 M li abh (Fv), * 2 M li abh (Fv), 4 M li, 2 M li abh (Fv), 6 M li, 4 M li abh (Fv), 4 M li, 2 M li abh (Fv); ab * fortlfd wdh bis zu den letzten 5 M, 2 M li abh (Fv), 3 M li.
23. Reihe, Fb B: Re M str.
24. Reihe, Fb B: Li M str.
25. Reihe, Fb A: 1 M li abh (Fh), 4 M re, * 4 M li abh (Fh), 4 M re, 2 M li abh (Fh), 6 M re, 4 M li abh (Fh), 4 M re; ab * fortlfd wdh bis zu den letzten 5 M, 4 M li abh (Fh) 1 M re.
26. Reihe, Fb A: 1 M li, 4 M li abh (Fv), * 4 M li, 4 M li abh (Fv), 6 M li, 2 M li abh (Fv), 4 M li, 4 M li abh (Fv); ab * fortlfd wdh bis zu den letzten 5 M, 4 M li, 1 M li abh (Fv).
27. Reihe, Fb B: Wie die 19. R str.
28. Reihe, Fb B: Wie die 20. R str.
29. Reihe, Fb A: 3 M li abh (Fh), 2 M re, * 2 M re, 4 M li abh (Fh), 12 M re, 4 M li abh (Fh), 2 M re; ab * fortlfd wdh bis zu den letzten 5 M, 2 M re, 3 M li abh (Fh).
30. Reihe, Fb A: 3 M li abh (Fv), 2 M li, * 2 M li, 4 M li abh (Fv), 12 M li, 4 M li abh (Fv), 2 M li; ab * fortlfd wdh bis zu den letzten 5 M, 2 M li, 3 M li abh (Fv).
31. Reihe, Fb B: 5 M re, * 10 M re, 4 M li abh (Fh), 10 M re; ab * fortlfd wdh bis zu den letzten 5 M, 5 M re.
32. Reihe, Fb B: 5 M li, * 10 M li, 4 M li abh (Fv), 10 M li; ab * fortlfd wdh bis zu den letzten 5 M, 5 M li.
33. Reihe, Fb A: 1 M re, 4 M li abh (Fh), * 4 M re, 2 M li abh (Fh), 14 M re, 4 M li abh (Fh); ab * fortlfd wdh bis zu den letzten 5 M, 4 M re, 1 M li abh (Fh).
34. Reihe, Fb A: 1 M li abh (Fv), 4 M li, * 4 M li abh (Fv), 14 M li, 2 M li abh (Fv), 4 M li; ab * fortlfd wdh bis zu den letzten 5 M, 4 M li abh (Fv), 1 M li.
35. Reihe, Fb B: 5 M re, * 8 M re, 4 M li abh (Fh), 4 M re, 2 M li abh (Fh), 6 M re; ab * fortlfd wdh bis zu den letzten 5 M, 5 M re.
36. Reihe, Fb B: 5 M li, * 6 M li, 2 M li abh (Fv),

Zeichenerklärung für die Strickmuster dieser Doppelseite:

☐ = in Hinr 1 M re, in Rückr 1 M li; in Rd stets 1 M re
◩ = in Hinr 1 M li abh (Fh), in Rückr 1 M li abh (Fv); in Rd stets 1 M li abh (Fh)

A = Tannengrün
B = Grasgrün

ABKÜRZUNGEN SIEHE SEITE 126

Hebemaschen: GRAFISCHE MUSTER

4 M li, 4 M li abh (Fv), 8 M li; ab * fortlfd wdh bis zu den letzten 5 M, 5 M li.
37. Reihe, Fb A: 3 M re, 2 M li abh (Fh), * 2 M li abh (Fh), 20 M re, 2 M li abh (Fh), * fortlfd wdh bis zu den letzten 5 M, 2 M li abh (Fh), 3 M re.
38. Reihe, Fb A: 3 M li, 2 M li abh (Fv), * 2 M li abh (Fv), 20 M li, 2 M li abh (Fv); ab * fortlfd wdh bis zu den letzten 5 M, 2 M li abh (Fv), 3 M li.
39. Reihe, Fb B: 5 M re, * 6 M re, 4 M li abh (Fh), 4 M re, 4 M li abh (Fh), 6 M re; ab * fortlfd wdh bis zu den letzten 5 M, 5 M re.
40. Reihe, Fb B: 5 M li, * 6 M li, 4 M li abh (Fv), 4 M li, 4 M li abh (Fv), 6 M li; ab * fortlfd wdh bis zu den letzten 5 M, 5 M li.
41. Reihe, Fb A: 5 M re, * 2 M li abh (Fh), 22 M re; ab * fortlfd wdh bis zu den letzten 5 M, 2 M li abh (Fh), 3 M re.
42. Reihe, Fb A: 3 M li, 2 M li abh (Fv), * 22 M li, 2 M li abh (Fv); ab * fortlfd wdh bis zu den letzten 5 M, 5 M li.
43. Reihe, Fb B: 1 M re, 2 M li abh (Fh), 2 M re, * 2 x [4 M re, 4 M li abh (Fh)], 4 M re, 2 M li abh (Fh), 2 M re; ab * fortlfd wdh bis zu den letzten 5 M, 4 M re, 1 M li abh (Fh).
44. Reihe, Fb B: 1 M li abh (Fv), 4 M li, * 2 M li, 2 M li abh (Fv), 2 x [4 M li, 4 M li abh (Fv)], 4 M li; ab * fortlfd wdh bis zu den letzten 5 M, 2 M li, 2 M li abh (Fv), 1 M li.
Die 1.–44. R stets wdh, dabei die Fb-Angaben beachten.

IN RUNDEN:
M-Zahl teilbar durch 24.

1. Runde, Fb A: Re M str.
2. Runde, Fb A: Re M str.
3. Runde, Fb B: * 4 M re, 2 M li abh (Fh), 2 x [4 M re, 4 M li abh (Fh)], 2 M re; ab * fortlfd wdh.
4. Runde, Fb B: Wie die 3. Rd str.
5. Runde, Fb A: * 2 M li abh (Fh), 22 M re; ab * fortlfd wdh.
6. Runde, Fb A: Wie die 5. Rd str.
7. Runde, Fb B: * 8 M re, 2 x [4 M li abh (Fh), 4 M re]; ab * fortlfd wdh.
8. Runde, Fb B: Wie die 7. Rd str.
9. Runde, Fb A: * 4 M li abh (Fh), 20 M re; ab * fortlfd wdh.
10. Runde, Fb A: Wie die 9. Rd str.
11. Runde, Fb B: * 8 M re, 2 M li abh (Fh), 4 M re, 4 M li abh (Fh), 6 M re; ab * fortlfd wdh.
12. Runde, Fb B: Wie die 11. Rd str.
13. Runde, Fb A: * 2 M re, 4 M li abh (Fh), 14 M re, 4 M li abh (Fh), 2 M re; ab * fortlfd wdh.
14. Runde, Fb A: Wie die 13. Rd str.
15. Runde, Fb B: * 12 M re, 4 M li abh (Fh), 8 M re; ab * fortlfd wdh.
16. Runde, Fb B: Wie die 15. Rd str.
17. Runde, Fb A: * 4 M re, 4 M li abh (Fh), 12 M re, 4 M li abh (Fh); ab * fortlfd wdh.
18. Runde, Fb A: Wie die 17. Rd str.
19. Runde, Fb B: * 12 M re, 2 M li abh (Fh), 10 M re; ab * fortlfd wdh.
20. Runde, Fb B: Wie die 19. Rd str.
21. Runde, Fb A: * 2 M li abh (Fh), 4 M re, 4 M li abh (Fh), 6 M re, 2 M li abh (Fh), 4 M re, 2 M li abh (Fh); ab * fortlfd wdh.
22. Runde, Fb A: Wie die 21. Rd str.
23. Runde, Fb B: Re M str.
24. Runde, Fb B: Re M str.
25. Runde, Fb A: * 4 M li abh (Fh), 4 M re, 2 M li abh (Fh), 6 M re, 4 M li abh (Fh), 4 M re; ab * fortlfd wdh.
26. Runde, Fb A: Wie die 25. Rd str.
27. Runde, Fb B: Wie die 19. Rd str.
28. Runde, Fb B: Wie die 20. Rd str.
29. Runde, Fb A: * 2 M re, 4 M li abh (Fh), 12 M re, 4 M li abh (Fh), 2 M re; ab * fortlfd wdh.
30. Runde, Fb A: Wie die 29. Rd str.
31. Runde, Fb B: * 10 M re, 4 M li abh (Fh), 10 M re; ab * fortlfd wdh.
32. Runde, Fb B: Wie die 31. Rd str.
33. Runde, Fb A: * 4 M re, 2 M li abh (Fh), 14 M re, 4 M li abh (Fh); ab * fortlfd wdh.
34. Runde, Fb A: Wie die 33. Rd str.
35. Runde, Fb B: * 8 M re, 4 M li abh (Fh), 4 M re, 2 M li abh (Fh), 6 M re; ab * fortlfd wdh.
36. Runde, Fb B: Wie die 35. Rd str.
37. Runde, Fb A: * 2 M li abh (Fh), 20 M re, 2 M li abh (Fh), * fortlfd wdh.
38. Runde, Fb A: Wie die 37. Rd str.
39. Runde, Fb B: * 6 M re, 4 M li abh (Fh), 4 M re, 4 M li abh (Fh), 6 M re; ab * fortlfd wdh.
40. Runde, Fb B: Wie die 39. Rd str.
41. Runde, Fb A: * 2 M li abh (Fh), 22 M re; ab * fortlfd wdh.
42. Runde, Fb A: Wie die 41. Rd str.
43. Runde, Fb B: * 2 x [4 M re, 4 M li abh (Fh)], 4 M re, 2 M li abh (Fh), 2 M re; ab * fortlfd wdh.
44. Runde, Fb B: Wie die 43. Rd str.
Die 1.–44. Rd stets wdh, dabei die Fb-Angaben beachten.

Strickschrift in Reihen:

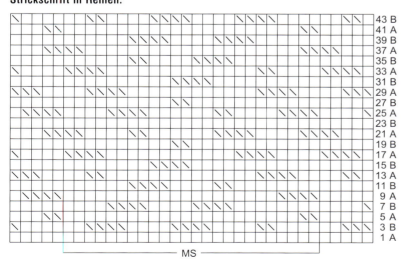

Strickschrift in Runden:

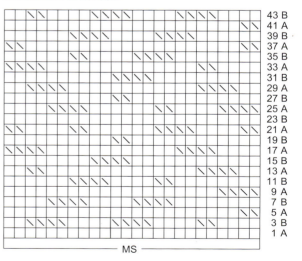

VIDEO-LEHRGÄNGE
zu vielen der dargestellten Muster finden Sie im Internet auf YouTube:
http://goo.gl/QegFRx

Hebemaschen: GRAFISCHE MUSTER

KRAUSKÄSTCHEN

Anleitung in Reihen & Runden

IN REIHEN:

M-Zahl teilbar durch 10 + 5 + 2 Rand-M. Jede R mit 1 Rand-M beginnen und beenden.

1. Reihe (Hinr), Fb A: Re M str.
2. Reihe (Rückr), Fb A: Re M str.
3. Reihe, Fb B: * 5 M re, 2 x [1 M li abh (Fh), 1 M re], 1 M li abh (Fh), ab * fortlfd wdh bis zu den letzten 5 M, 5 M re.
4. Reihe, Fb B: 5 M re, * 2 x [1 M li abh (Fv), 1 M re], 1 M li abh (Fv), 5 M re, ab * fortlfd wdh.
5. Reihe, Fb A: * 6 M re, 2 x [1 M li abh (Fh), 1 M re], ab * fortlfd wdh bis zu den letzten 5 M, 5 M re.
6. Reihe, Fb A: 5 M re, * 2 x [1 M re, 1 M li abh (Fv)], 6 M re, ab * fortlfd wdh.
7. Reihe, Fb B: Wie die 3. R str.
8. Reihe, Fb B: Wie die 4. R str.
9. Reihe, Fb A: Wie die 5. R str.
10. Reihe, Fb A: Wie die 6. R str.
11. Reihe, Fb B: Wie die 3. R str.
12. Reihe, Fb B: Wie die 4. R str.
13. Reihe, Fb A: Wie die 5. R str.
14. Reihe, Fb A: Wie die 6. R str.
15. Reihe, Fb B: * 2 x [1 M li abh (Fh), 1 M re], 1 M li abh (Fh), 5 M re, ab * fortlfd wdh bis zu den letzten 5 M, 2 x [1 M li abh (Fh), 1 M re], 1 M li abh (Fh).
16. Reihe, Fb B: 2 x [1 M li abh (Fv), 1 M re], 1 M li abh (Fv), * 5 M re, 2 x [1 M li abh (Fv), 1 M re], 1 M li abh (Fv), ab * fortlfd wdh.
17. Reihe, Fb A: * 2 x [1 M re, 1 M li abh (Fh)], 6 M re, ab * fortlfd wdh bis zu den letzten 5 M, 2 x [1 M re, 1 M li abh (Fh)], 1 M re.
18. Reihe, Fb A: 1 M re, 2 x [1 M li abh (Fv), 1 M re], * 6 M re, 2 x [1 M li abh (Fv), 1 M re], ab * fortlfd wdh.
19. Reihe, Fb B: Wie die 15. R str.
20. Reihe, Fb B: Wie die 16. R str.
21. Reihe, Fb A: Wie die 17. R str.
22. Reihe, Fb A: Wie die 18. R str.
23. Reihe, Fb B: Wie die 15. R str.
24. Reihe, Fb B: Wie die 16. R str.
25. Reihe, Fb A: Wie die 17. R str.
26. Reihe, Fb A: Wie die 18. R str.
1 x die 1.-26. R str, dann die 3.-26. R stets wdh, dabei die Farbangaben beachten.

IN RUNDEN:

M-Zahl teilbar durch 10

1. Runde, Fb A: Re M str.
2. Runde, Fb A: Li M str.
3. Runde, Fb B: * 5 M re, 2 x [1 M li abh (Fh), 1 M re], 1 M li abh (Fh), ab * fortlfd wdh.
4. Runde, Fb B: * 5 M li, 2 x [1 M li abh (Fh), 1 M li], 1 M li abh (Fh), ab * fortlfd wdh.
5. Runde, Fb A: * 6 M re, 2 x [1 M li abh (Fh), 1 M re], ab * fortlfd wdh.
6. Runde, Fb A: * 6 M li, 2 x [1 M li abh (Fh), 1 M li], ab * fortlfd wdh.
7. Runde, Fb B: Wie die 3. Rd str.
8. Runde, Fb B: Wie die 4. Rd str.
9. Runde, Fb A: Wie die 5. Rd str.
10. Runde, Fb A: Wie die 6. Rd str.
11. Runde, Fb B: Wie die 3. Rd str.
12. Runde, Fb B: Wie die 4. Rd str.
13. Runde, Fb A: Wie die 5. Rd str.
14. Runde, Fb A: Wie die 6. Rd str.
15. Runde, Fb B: * 2 x [1 M li abh (Fh), 1 M re], 1 M li abh (Fh), 5 M re, ab * fortlfd wdh.
16. Runde, Fb B: * 2 x [1 M li abh (Fh), 1 M li], 1 M li abh (Fh), 5 M li, ab * fortlfd wdh.
17. Runde, Fb A: * 2 x [1 M re, 1 M li abh (Fh)], 6 M re, ab * fortlfd wdh.
18. Runde, Fb A: * 2 x [1 M li, 1 M li abh (Fh)], 6 M li, ab * fortlfd wdh.
19. Runde, Fb B: Wie die 15. Rd str.
20. Runde, Fb B: Wie die 16. Rd str.
21. Runde, Fb A: Wie die 17. Rd str.
22. Runde, Fb A: Wie die 18. Rd str.
23. Runde, Fb B: Wie die 15. Rd str.
24. Runde, Fb B: Wie die 16. Rd str.
25. Runde, Fb A: Wie die 17. Rd str.
26. Runde, Fb A: Wie die 18. Rd str.
1 x die 1.-26. Rd str, dann die 3.-26. Rd stets wdh, dabei die Farbangaben beachten.

Strickschrift in Reihen:

Strickschrift in Runden:

Zeichenerklärung für die Strickmuster dieser Doppelseite:

| + | = 1 M re
| = 1 M li
N = 1 M li abh (Fh)
N = 1 M li abh (Fv)

A = Tannengrün
B = Blattgrün

U = 2 M zun: aus 1 M [1 M re, 1 U, 1 M re] herausstr
◁ = 3 M re verschr zusstr
△ = 3 M li zusstr

ABKÜRZUNGEN SIEHE SEITE 126

Hebemaschen: GRAFISCHE MUSTER

HEBERAUTEN

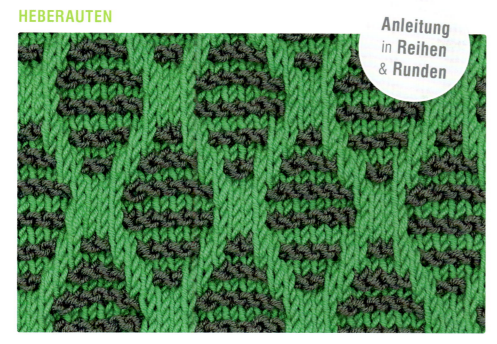

Anleitung in Reihen & Runden

IN REIHEN:

M-Zahl teilbar durch 10 + 2 Rand-M.
Jede R mit 1 Rand-M beginnen und beenden.

1. **Reihe (Hinr), Fb A:** Re M str.
2. **Reihe (Rückr), Fb A:** Li M str.
3. **Reihe, Fb B:** * 2 M li abh (Fh), 6 M re, 2 M li abh (Fh); ab * fortlfd wdh.
4. **Reihe, Fb B:** * 2 M li abh (Fv), 6 M re, 2 M li abh (Fv); ab * fortlfd wdh.
5. **Reihe, Fb A:** Re M str.
6. **Reihe, Fb A:** Li M str.
7. **Reihe, Fb B:** * 1 M re, 2 M li abh (Fh), 4 M re, 2 M li abh (Fh), 1 M re; ab * fortlfd wdh.
8. **Reihe, Fb B:** * 1 M re, 2 M li abh (Fv), 4 M re, 2 M li abh (Fv), 1 M re; ab * fortlfd wdh.
9. **Reihe, Fb A:** Re M str.
10. **Reihe, Fb A:** Li M str.
11. **Reihe, Fb B:** * 2 x [2 M re, 2 M li abh (Fh)], 2 M re; ab * fortlfd wdh.
12. **Reihe, Fb B:** * 2 x [2 M re, 2 M li abh (Fv)], 2 M re; ab * fortlfd wdh.
13. **Reihe, Fb A:** Re M str.
14. **Reihe, Fb A:** Li M str.
15. **Reihe, Fb B:** * 3 M re, 4 M li abh (Fh), 3 M re; ab * fortlfd wdh.
16. **Reihe, Fb B:** * 3 M re, 4 M li abh (Fv), 3 M re; ab * fortlfd wdh.
17. **Reihe, Fb A:** Re M str.
18. **Reihe, Fb A:** Li M str.
19. **Reihe, Fb B:** Wie die 15. R str.
20. **Reihe, Fb B:** Wie die 16. R str.
21. **Reihe, Fb A:** Re M str.
22. **Reihe, Fb A:** Li M str.
23. **Reihe, Fb B:** Wie die 11. R str.
24. **Reihe, Fb B:** Wie die 12. R str.
25. **Reihe, Fb A:** Re M str.
26. **Reihe, Fb A:** Li M str.
27. **Reihe, Fb B:** Wie die 7. R str.
28. **Reihe, Fb B:** Wie die 8. R str.
29. **Reihe, Fb A:** Re M str.
30. **Reihe, Fb A:** Li M str.
31. **Reihe, Fb B:** Wie die 3. R str.
32. **Reihe, Fb B:** Wie die 4. R str.

Die 1.–32. R stets wdh, dabei die Fb-Angaben beachten.

IN RUNDEN:

M-Zahl teilbar durch 10.

1. **Runde, Fb A:** Re M str.
2. **Runde, Fb A:** Re M str.
3. **Runde, Fb B:** * 2 M li abh (Fh), 6 M re, 2 M li abh (Fh); ab * fortlfd wdh.
4. **Runde, Fb B:** * 2 M li abh (Fh), 6 M li, 2 M li abh (Fh); ab * fortlfd wdh.
5. **Runde, Fb A:** Re M str.
6. **Runde, Fb A:** Re M str.
7. **Runde, Fb B:** * 1 M re, 2 M li abh (Fh), 4 M re, 2 M li abh (Fh), 1 M re; ab * fortlfd wdh.
8. **Runde, Fb B:** * 1 M li, 2 M li abh (Fh), 4 M li, 2 M li abh (Fh), 1 M li; ab * fortlfd wdh.
9. **Runde, Fb A:** Re M str.
10. **Runde, Fb A:** Re M str.
11. **Runde, Fb B:** * 2 x [2 M re, 2 M li abh (Fh)], 2 M re; ab * fortlfd wdh.
12. **Runde, Fb B:** * 2 x [2 M li, 2 M li abh (Fh)], 2 M li; ab * fortlfd wdh.
13. **Runde, Fb A:** Re M str.
14. **Runde, Fb A:** Re M str.
15. **Runde, Fb B:** * 3 M re, 4 M li abh (Fh), 3 M re; ab * fortlfd wdh.
16. **Runde, Fb B:** * 3 M li, 4 M li abh (Fh), 3 M li; ab * fortlfd wdh.
17. **Runde, Fb A:** Re M str.
18. **Runde, Fb A:** Re M str.
19. **Runde, Fb B:** Wie die 15. Rd str.
20. **Runde, Fb B:** Wie die 16. Rd str.
21. **Runde, Fb A:** Re M str.
22. **Runde, Fb A:** Re M str.
23. **Runde, Fb B:** Wie die 11. Rd str.
24. **Runde, Fb B:** Wie die 12. Rd str.
25. **Runde, Fb A:** Re M str.
26. **Runde, Fb A:** Re M str.
27. **Runde, Fb B:** Wie die 7. Rd str.
28. **Runde, Fb B:** Wie die 8. Rd str.
29. **Runde, Fb A:** Re M str.
30. **Runde, Fb A:** Re M str.
31. **Runde, Fb B:** Wie die 3. Rd str.
32. **Runde, Fb B:** Wie die 4. Rd str.

Die 1.–32. Rd stets wdh, dabei die Fb-Angaben beachten.

A = Grasgrün
B = Olivgrün

Strickschrift in Reihen:

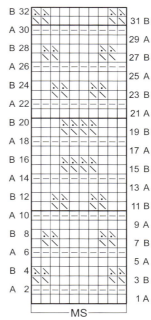

Strickschrift in Runden:

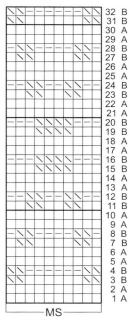

VIDEO-LEHRGÄNGE
zu vielen der dargestellten Muster finden Sie im Internet auf YouTube:
http://goo.gl/QegFRx

Hebemaschen: GRAFISCHE MUSTER

PÜNKTCHENMUSTER

M-Zahl teilbar durch 6 + 2 Rand-M. In Hin- und Rückr gemäß Strickschrift str, dabei mit 1 Rand-M beginnen, den MS fortlfd wdh und mit 1 Rand-M enden. Die 1.–20. R stets wdh, dabei die R immer an das Nd-Ende schieben, an dem der entsprechende Arbeitsfaden hängt. Die Buchstaben neben der Strickschrift geben die zu strickende Fb an.

Zeichenerklärung
A = Tannengrün
B = Grasgrün
C = Blattgrün

Strickschrift

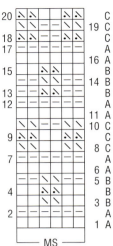

HEBEWELLEN

M-Zahl teilbar durch 12 + 10 + 2 Rand-M. In Hin- und Rückr gemäß Strickschrift str, dabei mit 1 Rand-M und der M vor dem MS beginnen, den MS fortlfd wdh und mit den M nach dem MS und 1 Rand-M enden. Die Buchstaben neben der Strickschrift geben die zu strickende Fb an.

Strickschrift

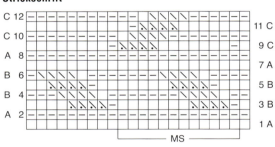

Zeichenerklärung
A = Olivgrün
B = Grasgrün
C = Tannengrün

KRAUSFELDER

M-Zahl teilbar durch 4 + 3 + 2 Rand-M. In den Hinr gemäß Strickschrift str, dabei mit 1 Rand-M und den M vor dem MS beginnen, den MS fortlfd wdh und mit 1 Rand-M enden. In den Rückr str, wie in der Zeichenerklärung angegeben, abgehobene M wieder abh (Fv). 1 x die 1.–25. R str, dann die 3.–25. R stets wdh.

Zeichenerklärung
A = Tannengrün
B = Grasgrün
C = Blattgrün

Zeichenerklärung für die Strickmuster dieser Doppelseite:

☐ + ☐ = 1 M re
– = 1 M li
╲ = 1 M li abh (Fh)
╲ = 1 M li abh (Fv)
X = 1 M kraus re (in Hin- und Rückr 1 M re)
↓ = mit der rechten Nd die Spannfäden der 1. und 2. R bzw. der 7. und 8. R auf die linke Nd legen, dann die folg M zus mit den Spannfäden re str

ABKÜRZUNGEN SIEHE SEITE 126

Hebemaschen: GRAFISCHE MUSTER

RINGELRAUTEN

M-Zahl teilbar durch 10 + 1 + 2 Rand-M. In den Hinr gemäß Strickschrift str, dabei mit 1 Rand-M beginnen, den MS fortlfd wdh und mit der M nach dem MS und 1 Rand-M enden. In den Rückr die M str, wie sie erscheinen, abgehobene M wieder abh (Fv). Die 1.–32. Rd stets wdh. Farbfolge: * Je 2 R in Tannengrün und Grasgrün str; ab * stets wdh.

Strickschrift

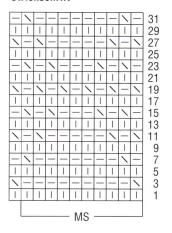

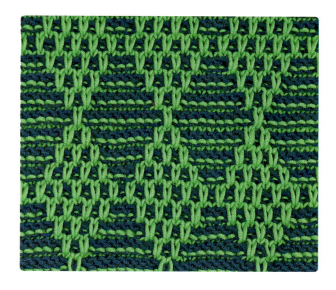

HEBEGEFLECHT

M-Zahl teilbar durch 10 + 5 + 2 Rand-M. In Hin- und Rückr gemäß Strickschrift arb, dabei mit 1 Rand-M beginnen, den MS fortlfd wdh und mit den M nach dem MS und 1 Rand-M enden. Die 1.–20. R stets wdh, dabei die Fb-Folge beachten.
Farbfolge: * Je 2 R in Fb A und Fb B str; ab * stets wdh.

Zeichenerklärung
A = Olivgrün
B = Grasgrün

Strickschrift

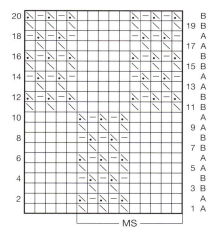

HEBEWABEN

M-Zahl teilbar durch 6 + 5 + 2 Rand-M. In Hin- und Rückr gemäß Strickschrift str, dabei mit 1 Rand-M und den M vor dem MS beginnen, den MS fortlfd wdh und mit den M nach dem MS und 1 Rand-M enden. Die 1.–12. R stets wdh. Die Buchstaben neben der Strickschrift geben die zu strickende Fb an.

Strickschrift

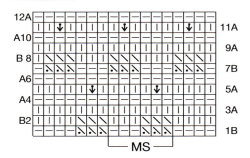

Zeichenerklärung
A = Tannengrün
B = Blattgrün

67

VIDEO-LEHRGÄNGE
zu vielen der dargestellten Muster finden Sie im Internet auf YouTube:
http://goo.gl/QegFRx

Zopfmuster

Von wegen alte *Zöpfe!* Diese Klassiker der Strickmode haben zwar viel Tradition, sie sind dabei aber so variabel und abwechslungsreich, dass sie immer wieder modisch und überraschend neu wirken.

Alle *Zöpfe* entstehen im Grunde nach einem Prinzip: Die Reihenfolge der Maschen auf der Nadel wird verändert, und dazu benötigen Sie eine Hilfsnadel. Diese sollte etwa eine halbe Nummer dünner sein als die Arbeitsnadeln.

Praktisch sind extra kurze, gerade Hilfsnadeln oder so genannte Zopfnadeln, bei denen das Mittelstück durchgebogen ist und dadurch ein Wegrutschen der stillgelegten Maschen verhindert. Die Lage der Hilfsnadel beim Abstricken der Folgemaschen entscheidet über die Richtung des Zopfes: Bei „linksdrehenden" liegen die stillgelegten Maschen vor, bei „rechtsdrehenden" hinter der Arbeit. Über wie viele Maschen, wie oft und in welche Richtung verzopft wird, entscheidet über die Wirkung eines Zopfmusters, und da sind der Fantasie kaum Grenzen gesetzt. Allerdings sind *Zöpfe* von der Rückseite nicht sehr ansehnlich, es wird immer auf der Vorderseite verzopft. Und: *Zopfmuster* ziehen sich relativ stark zusammen, deshalb die Maschenprobe nicht zu klein anfertigen. Aber ansonsten hat man den Dreh für schöne Zöpfe schnell heraus – und wird mit besonders plastischen und dekorativen Mustermaschen belohnt!

Kleine Strickschule Zopfmuster

Plastisch, dynamisch und variabel – Zöpfe gehören zu den ausdrucksvollsten unter den Mustermaschen. Sie können allover oder als plakativer Hingucker genauso eingesetzt werden wie in Kombination mit anderen Mustern.

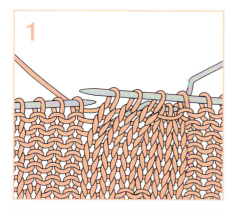

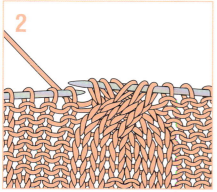

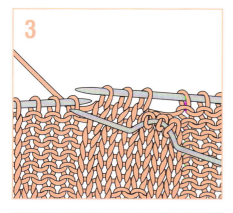

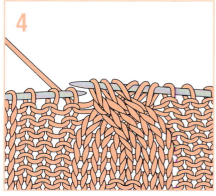

ZÖPFE STRICKEN

Alle Zöpfe entstehen nach demselben Prinzip: Die Reihenfolge der Maschen auf der Nadel wird verändert. Dazu wird eine Hilfsnadel benötigt, die etwa ½ Stärke dünner als die Arbeitsnadel ist. Praktisch ist eine extra kurze so genannte Zopfnadel, bei der das Mittelstück gebogen ist.

◀ **VERZOPFUNG NACH RECHTS ÜBER 6 MASCHEN**

1. Dieser Zopf wird nach rechts verzopft. Dafür 3 Maschen auf die Hilfsnadel heben, ohne sie zu stricken. Diese Maschen hinter die Arbeit legen und die folgenden 3 Maschen der linken Nadel rechts stricken.

2. Dann die 3 Maschen der Hilfsnadel rechts abstricken. Die Verzopfung wird wie in der Strickschrift angegeben ausgeführt, in unserem Beispiel in der 7. und nachfolgend in jeder 10. Reihe.

◀ **VERZOPFUNG NACH LINKS ÜBER 6 MASCHEN**

3. Dieser Zopf wird nach links verzopft. Dafür 3 Maschen auf die Hilfsnadel nehmen und vor die Arbeit legen, die folgenden 3 Maschen der linken Nadel rechts stricken.

4. Dann die 3 Maschen der Hilfsnadel rechts abstricken. Diese Verzopfung wird wie in der Strickschrift angegeben ausgeführt, in unserem Beispiel in der 7. und nachfolgend in jeder 10. Reihe.

TIPP

Gerade bei den vielfach verschlungenen **Statement-Zöpfen** kommt es in einer Reihe zu nebeneinanderliegenden **Mehrfach-Verzopfungen**. Dabei bleibt das Prinzip jedoch dasselbe, wie bei einfachen Verzopfungen: Die Reihenfolge der Maschen wird verändert, dazu wird ein Teil der Maschen auf Hilfsnadeln „zwischengelagert". Unser Beispiel zeigt eine **Verzopfung mit 2 Hilfsnadeln**:

1. Hier werden 4 Maschen auf einer Hilfsnadel vor die Arbeit gelegt, die folgenden 2 Maschen der linken Nadel werden auf der 2. Hilfsnadel hinter der Arbeit platziert.

2. Dann werden zuerst die folgenden 4 Maschen der linken Nadel rechts, dann die 2 Maschen der 2. Hilfsnadel links und zuletzt die 4 Maschen der 1. Hilfsnadel rechts abgestrickt.

Pullover Cendrillon

Die breiten Zopfstreifen dieses Kuschelpullovers sind einfacher zu stricken, als es aussieht.

GRÖSSE

Damengröße	36	40	
Oberweite*	88	100	cm
Länge	72	72	cm
Ärmellänge**	44	44	cm

* Fertigmaß, ** an der Naht gemessen

GARN

Lang Yarns Asia (70 % Seide, 30 % Yakwolle; LL 145 m/50 g)

ORANGE (Fb 912.0059)	500	550	g

Lang Yarns Mohair Luxe (77 % Mohair, 23 % Seide; LL 175 m/25 g)

ROT (Fb 698.0062)	125	150	g
ORANGE (Fb 698.0075)	125	150	g

NADELN UND ZUBEHÖR

Stricknadeln 4,5 mm
2 Rundstricknadeln 4,5 mm, 40 cm lang
Zopfnadel

MASCHENPROBE

27 M und 24 R mit Nd 4,5 mm im Muster II gestrickt = 10 cm x 10 cm

ABKÜRZUNGEN SEITE 126

HINWEISE

Der Pullover wird mit je 1 Faden Asia und Mohair in Rot bzw. je 1 Faden Asia und Mohair Luxe in Orange gestrickt. Beim Farbwechsel (= Teil- oder Ärmelmitte) stets die Fäden von Mohair Luxe auf der Rückseite der Arbeit verkreuzen.
Die Rand-M ebenfalls im entsprechenden Muster str und beim Zusammennähen der Teile jeweils nur eine halbe Rand-M abnähen.
Abn für Taillierung: Die Abn stets mit dem Kreuzen abwechselnd am Ende des Zopfes bzw. am Beginn des Zopfes wie folgt arb, sodass sich die Zahl der li M zwischen den Doppelzöpfen verringert: – am Ende des Zopfes: 3 re M auf einer Zopfnd vor die Arbeit legen, die folg 2 M re str, dann die folg 2 M re zusstr, dann die 3 M der Zopfnd re str. – Beginn des Zopfes: 1 li M + 3 re M + auf einer Zopfnd hinter die Arbeit legen, die folg 3 M re, dann 2 M der Zopfnd re zusstr und 2 M re str.

ANLEITUNG
RÜCKENTEIL

Mit je 1 Faden Asia und 1 Faden Mohair Luxe in Orange 76/85 M anschl und mit je 1 Faden Asia und Mohair Luxe in Rot 77/86 M anschl (= 153/171 M).
In dieser Farbeinteilung und in folg Mustereinteilung weiterstr: 1 Rand-M, 0/2 M li, 6 M Muster I/13 M Muster II, *6 M li, 13 M Muster II; ab * noch 6 x wdh, enden mit 6 M li, 6 M Muster I/13 M Muster II, 0/2 M li, 1 Rand-M. Für die Taillierung beim 4., 6., 9., und 11. Kreuzen der Zöpfe zwischen den Zöpfen je 1 M abn (siehe Hinweise; = 121/139 M).

Armausschnitte

In 48 cm Gesamthöhe (hängend messen) beidseitig 4 M abk und die je 2 li M zwischen den Zöpfen li zusstr. Anschließend noch 3 x/4 x in jeder 2. R beidseitig 1 M abk (= 99/115 M).

Halsausschnitt und Schulterschrägen

In 20/22 cm Armausschnitthöhe die mittleren 29/33 M abk und beide Seiten getrennt beenden. Auf der Seite des Halsausschnitts am Beginn jeder 2. R 1 x 6 M, 2 x 5 M und 1 x 4 M abk. Gleichzeitig in 22/24 cm Armausschnitthöhe auf der Seite des Armausschnitts am Beginn jeder 2. R 3 x 5 M/3 x 7 M abk. Die andere Seite gegengleich beenden.

VORDERTEIL

Wie das Rückenteil str bis zu einer Gesamthöhe von 66 cm.

Halsausschnitt

In 66 cm Gesamthöhe die mittleren 19/23 M abk und beide Seiten getrennt beenden. Auf der Seite des Halsausschnitts am Beginn jeder 2. R noch 4 x 4 M und 3 x 3 M abk.
Die Schulterschrägen in gleicher Höhe wie beim Rückenteil arb.

Ärmel (2 x arb)

Mit je 1 Faden Asia und Mohair Luxe in Rot 31/35 M anschl, mit je 1 Faden Asia und Mohair Luxe in Orange 30/34 M anschl (= 61/69 M). In dieser

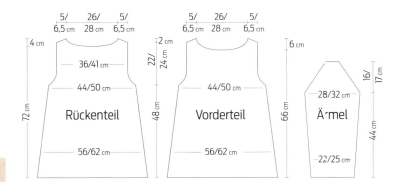

Zeichenerklärung

☐ = 1 M re
⊟ = 1 M li

▯▯▯▯▯▯ = 3 M auf einer Zopfnd hinter die Arbeit legen, 3 M re str, dann die 3 M der Zopfnd re str

▯▯▯▯▯▯ = 3 M auf einer Zopfnd vor die Arbeit legen, 3 M re str, dann die 3 M der Zopfnd re str

ABKÜRZUNGEN SIEHE SEITE 126

Farbeinteilung und in folg Mustereinteilung weiterstr: 1 Rand-M, 0/4 M li, 6 M Muster I, *2 M li, 13 M Muster II; ab * noch 2 x wdh, enden mit 2 M li, 6 M Muster III, 0/4 M li, 1 Rand-M.
In 17 cm Gesamthöhe und anschließend noch 6 x in jeder 8. folg R beidseitig 1 M zun (= 75/83 M). Die zugenommenen M glatt li str.

Armkugel
In 44 cm Gesamthöhe am Beginn der nächsten 2 R jeweils 4 M abk, dann beidseitig in jeder 2. R 19 x/20 x 1 M abn. In 16/17 cm Armkugelhöhe die restl M locker abk.

Kragen
Mit je 1 Faden Asia und 1 Faden Mohair in Rot 51 M anschl.
In folg Mustereinteilung str: 1 Rand-M, 3 M li, 13 M Muster II, 2 M li, 13 M Muster II, 3 M li, 15 M glatt re, 1 Rand-M. Für die Rundung des Kragens stets jede 6. R als verkürzte R wie folgt str: 29 M str, wenden, 1 U, mustergemäß zurückstr. In der folg R (= Kreuzen der Zöpfe) den U mit der folg M re zusstr. Den Rapport von Muster II 24 x/25 x str. Die M stilllegen.

FERTIGSTELLUNG
Schulter- und Seitennähte schließen. Die stillgelegten M des Kragens im Maschenstich an die Anschlagkante nähen.

Halsausschnittblende
Mit einer Rundstricknd und je 1 Faden Asia und Mohair Luxe in Rot aus dem Halsausschnitt 120/128 M auffassen. Aus der linken Kante des Kragens mit der 2. Rundstricknd 120/128 M auffassen, den Kragen mit der linken Seite nach oben hinter die Rundstricknd des Halsausschnittes legen, stets 1 M beider Nd re zusstr und gleichzeitig abk.
Die Ärmel einsetzen. ♦

Muster 1

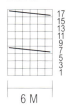

6 M

Muster 2

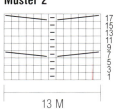

13 M

Muster3

6 M

VIDEO-LEHRGÄNGE
zu vielen der dargestellten Muster finden Sie im Internet auf YouTube:
http://goo.gl/QegFRx

Zopfmuster: ALLOVER-ZÖPFE

ROBINIA

Anleitung in Reihen & Runden

IN REIHEN:
M-Zahl teilbar durch 12 + 7 + 2 Rand-M. Jede R mit 1 Rand-M beginnen und beenden.

1. Reihe (Hinr): * 3 x [1 M li, 1 M re], 1 M li, 5 M lvkr, ab * fortlfd wdh bis zu den letzten 7 M, 3 x [1 M li, 1 M re], 1 M li.
2. Reihe (Rückr): 1 M re, 3 x [1 M li, 1 M re], * 5 M li, 3 x [1 M re, 1 M li], 1 M re, ab * fortlfd wdh.
3. Reihe: * 3 x [1 M li, 1 tgM], 1 M li, 5 M re, ab * fortlfd wdh bis zu den letzten 7 M, 3 x [1 M li, 1 tgM], 1 M li.
4. Reihe: Wie die 2. R str.
5. Reihe: * 3 x [1 M li, 1 tgM], 1 M li, 5 M lvkr, ab * fortlfd wdh bis zu den letzten 7 M, 3 x [1 M li, 1 tgM], 1 M li.
6. Reihe: Wie die 2. R str.
7. – 10. Reihe: Wie die 3. – 6. R str.
11. – 14. Reihe: Wie die 3. – 6. R str.
15. Reihe: * 1 M li, 5 M lvkr, 3 x [1 M li, 1 M re], ab * fortlfd wdh bis zu den letzten 7 M, 1 M li, 5 M lvkr, 1 M li.
16. Reihe: 1 M re, 5 M li, 1 M re, * 3 x [1 M li, 1 M re], 5 M li, 1 M re, ab * fortlfd wdh.
17. Reihe: * 1 M li, 5 M re, 3 x [1 M li, 1 tgM], ab * fortlfd wdh bis zu den letzten 7 M, 1 M li, 5 M re, 1 M li.
18. Reihe: Wie die 16. R str.
19. Reihe: * 1 M li, 5 M lvkr, 3 x [1 M li, 1 tgM], ab * fortlfd wdh bis zu den letzten 7 M, 1 M li, 5 M lvkr, 1 M li.
20. Reihe: Wie die 16. R str.
21. – 24. Reihe: Wie die 17. – 20. R str.
25. – 28. Reihe: Wie die 17. – 20. R str.
Die 1.-28. R stets wdh.

IN RUNDEN:
M-Zahl teilbar durch 12.

1. Runde: * 3 x [1 M li, 1 M re], 1 M li, 5 M lvkr, ab * fortlfd wdh.
2. Runde: * 3 x [1 M li, 1 M re], 1 M li, 5 M re, ab * fortlfd wdh.
3. Runde: * 3 x [1 M li, 1 tgM], 1 M li, 5 M re, ab * fortlfd wdh.
4. Runde: Wie die 2. Rd str.
5. Runde: * 3 x [1 M li, 1 tgM], 1 M li, 5 M lvkr, ab * fortlfd wdh.
6. Runde: Wie die 2. Rd str.
7. – 10. Runde: Wie die 3. – 6. Rd str.
11. – 14. Runde: Wie die 3. – 6. Rd str.
15. Runde: * 1 M li, 5 M lvkr, 3 x [1 M li, 1 M re], ab * fortlfd wdh.
16. Runde: * 1 M li, 5 M re, 3 x [1 M li, 1 M re], ab * fortlfd wdh.
17. Runde: * 1 M li, 5 M re, 3 x [1 M li, 1 tgM], ab * fortlfd wdh.
18. Runde: Wie die 16. Rd str.
19. Runde: * 1 M li, 5 M lvkr, 3 x [1 M li, 1 tgM], ab * fortlfd wdh.
20. Runde: Wie die 16. Rd str.
21. – 24. Runde: Wie die 17. – 20. Rd str.
25. – 28. Runde: Wie die 17. – 20. Rd str.
Die 1.-28. Rd stets wdh.

Strickschrift in Reihen:

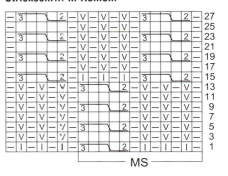

Strickschrift in Runden:

Zeichenerklärung für die Strickmuster dieser Doppelseite:

□ + | = in Hinr 1 M re, in Rückr 1 M li; in Rd stets 1 M re
− = in Hinr 1 M li, in Rückr 1 M re; in Rd stets 1 M li

V = 1 tgM: in Hinr 1 M re, dabei 1 R tiefer einstechen, in Rückr 1 M li; in ungeraden Rd 1 M re, dabei 1 Rd tiefer einstechen, in geraden Rd 1 M re

3 ⟋⟍ 2 = 5 M lvkr: die nächsten 3 M auf einer Zopfnd vor die Arbeit legen, 2 M re str, dann die 3 M der Zopfnd re str; in Rückr 5 M li bzw. in geraden Rd 5 M re str

ABKÜRZUNGEN SIEHE SEITE 126

Zopfmuster: ALLOVER-ZÖPFE

DAVIDIA

Anleitung in Reihen & Runden

IN REIHEN:
M-Zahl teilbar durch 24 + 2 + 2 Rand-M.
Jede R mit 1 Rand-M beginnen und beenden.

1. Reihe (Hinr): * 2 M li, 2 M re, 2 x [2 M li, 6 M re], 2 M li, 2 M re; ab * fortlfd wdh bis zu den letzten 2 M, 2 M li.
2. Reihe (Rückr): 2 M re, * 2 M li, 2 M re, 2 x [6 M li, 2 M re], 2 M li, 2 M re; ab * fortlfd wdh.
3. Reihe: * 2 M li, 2 M re, 2 M li, 6 M lvkr, 2 M li, 6 M rvkr, 2 M li, 2 M re; ab * fortlfd wdh bis zu den letzten 2 M, 2 M li.
4. Reihe: Wie die 2. R str.
5. Reihe: Wie die 1. R str.
6. Reihe: Wie die 2. R str.
7.–12. Reihe: Wie die 1.–6. R str.
13.–18. Reihe: Wie die 1.–6. R str.
19. Reihe: Wie die 1. R str.
20. Reihe: Wie die 2. R str.
21. Reihe: * 2 M li, 6 M re, 2 x [2 M li, 2 M re], 2 M li, 6 M re; ab * fortlfd wdh bis zu letzten 2 M, 2 M li.
22. Reihe: 2 M re, * 6 M li, 2 x [2 M re, 2 M li], 2 M re, 6 M li, 2 M re; ab * fortlfd wdh.
23. Reihe: * 2 M li, 6 M rvkr, 2 x [2 M li, 2 M re], 2 M li, 6 M lvkr; ab * fortlfd wdh bis zu den letzten 2 M, 2 M li.
24. Reihe: Wie die 22. R str.
25. Reihe: Wie die 21. R str.
26. Reihe: Wie die 22. R str.
27.–32. Reihe: Wie die 21.–26. R str.
33.–38. Reihe: Wie die 21.–26. R str.
39. Reihe: Wie die 21. R str.
40. Reihe: Wie die 22. R str.
Die 1.–40. R stets wdh.

IN RUNDEN:
M-Zahl teilbar durch 24.

1. Runde: * 2 M li, 2 M re, 2 x [2 M li, 6 M re], 2 M li, 2 M re; ab * fortlfd wdh.
2. Runde: Wie die 1. Rd str.
3. Runde: * 2 M li, 2 M re, 2 M li, 6 M lvkr, 2 M li, 6 M rvkr, 2 M li, 2 M re; ab * fortlfd wdh.
4.–8. Runde: Wie die 1. Rd str.
9. Runde: Wie die 3. Rd str.
10.–14. Runde: Wie die 1. Rd str.
15. Runde: Wie die 3. Rd str.
16.–20. Runde: Wie die 1. Rd str.
21. Runde: * 2 M li, 6 M re, 2 x [2 M li, 2 M re], 2 M li, 6 M re; ab * fortlfd wdh.
22. Runde: Wie die 21. Rd str.
23. Runde: * 2 M li, 6 M rvkr, 2 x [2 M li, 2 M re], 2 M li, 6 M lvkr; ab * fortlfd wdh.
24.–28. Runde: Wie die 21. Rd str.
29. Runde: Wie die 23. Rd str.
30.–34. Runde: Wie die 21. Rd str.
35. Runde: Wie die 23. Rd str.
36.–40. Runde: Wie die 21. Rd str.
Die 1.–40. Rd stets wdh.

Strickschrift in Reihen:

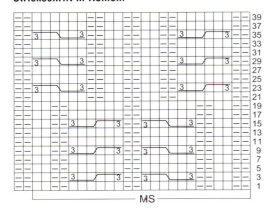

Strickschrift in Runden:

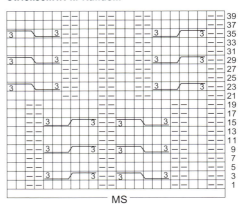

= 6 M rvkr: die nächsten 3 M auf einer Zopfnd hinter die Arbeit legen, 3 M re str, dann die 3 M der Zopfnd re str; in Rückr 6 M li bzw. in geraden Rd 6 M re str

= 6 M lvkr: die nächsten 3 M auf einer Zopfnd vor die Arbeit legen, 3 M re str, dann die 3 M der Zopfnd re str; in Rückr 6 M li bzw. in geraden Rd 6 M re str

VIDEO-LEHRGÄNGE zu vielen der dargestellten Muster finden Sie im Internet auf YouTube:
http://goo.gl/QegFRx

Zopfmuster: ALLOVER-ZÖPFE

DAPHNE

M-Zahl teilbar durch 18 + 2 + 2 Rand-M. In den Hinr gemäß Strickschrift str, dabei mit 1 Rand-M und den M vor dem MS beginnen, den MS fortlfd wdh und mit 1 Rand-M enden. In den Rückr die M str, wie sie erscheinen. Die 1.–28. R stets wdh.

Strickschrift

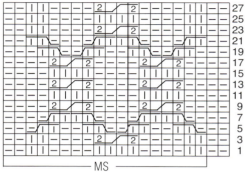

GREVILLEA

M-Zahl teilbar durch 24 + 15 M + 2 Rand-M. In den Hinr gemäß Strickschrift str, dabei mit 1 Rand-M beginnen, den MS fortlfd wdh, mit den 15 M bis zum Pfeil und 1 Rand-M enden. In den Rückr die M str, wie sie erscheinen. Die 1.–16. R stets wdh.

Strickschrift

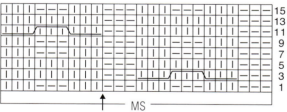

Zeichenerklärung für die Strickmuster dieser Doppelseite:

| = 1 M re   — = 1 M li

⌐⌐⌐ = 1 M auf einer Zopfnd hinter die Arbeit legen, 2 M re str, dann die M der Zopfnd li str

⌐⌐⌐ = 2 M auf einer Zopfnd vor die Arbeit legen, 1 M li str, dann die 2 M der Zopfnd re str

⌐2⌐2⌐ = 4 M rvkr: 2 M auf einer Zopfnd hinter die Arbeit legen, 2 M re str, dann die 2 M der Zopfnd re str

⌐⌐⌐⌐⌐⌐ = 3 M auf einer Zopfnd hinter die Arbeit legen, 3 M auf einer 2. Zopfnd vor die Arbeit legen, 3 M re str, 3 M der 2. Zopfnd re str, dann die 3 M der 1. Zopfnd re str

⌐3⌐3⌐ = 6 M rvkr: 3 M auf einer Zopfnd hinter die Arbeit legen, 3 M re str, dann die 3 M der Zopfnd re str

⌐3⌐3⌐ = 6 M lvkr: 3 M auf einer Zopfnd vor die Arbeit legen, 3 M re str, dann die 3 M der Zopfnd re str

⌐⌐ = 1 M auf einer Zopfnd hinter die Arbeit legen, 1 M re str, dann die M der Zopfnd re str

ABKÜRZUNGEN SIEHE SEITE 126

Zopfmuster: ALLOVER-ZÖPFE

BETULA

M-Zahl teilbar durch 18 + 6 + 2 Rand-M. In den Hinr gemäß Strickschrift arb, dabei mit 1 Rand-M beginnen, den MS fortlfd wdh und mit den M nach dem MS und 1 Rand-M enden. Die 1.–18. R stets wdh.

Strickschrift

MESPILUS

M-Zahl teilbar durch 14 + 13 + 2 Rand-M. In den Hinr gemäß Strickschrift arb, dabei mit 1 Rand-M und den M vor dem MS beginnen, den MS fortlfd wdh du mit den M nach dem MS und 1 Rand-M enden. In den Rückr die M str, wie sie erscheinen bzw. wie beschrieben. 1 x die 1.–34. R str, dann die 3.–34. R stets wdh. Beim Abketten über den Zöpfen jeweils 2 M re zusstr.

Strickschrift

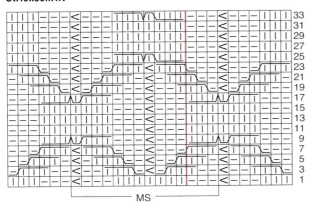

= 3 M auf einer Zopfnd hinter die Arbeit legen, 1 M auf einer 2. Zopfnd hinter die Arbeit legen, 3 M re str, die M der 2. Zopfnd re str, dann die 3 M der 1. Zopfnd re str

= 3 M auf einer Zopfnd vor die Arbeit legen, 1 M auf einer 2. Zopfnd vor die Arbeit legen, 3 M re, die M der 2. Zopfnd re str, dann die 3 M der 1. Zopfnd re str

⟨ = in Hinr 1 M re verschr, in Rückr 1 M li verschr

= 3 M auf einer Zopfnd vor die Arbeit legen, 1 M li str, dann die 3 M der Zopfnd re str

= 1 M auf einer Zopfnd hinter die Arbeit legen, 3 M re str, dann die M der Zopfnd li str

VIDEO-LEHRGÄNGE zu vielen der dargestellten Muster finden Sie im Internet auf YouTube:
http://goo.gl/QegFRx

Zopfmuster: STATEMENT-ZÖPFE

LORNA

Anleitung in Reihen & Runden

IN RUNDEN:
Zopfstreifen über 32 M.

1. Runde: 2 M li, 2 M re, 2 M li, 4 M lvkr, 2 M re, 2 M li, 4 M re, 2 M li, 2 M re, 4 M rvkr, 2 M li, 2 M re, 2 M li.
2. Runde: 2 M li, 2 M re, 2 M li, 6 M re, 2 M li, 4 M re, 2 M li, 6 M re, 2 M li, 2 M re, 2 M li.
3. Runde: 2 M li, 2 M re, 2 M li, 2 M re, 4 M rvkr, 2 M li, 4 M lvkr, 2 M li, 4 M lvkr, 2 M re, 2 M li, 2 M re, 2 M li.
4. Runde: Wie die 2. Rd str.
5. Runde: Wie die 1. Rd str.
6. Runde: Wie die 2. Rd str.
7. Runde: 2 M li, 2 M re, 2 M li, 2 M re, 4 M rvkr, 2 M li, 4 M re, 2 M li, 4 M lvkr, 2 M re, 2 M li, 2 M re, 2 M li.
8. Runde: Wie die 2. Rd str.
9. Runde: 2 M li, 4 M ldr, 4 M lvkr, 2 M re, 2 M li, 4 M lvkr, 2 M li, 2 M re, 4 M rvkr, 4 M rdr, 2 M li.
10. Runde: 4 M li, 8 M re, 2 M li, 4 M re, 2 M li, 8 M re, 4 M li.
11. Runde: 4 M li, 3 x 4 M rvkr, 3 x 4 M lvkr, 4 M li.
12. Runde: 4 M li, 24 M re, 4 M li.
13. Runde: 2 M li, 4 M rdr, 4 M lvkr, 2 M re, 2 M li, 4 M re, 2 M li, 2 M re, 4 M rvkr, 4 M ldr, 2 M li.
14. – 20. Runde: Wie die 2. – 8. Rd str.
21. Runde: 2 M li, 2 M re, 2 M li, 4 M lvkr, 2 M re, 2 M li, 4 M lvkr, 2 M li, 2 M re, 4 M rvkr, 2 M li, 2 M re, 2 M li.
22. Runde: Wie die 2. Rd str.
23. Runde: Wie die 7. Rd str.
24. Runde: Wie die 2. Rd str.
Die 1.-24. Rd stets wdh.

IN REIHEN:
Zopfstreifen über 32 M.

1. Reihe (Hinr): 2 M li, 2 M re, 2 M li, 4 M lvkr, 2 M re, 2 M li, 4 M re, 2 M li, 2 M re, 4 M rvkr, 2 M li, 2 M re, 2 M li.
2. Reihe (Rückr): 2 M re, 2 M li, 2 M re, 6 M li, 2 M re, 4 M li, 2 M re, 6 M li, 2 M re, 2 M li, 2 M re.
3. Reihe: 2 M li, 2 M re, 2 M li, 2 M re, 4 M rvkr, 2 M li, 4 M lvkr, 2 M li, 4 M lvkr, 2 M re, 2 M li, 2 M re, 2 M li.
4. Reihe: Wie die 2. R str.
5. Reihe: Wie die 1. R str.
6. Reihe: Wie die 2. R str.
7. Reihe: 2 M li, 2 M re, 2 M li, 2 M re, 4 M rvkr, 2 M li, 4 M re, 2 M li, 4 M lvkr, 2 M re, 2 M li, 2 M re, 2 M li.
8. Reihe: Wie die 2. R str.
9. Reihe: 2 M li, 4 M ldr, 4 M lvkr, 2 M re, 2 M li, 4 M lvkr, 2 M li, 2 M re, 4 M rvkr, 4 M rdr, 2 M li.
10. Reihe: 4 M re, 8 M li, 2 M re, 4 M li, 2 M re, 8 M li, 4 M re.
11. Reihe: 2 M li, 2 M li, 3 x 4 M rvkr, 3 x 4 M lvkr, 2 M li, 2 M li.
12. Reihe: 4 M re, 24 M li, 4 M re.
13. Reihe: 2 M li, 4 M rdr, 4 M lvkr, 2 M re, 2 M li, 4 M re, 2 M li, 2 M re, 4 M rvkr, 4 M ldr, 2 M li.
14. – 20. Reihe: Wie die 2. – 8. R str.
21. Reihe: 2 M li, 2 M re, 2 M li, 4 M lvkr, 2 M re, 2 M li, 4 M lvkr, 2 M li, 2 M re, 4 M rvkr, 2 M li, 2 M re, 2 M li.
22. Reihe: Wie die 2. R str.
23. Reihe: Wie die 7. R str.
24. Reihe: Wie die 2. R str.
Die 1.-24. R stets wdh.

Strickschrift in Reihen:

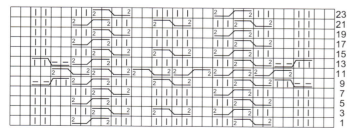

Strickschrift in Runden:

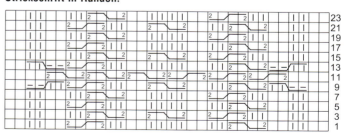

Zeichenerklärung für die Strickmuster dieser Doppelseite:

| = in Hinr 1 M re, in Rückr 1 M li; in Rd stets 1 M re
☐ = in Hinr 1 M li, in Rückr 1 M re; in Rd stets 1 M li
= 4 M lvkr: die nächsten 2 M auf einer Zopfnd vor die Arbeit legen, 2 M re str, dann die 2 M der Zopfnd re str; in Rückr bzw. in geraden Rd 4 M re str
= 4 M rvkr: die nächsten 2 M auf einer Zopfnd hinter die Arbeit legen, 2 M re str, dann die 2 M der Zopfnd re str; in Rückr 4 M li bzw. in geraden Rd 4 M re str
= 4 M rdr: die nächsten 2 M auf einer Zopfnd hinter die Arbeit legen, 2 M re str, dann die 2 M der Zopfnd li str; in Rückr bzw. geraden Rd 2 M re, 2 M li str
= 4 M ldr: die nächsten 2 M auf einer Zopfnd vor die Arbeit legen, 2 M li str, dann die 2 M der Zopfnd re str; in Rückr bzw. geraden Rd 2 M li, 2 M re str

ABKÜRZUNGEN SIEHE SEITE 126

Zopfmuster: STATEMENT-ZÖPFE

CIOLA

IN REIHEN:
Zopfstreifen über 28 M.

1. Reihe (Hinr): 3 M li, 3 M rdr, 2 x [4 M ldr, 4 M rdr], 3 M ldr, 3 M li.
2. Reihe (Rückr): 3 M re, 2 M li, 3 M re, 4 M li, 4 M re, 4 M li, 3 M re, 2 M li, 3 M re.
3. Reihe: 2 M li, 3 M rdr, 3 M li, 4 M lvkr, 4 M li, 4 M lvkr, 3 M li, 3 M ldr, 2 M li.
4. Reihe: 2 M re, 2 M li, 2 x [4 M re, 4 M li], 4 M re, 2 M li, 2 M re.
5. Reihe: 2 M li, 2 M re, 2 M li, 2 x [4 M rdr, 4 M ldr], 2 M li, 2 M re, 2 M li.
6. Reihe: 2 M re, 2 M li, 2 M re, 2 M li, 4 M re, 4 M li, 4 M re, 2 x [2 M li, 2 M re],.
7. Reihe: 2 x [2 M li, 2 M re], 4 M li, 4 M rvkr, 4 M li, 2 M re, 2 M li, 2 M re, 2 M li.
8. Reihe: Wie die 6. R str.
9. Reihe: 2 M li, 2 M re, 2 M li, 2 x [4 M ldr, 4 M rdr], 2 M li, 2 M re, 2 M li.
10. Reihe: 2 M re, 2 M li, 2 x [4 M re, 4 M li], 4 M re, 2 M li, 2 M re.
11. Reihe: 2 M li, 3 M ldr, 3 M li, 4 M lvkr, 4 M li, 4 M lvkr, 3 M li, 3 M rdr, 2 M li.
12. Reihe: Wie die 2. R str.
13. Reihe: 3 M li, 3 M ldr, 2 x [4 M rdr, 4 M ldr], 3 M rdr, 3 M li.
14. Reihe: 4 M re, 3 x [4 M li, 4 M re].
15. Reihe: 3 x [4 M li, 4 M rvkr], 4 M li.
16. Reihe: Wie die 14. R str.
Die 1.-16. R stets wdh.

IN RUNDEN:
Zopfstreifen über 28 M.

1. Runde: 3 M li, 3 M rdr, 2 x [4 M ldr, 4 M rdr], 3 M ldr, 3 M li.
2. Runde: 3 M li, 2 M re, 3 M li, 4 M re, 4 M li, 4 M re, 3 M li, 2 M re, 3 M li.
3. Runde: 2 M li, 3 M rdr, 3 M li, 4 M lvkr, 4 M li, 4 M lvkr, 3 M li, 3 M ldr, 2 M li.
4. Runde: 2 M li, 2 M re, 2 x [4 M li, 4 M re], 4 M li, 2 M re, 2 M li.
5. Runde: 2 M li, 2 M re, 2 M li, 2 x [4 M rdr, 4 M ldr], 2 M li, 2 M re, 2 M li.
6. Runde: 2 x [2 M li, 2 M re], 4 M li, 4 M re, 4 M li, 2 M re, 2 M li, 2 M re, 2 M li.
7. Runde: 2 x [2 M li, 2 M re], 4 M li, 4 M rvkr, 4 M li, 2 M re, 2 M li, 2 M re, 2 M li.
8. Runde: Wie die 6. Rd str.
9. Runde: 2 M li, 2 M re, 2 M li, 2 x [4 M ldr, 4 M rdr], 2 M li, 2 M re, 2 M li.
10. Runde: 2 M li, 2 M re, 2 x [4 M li, 4 M re], 4 M li, 2 M re, 2 M li.
11. Runde: 2 M li, 3 M ldr, 3 M li, 4 M lvkr, 4 M li, 4 M lvkr, 3 M li, 3 M rdr, 2 M li.
12. Runde: Wie die 2. Rd str.
13. Runde: 3 M li, 3 M ldr, 2 x [4 M rdr, 4 M ldr], 3 M rdr, 3 M li.
14. Runde: 3 x [4 M li, 4 M re], 4 M li.
15. Runde: 3 x [4 M li, 4 M rvkr], 4 M li.
16. Runde: Wie die 14. Rd str.
Die 1.-16. Rd stets wdh.

Strickschrift in Reihen:

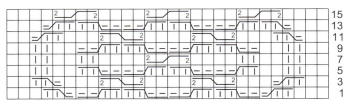

Strickschrift in Runden:

= 3 M rdr: die nächste M auf einer Zopfnd hinter die Arbeit legen, 2 M re str, dann die M der Zopfnd li str; in Rückr 1 M re, 2 M li bzw. in geraden Rd 2 M re, 1 M li str

= 3 M ldr: die nächsten 2 M auf einer Zopfnd vor die Arbeit legen, 1 M li str, dann die 2 M der Zopfnd re str; in Rückr 2 M li, 1 M re bzw. in geraden Rd 1 M li, 2 M re str

VIDEO-LEHRGÄNGE
zu vielen der dargestellten Muster finden Sie im Internet auf YouTube:
http://goo.gl/QegFRx

Zopfmuster: STATEMENT-ZÖPFE

MÁIRE

Zopfstreifen über 41 M. In den Hinr gemäß Strickschrift str, in den Rückr die M str, wie sie erscheinen. Die 1.–28. R stets wdh. Achtung! Innerhalb des MS in der Höhe ändert sich die M-Zahl.
Empfehlung: Strickschrift hochkopieren (150 %)

Strickschrift

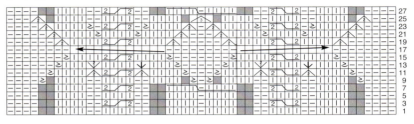

HINWEIS

Die Zopfstreifen kommen am besten zur Geltung, wenn sie durch einige Maschen - meist glatt links gestrickt - von den benachbarten Mustern abgesetzt werden.

FIAINAIT

Zopfstreifen über 36 M. In den Hinr gemäß Strickschrift str; in den Rückr die M str, wie sie erscheinen. Die 1.–40. R stets wdh.

Strickschrift

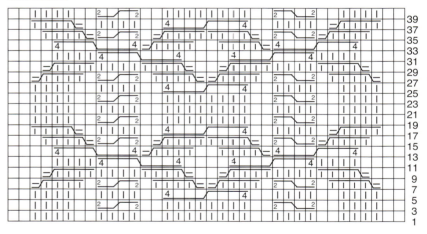

Zeichenerklärung für die Strickmuster dieser Doppelseite:

- ▨ = ohne Strickbedeutung
- │ = 1 M re
- ⊟ = 1 M li
- ⩔ = 2 M li zusstr
- ⩓ = 2 M re zusstr
- ⩔ = 2 M re übz zusstr
- △ = 3 M li zusstr
- = 4 M lvkr: 2 M auf einer Zopfnd vor die Arbeit legen, 2 M re str, dann die 2 M der Zopfnd re str
- = 4 M rvkr: 2 M auf einer Zopfnd hinter die Arbeit legen, 2 M re str, dann die 2 M der Zopfnd re str
- ≥ = aus dem Querfaden 1 M li verschr zun
- = 4 M auf einer Zopfnd vor die Arbeit legen, 4 M re, 1 M li str, dann die 4 M der Zopfnd re str
- ⟶ = 4 M auf einer Zopfnd hinter die Arbeit legen, 4 M auf einer 2. Zopfnd hinter die Arbeit legen, 4 M re str, die 4 M der 2. Zopfnd re str, dann die 4 M der 1. Zopfnd re str
- ⟵ = 4 M auf einer Zopfnd vor die Arbeit legen, 4 M auf einer 2. Zopfnd hinter die Arbeit legen, 4 M re str, die 4 M der 2. Zopfnd re str, dann die 4 M der 1. Zopfnd re str
- = 4 M auf einer Zopfnd vor die Arbeit legen, 1 M li str, dann die 4 M der Zopfnd re str
- = 1 M auf einer Zopfnd hinter die Arbeit legen, 4 M re str, dann die M der Zopfnd li str
- = 8 M lvkr: 4 M auf einer Zopfnd vor die Arbeit legen, 4 M re str, dann die 4 M der Zopfnd re str
- = 8 M rvkr: 4 M auf einer Zopfnd hinter die Arbeit legen, 4 M re str, dann die 4 M der Zopfnd re str
- = 2 M auf einer Zopfnd vor die Arbeit legen, 1 M li str, dann die 2 M der Zopfnd re str
- = 1 M auf einer Zopfnd hinter die Arbeit legen, 2 M re str, dann die M der Zopfnd li str

Zopfmuster: **STATEMENT-ZÖPFE**

DARACHA

Zopfstreifen über 36 M. In den Hinr gemäß Strickschrift str, in den Rückr die M str, wie sie erscheinen. 1 x die 1.–42. R str, dann die 19.–42. R stets wdh.

Strickschrift

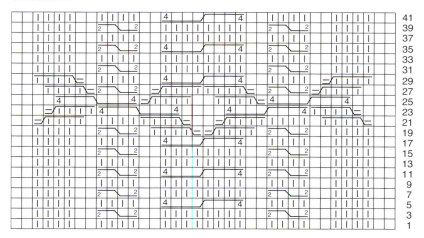

ÉTAINE

Zopfstreifen über 22 M. In den Hinr gemäß Strickschrift arb, in den Rückr die M str, wie sie erscheine. die 1.–28. R stets wdh.

Strickschrift

= 1 M auf einer Zopfnd hinter die Arbeit legen, 3 M re str, dann die M der Zopfnd li str

= 2 M auf einer Zopfnd hinter die Arbeit legen, 2 M re str, dann die 2 M der Zopfnd li str

= 2 M auf einer Zopfnd hinter die Arbeit legen, 3 M re str, dann die 2 M der Zopfnd re str

= 3 M auf einer Zopfnd vor die Arbeit legen, 2 M re str, dann die 3 M der Zopfnd re str

= 1 M auf einer Zopfnd vor die Arbeit legen, 1 M li str, dann die M der Zopfnd re str

= 3 M auf einer Zopfnd vor die Arbeit legen, 1 M li str, dann die 3 M der Zopfnd re str

= 2 M auf einer Zopfnd vor die Arbeit legen, 2 M li str, dann die 2 M der Zopfnd re str

= 2 M auf einer Zopfnd hinter die Arbeit legen, 3 M re str, dann die 2 M der Zopfnd li str

= 3 M auf einer Zopfnd vor die Arbeit legen, 2 M li str, dann die 3 M der Zopfnd re str

= 6 M lvkr: 3 M auf einer Zopfnd vor die Arbeit legen, 3 M re str, dann die 3 M der Zopfnd re str

VIDEO-LEHRGÄNGE
zu vielen der dargestellten Muster finden Sie im Internet auf YouTube:
http://goo.gl/QegFRx

Zopfmuster: ZOPF-LOCHMUSTER

FAHAN

Anleitung in Reihen & Runden

IN REIHEN:

M-Zahl teilbar durch 15 + 2 Rand-M.
Jede R mit 1 Rand-M beginnen und beenden.

1. Reihe (Hinr): 2 M re, 2 x [1 U, 2 M re übz zusstr], 1 U, * 3 M re übz zusstr, 1 U, 2 x [2 M re zusstr, 1 U], 4 M rvkr, 2 x [1 U, 2 M re übz zusstr], 1 U; ab * fortlfd wdh bis zu den letzten 9 M, 3 M re übz zusstr, 1 U, 2 x [2 M re zusstr, 1 U], 2 M re.

2. Reihe (Rückr): Li M str.

3. Reihe: 3 M lvkr, 2 x [1 U, 2 M re übz zusstr], * 1 M re, 2 x [2 M re zusstr, 1 U], 3 M rvkr, 3 M lvkr, 2 x [1 U, 2 M re übz zusstr]; ab * fortlfd wdh bis zu den letzten 8 M, 1 M re, 2 x [2 M re zusstr, 1 U], 3 M rvkr.

4. Reihe: Li M str.

5. Reihe: 1 M re, 3 M ldr, 1 U, 2 M re übz zusstr, 1 U, * 3 M re übz zusstr, 1 U, 2 M re zusstr, 1 U, 3 M rdr, 2 M rvkr, 3 M ldr, 1 U, 2 M re übz zusstr, 1 U; ab * fortlfd wdh bis zu den letzten 9 M, 3 M re übz zusstr, 1 U, 2 M re zusstr, 1 U, 3 M rdr, 1 M re.

6. Reihe: 1 M li, 1 M re, 6 M li, * 5 M li, 1 M re, 2 M li, 1 M re, 6 M li; ab * fortlfd wdh bis zu den letzten 7 M, 5 M li, 1 M re, 1 M li.

7. Reihe: 1 M re, 1 M li, 3 M ldr, 1 U, 2 M re übz zusstr, * 1 M re, 2 M re zusstr, 1 U, 3 M rdr, 1 M li, 2 M rvkr, 1 M li, 3 M ldr, 1 U, 2 M re übz zusstr; ab * fortlfd wdh bis zu den letzten 8 M, 1 M re, 2 M re zusstr, 1 U, 3 M rdr, 1 M li, 1 M re.

8. Reihe: 1 M li, 2 M re, 5 M li, * 4 M li, 2 M re, 2 M li, 2 M re, 5 M li; ab * fortlfd wdh bis zu den letzten 7 M, 4 M li, 2 M re, 1 M li.

9. Reihe: 1 M re, 2 M li, 2 M re, 1 M li, 1 U, * 3 M re übz zusstr, 1 U, 1 M li, 2 M re, 2 M li, 2 M rvkr, 2 M li, 2 M re, 1 M li, 1 U; ab * fortlfd wdh bis zu den letzten 9 M, 3 M re übz zusstr, 1 U, 1 M li, 2 M re, 2 M li, 1 M re.

10. Reihe: 1 M li, 2 M re, 2 M li, 1 M re, 2 M li, * 1 M li, 1 M re, 2 x [2 M li, 2 M re], 2 M li, 1 M re, 2 M li; ab * fortlfd wdh bis zu den letzten 7 M, 1 M li, 1 M re, 2 M li, 2 M re, 1 M li.

11. Reihe: 1 M re, 1 M li, 3 M rdr, 1 U, 2 M re zusstr, * 1 M re, 2 M re übz zusstr, 1 U, 3 M ldr, 1 M li, 2 M rvkr, 1 M li, 3 M rdr, 1 U, 2 M re zusstr; ab * fortlfd wdh bis zu den letzten 8 M, 1 M re, 2 M re übz zusstr, 1 U, 3 M ldr, 1 M li, 1 M re.

12. Reihe: 1 M li, 1 M re, 2 M li, 1 M re, 3 M li, * 4 x [2 M li, 1 M re], 3 M li; ab * fortlfd wdh bis zu den letzten 7 M, 2 x [2 M li, 1 M re], 1 M li.

13. Reihe: 1 M re, 3 M rdr, 1 U, 2 M re zusstr, 1 U, * 3 M re übz zusstr, 1 U, 2 M re übz zusstr, 1 U, 3 M ldr, 2 M rvkr, 3 M rdr, 1 U, 2 M re zusstr, 1 U; ab * fortlfd wdh bis zu den letzten 9 M, 3 M re übz zusstr, 1 U, 2 M re übz zusstr, 1 U, 3 M ldr, 1 M re.

14. Reihe: 3 M li, 1 M re, 4 M li, * 3 M li, 1 M re, 6 M li, 1 M re, 4 M li; ab * fortlfd wdh bis zu den letzten 7 M, 3 M li, 1 M re, 3 M li.

15. Reihe: 3 M rdr, 2 x [1 U, 2 M re zusstr], * 1 M re, 2 x [2 M re übz zusstr, 1 U], 3 M ldr, 3 M rdr, 2 x [1 U, 2 M re zusstr]; ab * fortlfd wdh bis zu den letzten 8 M, 1 M re, 2 x [2 M re übz zusstr, 1 U], 3 M ldr.

16. Reihe: 2 M li, 1 M re, 5 M li, * 2 x [4 M li, 1 M re], 5 M li; ab * fortlfd wdh bis zu den letzten 7 M, 4 M li, 1 M re, 2 M li.

Die 1.–16. R stets wdh.

IN RUNDEN:

M-Zahl teilbar durch 15.
Hinweis: Am Beginn der 1., 5., 9. und 13. Rd die ersten 2 M der Rd und die letzte M der vorhergehenden Rd übz zusstr (= in der Strickschrift grau unterlegt).

1. Runde: * 3 M re übz zusstr, 1 U, 2 x [2 M re zusstr, 1 U], 4 M rvkr, 2 x [1 U, 2 M re übz zusstr], 1 U; ab * fortlfd wdh.

2. Runde: Re M str.

3. Runde: * 1 M re, 2 x [2 M re zusstr, 1 U], 3 M rvkr, 3 M lvkr, 2 x [1 U, 2 M re übz zusstr]; ab * fortlfd wdh.

4. Runde: Li M str.

5. Runde: * 3 M re übz zusstr, 1 U, 2 M re zusstr, 1 U, 3 M rdr, 2 M rvkr, 3 M ldr, 1 U, 2 M re übz zusstr, 1 U; ab * fortlfd wdh.

6. Runde: * 6 M re, 1 M li, 2 M re, 1 M li, 5 M re; ab * fortlfd wdh.

7. Runde: * 1 M re, 2 M re zusstr, 1 U, 3 M rdr, 1 M li, 2 M rvkr, 1 M li, 3 M ldr, 1 U, 2 M re übz zusstr; ab * fortlfd wdh.

8. Runde: * 5 M re, 2 M li, 2 M re, 2 M li, 4 M re; ab * fortlfd wdh.

9. Runde: * 3 M re übz zusstr, 1 U, 1 M li, 2 M re, 2 M li, 2 M rvkr, 2 M li, 2 M re, 1 M li, 1 U; ab * fortlfd wdh.

10. Runde: * 2 M re, 1 M li, 2 x [2 M re, 2 M li], 2 M re, 1 M li, 1 M re; ab * fortlfd wdh.

11. Runde: * 1 M re, 2 M re übz zusstr, 1 U, 3 M ldr, 1 M li, 2 M rvkr, 1 M li, 3 M rdr, 1 U, 2 M re zusstr; ab * fortlfd wdh.

12. Runde: * 3 M re, 4 x [1 M li, 2 M re]; ab * fortlfd wdh.

13. Runde: * 3 M re übz zusstr, 1 U, 3 M ldr, 2 M rvkr, 3 M rdr, 1 U, 2 M re zusstr, 1 U; ab * fortlfd wdh.

14. Runde: * 4 M re, 1 M li, 6 M re, 1 M li, 3 M re ab * fortlfd wdh.

15. Runde: * 1 M re, 2 x [2 M re übz zusstr, 1 U], 3 M ldr, 3 M rdr, 2 x [1 U, 2 M re zusstr]; ab * fortlfd wdh.

16. Runde: * 5 M re, 2 x [1 M li, 4 M re]; ab * fortlfd wdh.

Die 1.–16. Rd stets wdh.

Strickschrift in Reihen:

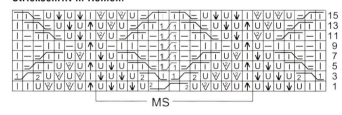

Strickschrift in Runden:

Zeichenerklärung für die Strickmuster dieser Doppelseite:

☐ + ⊡ = in Hinr 1 M re, in Rückr 1 M li; in Rd stets 1 M re

⊟ = in Hinr 1 M li, in Rückr 1 M re; in Rd stets 1 M li

U = 1 U; in Rückr 1 M li bzw. in geraden Rd 1 M re str

▽ = 2 M re zusstr; in Rückr 1 M li bzw. in geraden Rd 1 M re str

▼ = 2 M re übz zusstr: 1 M re abh, die nächste M re str, die abgehobene M überziehen; in Rückr 1 M li bzw. in geraden Rd 1 M re str

↑ = 3 M re übz zusstr: 2 M zus re abh, die nächste M re str, die abgehob M überziehen; in Rückr 1 M li bzw. in geraden Rd 1 M re str

⥮ = 2 M rvkr: die nächste M auf einer Zopfnd hinter die Arbeit legen, 1 M re str, dann die M der Zopfnd re str; in Rückr 2 M re str bzw. in geraden Rd 2 M re str

⥯ = Am Beginn der Rd die ersten 2 M der Rd mit der letzten M der vorhergehenden Rd übz zusstr.

⥮ = 3 M rvkr: die nächste M auf einer Zopfnd hinter die Arbeit legen, 2 M re str, dann die M der Zopfnd re str; in Rückr 3 M li bzw. in geraden Rd 3 M re str

⥯ = 3 M lvkr: die nächsten 2 M auf einer Zopfnd vor die Arbeit legen, 1 M re str, dann die 2 M der Zopfnd re str; in Rückr 3 M li bzw. in geraden Rd 3 M re str

⥮ = 4 M rvkr: die nächsten 2 M auf einer Zopfnd hinter die Arbeit legen, 2 M re str, dann die 2 M der Zopfnd re str; in Rückr 4 M li bzw. in geraden Rd 4 M re str

ABKÜRZUNGEN SIEHE SEITE 126

Zopfmuster: ZOPF-LOCHMUSTER

ARBOE

Anleitung in Reihen & Runden

IN REIHEN:
Zopfstreifen über 30 M.

1. Reihe (Hinr): 2 M li, 3 M re, 3 x [2 M re zusstr, 1 U], 3 M re, 2 M li, 12 M re, 2 M li.
2. Reihe (Rückr): 2 M re, 2 x [12 M li, 2 M re].
3. Reihe: 2 M li, 3 M re, 3 x [1 U, 2 M re übz zusstr], 3 M re, 2 M li, 6 M lvkr, 6 M rvkr, 2 M li.
4. Reihe: Wie die 2. R str.
5. Reihe: Wie die 1. R str.
6. Reihe: Wie die 2. R str.
7. Reihe: 2 M li, 3 M re, 3 x [1 U, 2 M re übz zusstr], 3 M re, 2 M li, 12 M re, 2 M li.
8. Reihe: Wie die 2. R str.
9. Reihe: 2 M li, 3 M re, 3 x [2 M re zusstr, 1 U], 3 M re, 2 M li, 6 M lvkr, 6 M rvkr, 2 M li.
10. Reihe: Wie die 2. R str.
11. Reihe: Wie die 7. R str.
12. Reihe: Wie die 2. R str.
13. Reihe: Wie die 1. R str.
14. Reihe: Wie die 2. R str.
15. Reihe: Wie die 3. R str.
16. Reihe: Wie die 2. R str.
17. Reihe: 2 M li, 3 M re, 3 x [2 M re zusstr, 1 U], 3 M re, 2 M li, 3 M re, 3 x [1 U, 2 M re übz zusstr], 3 M re, 2 M li.
18. Reihe: Wie die 2. R str.
19. Reihe: 2 M li, 12 M re, 2 M li, 3 M re, 3 x [2 M re zusstr, 1 U], 3 M re, 2 M li.
20. Reihe: Wie die 2. R str.
21. Reihe: 2 M li, 6 M lvkr, 6 M rvkr, 2 M li, 3 M re, 3 x [1 U, 2 M re übz zusstr], 3 M re, 2 M li.
22. Reihe: Wie die 2. R str.
23. Reihe: Wie die 19. R str.
24. Reihe: Wie die 2. R str.
25. Reihe: 2 M li, 12 M re, 2 M li, 3 M re, 3 x [1 U, 2 M re übz zusstr], 3 M re, 2 M li.
26. Reihe: Wie die 2. R str.
27. Reihe: 2 M li, 6 M lvkr, 6 M rvkr, 2 M li, 3 M re, 3 x [2 M re zusstr, 1 U], 3 M re, 2 M li.
28. Reihe: Wie die 2. R str.
29. Reihe: Wie die 25. R str.
30. Reihe: Wie die 2. R str.
31. Reihe: Wie die 19. R str.
32. Reihe: Wie die 2. R str.
33. Reihe: Wie die 21. R str.
34. Reihe: Wie die 2. R str.
35. Reihe: 2 M li, 3 M re, 3 x [1 U, 2 M re übz zusstr], 3 M re, 2 M li, 3 M re, 3 x [2 M re zusstr, 1 U], 3 M re, 2 M li.
36. Reihe: Wie die 2. R str.
Die 1.-36. R stets wdh.

IN RUNDEN:
Zopfstreifen über 30 M.

1. Runde: 2 M li, 3 M re, 3 x [2 M re zusstr, 1 U], 3 M re, 2 M li, 12 M re, 2 M li.
2. Runde: 2 x [2 M li, 12 M re], 2 M li.
3. Runde: 2 M li, 3 M re, 3 x [1 U, 2 M re übz zusstr], 3 M re, 2 M li, 6 M lvkr, 6 M rvkr, 2 M li.
4. Runde: Wie die 2. Rd str.
5. Runde: Wie die 1. Rd str.
6. Runde: Wie die 2. Rd str.
7. Runde: 2 M li, 3 M re, 3 x [1 U, 2 M re übz zusstr], 3 M re, 2 M li, 12 M re, 2 M li.
8. Runde: Wie die 2. Rd str.
9. Runde: 2 M li, 3 M re, 3 x [2 M re zusstr, 1 U], 3 M re, 2 M li, 6 M lvkr, 6 M rvkr, 2 M li.
10. Runde: Wie die 2. Rd str.
11. Runde: Wie die 7. Rd str.
12. Runde: Wie die 2. Rd str.
13. Runde: Wie die 1. Rd str.
14. Runde: Wie die 2. Rd str.
15. Runde: Wie die 3. Rd str.
16. Runde: Wie die 2. Rd str.
17. Runde: 2 M li, 3 M re, 3 x [2 M re zusstr, 1 U], 3 M re, 2 M li, 3 M re, 3 x [1 U, 2 M re übz zusstr], 3 M re, 2 M li.
18. Runde: Wie die 2. Rd str.
19. Runde: 2 M li, 12 M re, 2 M li, 3 M re, 3 x [2 M re zusstr, 1 U], 3 M re, 2 M li.
20. Runde: Wie die 2. Rd str.
21. Runde: 2 M li, 6 M lvkr, 6 M rvkr, 2 M li, 3 M re, 3 x [1 U, 2 M re übz zusstr], 3 M re, 2 M li.
22. Runde: Wie die 2. Rd str.
23. Runde: Wie die 19. Rd str.
24. Runde: Wie die 2. Rd str.
25. Runde: 2 M li, 12 M re, 2 M li, 3 M re, 3 x [1 U, 2 M re übz zusstr], 3 M re, 2 M li.
26. Runde: Wie die 2. Rd str.
27. Runde: 2 M li, 6 M lvkr, 6 M rvkr, 2 M li, 3 M re, 3 x [2 M re zusstr, 1 U], 3 M re, 2 M li.
28. Runde: Wie die 2. Rd str.
29. Runde: Wie die 25. Rd str.
30. Runde: Wie die 2. Rd str.
31. Runde: Wie die 19. Rd str.
32. Runde: Wie die 2. Rd str.
33. Runde: Wie die 21. Rd str.
34. Runde: Wie die 2. Rd str.
35. Runde: 2 M li, 3 M re, 3 x [1 U, 2 M re übz zusstr], 3 M re, 2 M li, 3 M re, 3 x [2 M re zusstr, 1 U], 3 M re, 2 M li.
36. Runde: Wie die 2. Rd str.
Die 1.-36. Rd stets wdh.

Strickschrift in Reihen:

Strickschrift in Runden:

`3 ⌐⌐ 3` = 6 M rvkr: die nächsten 3 M auf einer Zopfnd hinter die Arbeit legen, 3 M re str, dann die 3 M der Zopfnd re str; in Rückr 6 M li bzw. in geraden Rd 6 M re str

`3 ⌐⌐ 3` = 6 M lvkr: die nächsten 3 M auf einer Zopfnd vor die Arbeit legen, 3 M re str, dann die 3 M der Zopfnd re str; in Rückr 6 M li bzw. in geraden Rd 6 M re str

`⌐⌐` = 3 M rdr: die nächste M auf einer Zopfnd hinter die Arbeit legen, 2 M re str, dann die M der Zopfnd li str; in Rückr 1 M re, 2 M li bzw. in geraden Rd 2 M re, 1 M li str

`⌐⌐` = 3 M ldr: die nächsten 2 M auf einer Zopfnd vor die Arbeit legen, 1 M li str, dann die 2 M der Zopfnd re str; in Rückr 2 M li, 1 M re bzw. in geraden Rd 1 M li, 2 M re str

VIDEO-LEHRGÄNGE
zu vielen der dargestellten Muster finden Sie im Internet auf YouTube:
http://goo.gl/QegFRx

Zopfmuster: ZOPF-LOCHMUSTER

AHENNY

M-Zahl teilbar durch 20 + 10 + 2 Rand-M. In den Hinr gemäß Strickschrift str, dabei mit 1 Rand-M und den M vor dem MS beginnen, den MS fortlfd wdh und mit den M nach dem MS und 1 Rand-M enden. In den Rückr die M str, wie sie erscheinen. Bei mustergemäßen Zu- und Abn darauf achten, dass sich U und zusammengestrickte M ausgleichen. 1 x die 1.–38. R str, dann die 3.–38. R stets wdh.

Strickschrift

KIAHRA

M-Zahl teilbar durch 18 + 10 + 2 Rand-M. In den Hinr gemäß Strickschrift arb, dabei mit 1 Rand-M beginnen, den MS fortlfd wdh und mit den M nach dem MS und 1 Rand-M enden. In den Rückr die M str, wie sie erscheinen, die U li str. Bei 2 aufeinandertreffenden U den 1. U li, den 2. U re abstr. Die 1.–18. R stets wdh.

Strickschrift

Zeichenerklärung für die Strickmuster dieser Doppelseite:

- I = 1 M re
- − + ☐ = 1 M li
- U = 1 U
- ⩔ = 2 M re zusstr
- ⩔ = 2 M re übz zusstr
- ⩙ = 1 M re abh, 2 M re zusstr, dann die abgehobene M darüberziehen

- = 3 M auf einer Zopfnd hinter die Arbeit legen, die nächsten 2 M auf einer 2. Zopfnd hinter die Arbeit legen, 3 M re str, dann die 2 M der 2. Zopfnd li str und die 3 M der 1. Zopfnd re str
- 3 ⌒ 4 = 7 M rvkr: 3 M auf einer Zopfnd vor die Arbeit legen, 4 M re str, dann die 3 M der Zopfnd re str
- = 1 M auf einer Zopfnd vor die Arbeit legen, 6 M auf einer 2. Zopfnd hinter die Arbeit legen, 1 M re str, dann die 6 M der 2. Zopfnd [1 M li, 4 M re, 1 M li] abstr, danach die M der 1. Zopfnd re str
- ⩙ = 2 M zus re abh, 1 M re str und die abgehobenen M darüberziehen

ABKÜRZUNGEN SIEHE SEITE 126

Zopfmuster: ZOPF-LOCHMUSTER

KILKIERAN

M-Zahl teilbar durch 14 + 7 + 2 Rand-M. In den Hinr gemäß Strickschrift str, dabei mit 1 Rand-M beginnen, den MS fortlfd wdh und mit den M nach dem MS und 1 Rand-M enden. In den Rückr alle M und U li str.
Die 1.–24. R stets wdh.

Strickschrift

KILREE

M-Zahl teilbar durch 15 + 2 Rand-M. In den Hinr gemäß Strickschrift str, dabei mit 1 Rand-M und den M vor dem MS beginnen, den MS fortlfd wdh und mit den M nach dem MS und 1 Rand-M enden. In den Rückr alle M str, wie sie erscheinen, abgehobene M und U li str. 1 x die 1.–26. R str, dann die 11.–26. R stets wdh.

Strickschrift

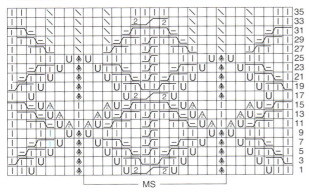

= 2 M rvkr: 1 M auf einer Zopfnd hinter die Arbeit legen, 1 M re, dann die M der Zopfnd re str

= 1 M auf einer Zopfnd hinter die Arbeit legen, 2 M re str, dann die 3 M der Zopfnd re str

= 1 M auf einer Zopfnd hinter die Arbeit legen, 2 M re str, dann die M der Zopfnd li str

= 2 M auf einer Zopfnd vor die Arbeit legen, 1 M re str, dann die 2 M der Zopfnd re str

= 2 M auf einer Zopfnd vor die Arbeit legen, 1 M li str, dann die M der Zopfnd re str

= 4 M rvkr: 2 M auf einer Zopfnd hinter die Arbeit legen, 2 M re str, dann die 2 M der Zopfnd re str

VIDEO-LEHRGÄNGE
zu vielen der dargestellten Muster finden Sie im Internet auf YouTube:
http://goo.gl/QegFRx

Zopfmuster: ZOPF-LOCHMUSTER

KILFENORA

Anleitung in Reihen & Runden

IN REIHEN:
Zopfstreifen über 36 M.

1. Reihe (Hinr): 2 M li, 3 x [2 M re, 1 M li, 1 U, 2 M re übz zusstr, 2 M re, 2 M re zusstr, 1 U, 1 M li], 2 M re, 2 M li.
2. Reihe (Rückr): 2 M re, 3 x [2 M li, 1 M re, 6 M li, 1 M re], 2 M li, 2 M re.
3. Reihe: Wie die 1. R str.
4. Reihe: Wie die 2. R str.
5. Reihe: Wie die 1. R str.
6. Reihe: Wie die 2. R str.
7. Reihe: 2 M li, 2 M re, 1 M li, 1 U, 2 M re übz zusstr, 2 M re, 2 M re zusstr, 1 U, 1 M li, 12 M ldr, 1 M li, 1 U, 2 M re übz zusstr, 2 M re, 2 M re zusstr, 1 U, 1 M li, 2 M re, 2 M li.
8. Reihe: 2 M re, 2 M li, 1 M re, 6 M li, 1 M re, 2 M li, 2 M re, 4 M li, 2 M re, 2 M li, 1 M re, 6 M li, 1 M re, 2 M li, 2 M re.
9. – 14. Reihe: Wie die 1. – 6. R str.
15. – 18. Reihe: Wie die 1. – 4. R str.
19. Reihe: 2 M li, 12 M rdr, 1 M li, 1 U, 2 M re übz zusstr, 2 M re, 2 M re zusstr, 1 U, 1 M li, 12 M rdr, 2 M li.
20. Reihe: 2 M re, 2 M li, 2 M re, 4 M li, 2 M re, 2 M li, 1 M re, 6 M li, 1 M re, 2 M li, 2 M re, 4 M li, 2 M re, 2 M li, 2 M re.
21. – 24. Reihe: Wie die 1. – 4. R str.
Die 1.-24. R stets wdh.

IN RUNDEN:
Zopfstreifen über 36 M.

1. Runde: 2 M li, 3 x [2 M re, 1 M li, 1 U, 2 M re übz zusstr, 2 M re, 2 M re zusstr, 1 U, 1 M li], 2 M re, 2 M li.
2. Runde: 2 M li, 3 x [2 M re, 1 M li, 6 M re, 1 M li], 2 M re, 2 M li.
3. Runde: Wie die 1. Rd str.
4. Runde: Wie die 2. Rd str.
5. Runde: Wie die 1. Rd str.
6. Runde: Wie die 2. Rd str.
7. Runde: 2 M li, 2 M re, 1 M li, 1 U, 2 M re übz zusstr, 2 M re, 2 M re zusstr, 1 U, 1 M li, 12 M ldr, 1 M li, 1 U, 2 M re übz zusstr, 2 M re, 2 M re zusstr, 1 U, 1 M li, 2 M re, 2 M li.
8. Runde: 2 M li, 2 M re, 1 M li, 6 M re, 1 M li, 2 M re, 2 M li, 4 M re, 2 M li, 2 M re, 1 M li, 6 M re, 1 M li, 2 M re, 2 M li.
9. – 14. Runde: Wie die 1. – 6. Rd str.
15. – 18. Runde: Wie die 1. – 4. Rd str.
19. Runde: 2 M li, 12 M rdr, 1 U, 2 M re übz zusstr, 2 M re, 2 M re zusstr, 1 U, 1 M li, 12 M rdr, 2 M li.
20. Runde: 2 M li, 2 M re, 2 M li, 4 M re, 2 M li, 2 M re, 1 M li, 6 M re, 1 M li, 2 M re, 2 M li, 4 M re, 2 M li, 2 M re, 2 M li.
21. – 24. Runde: Wie die 1. – 4. Rd str.
Die 1.-24. Rd stets wdh.

Strickschrift in Reihen:

Strickschrift in Runden:

Zeichenerklärung für die Strickmuster dieser Doppelseite:

☐ = in Hinr 1 M re, in Rückr 1 M li; in Rd stets 1 M re
− = in Hinr 1 M li, in Rückr 1 M re; in Rd stets 1 M li
U = 1 U; in Rückr 1 M li bzw. in geraden Rd 1 M re str
V = 2 M re zusstr; in Rückr 1 M li bzw. in geraden Rd 1 M re str
↑ = 3 M überz zusstr: 2 M zus re abh, die nächste M re str, die abgehobenen M überziehen; in Rückr 1 M li bzw. in geraden Rd 1 M re str

= 12 M ldr: die nächsten 6 M auf einer Zopfnd vor die Arbeit legen, 2 M re, 2 M li und 2 M re str, dann die 6 M der Zopfnd 2 M re, 2 M li, 2 M re str; in Rückr 2 M li, 4 M re, 2 M li bzw. in geraden Rd 2 M re, 4 M li, 2 M re str

= 4 M lvkr: die nächsten 2 M auf einer Zopfnd vor die Arbeit legen, 2 M re str, dann die 2 M der Zopfnd re str; in Rückr 4 M li bzw. in geraden Rd 4 M re str

ABKÜRZUNGEN SIEHE SEITE 126

Zopfmuster: ZOPF-LOCHMUSTER

IONA

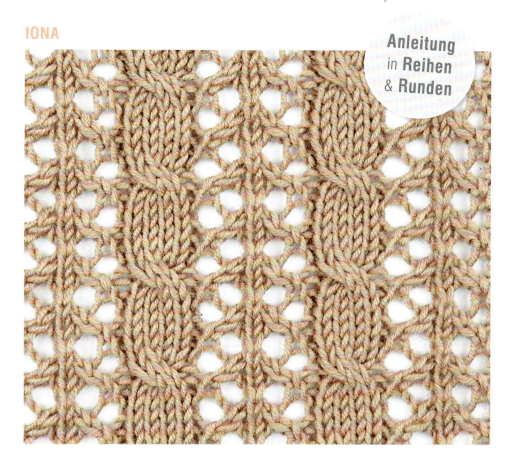

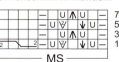
Anleitung in Reihen & Runden

IN REIHEN:

M-Zahl teilbar durch 11 + 7 + 2 Rand-M. Jede R mit 1 Rand-M beginnen und beenden.

1. Reihe (Hinr): * 1 M li, 1 U, 2 M re übz zusstr, 1 M re, 2 M re zusstr, 1 U, 1 M li, 4 M lvkr, ab * fortlfd wdh bis zu den letzten 7 M, 1 M li, 1 U, 2 M re übz zusstr, 1 M re, 2 M re zusstr, 1 U, 1 M li.
2. Reihe (Rückr): 1 M re, 5 M li, 1 M re, * 4 M li, 1 M re, 5 M li, 1 M re, ab * fortlfd wdh.
3. Reihe: * 1 M li, 1 M re, 1 U, 3 M re übz zusstr, 1 U, 1 M re, 1 M li, 4 M re, ab * fortlfd wdh bis zu den letzten 7 M, 1 M li, 1 M re, 1 U, 3 M re übz zusstr, 1 U, 1 M re, 1 M li.
4. Reihe: Wie die 2. R str.
5. Reihe: * 1 M li, 1 U, 2 M re übz zusstr, 1 M re, 2 M re zusstr, 1 U, 1 M li, 4 M re, ab * fortlfd wdh bis zu den letzten 7 M, 1 M li, 1 U, 2 M re übz zusstr, 1 M re, 2 M re zusstr, 1 U, 1 M li.
6. Reihe: Wie die 2. R str.
7. Reihe: Wie die 3. R str.
8. Reihe: Wie die 2. R str.
1. – 8. R fortlfd wdh.

IN RUNDEN:

M-Zahl teilbar durch 11.

1. Runde: * 1 M li, 1 U, 2 M re übz zusstr, 1 M re, 2 M re zusstr, 1 U, 1 M li, 4 M lvkr, ab * fortlfd wdh.
2. Runde: * 1 M li, 5 M re, 1 M li, 4 M re, ab * fortlfd wdh.
3. Runde: * 1 M li, 1 M re, 1 U, 3 M re übz zusstr, 1 U, 1 M re, 1 M li, 4 M re, ab * fortlfd wdh.
4. Runde: Wie die 2. Rd str.
5. Runde: * 1 M li, 1 U, 2 M re übz zusstr, 1 M re, 2 M re zusstr, 1 U, 1 M li, 4 M re, ab * fortlfd wdh.
6. Runde: Wie die 2. Rd str.
7. Runde: Wie die 3. Rd str.
8. Runde: Wie die 2. Rd str.
1. – 8. Rd fortlfd wdh.

Strickschrift in Reihen:

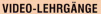

Strickschrift in Runden:

= 12 M rdr: die nächsten 6 M auf einer Zopfnd hinter die Arbeit legen, 2 M re, 2 M li und 2 M re str, dann die 6 M der Zopfnd 2 M re, 2 M li, 2 M re str; in Rückr 2 M li, 2 M re, 4 M li, 2 M re, 2 M li bzw. in geraden Rd 2 M re, 2 M li, 4 M re, 2 M li, 2 M re

↓ = 2 M re übz zusstr: 1 M re abh, die nächste M re str, die abgehobene M überziehen; in Rückr 1 M li bzw. in geraden Rd 1 M re str

VIDEO-LEHRGÄNGE

zu vielen der dargestellten Muster finden Sie im Internet auf YouTube:
http://goo.gl/QegFRx

Noppenmuster

Die kleinen, dekorativen Knubbelchen sind unübersehbare, sehr plastische Hingucker, die das Strickbild immens beleben. Bei traditionellen irischen Mustern, aber auch in der Alpenfolklore werden Noppen häufig eingesetzt, um Zopf- und Rautenmuster dekorativ zu betonen. Sie können aber auch locker eingestreut oder in Linien und Ornamenten angeordnet werden. Noppen oder „Muschen", wie sie mancherorts heißen, werden auf vielfältige Weise gearbeitet. Grundsätzlich strickt man an einer Stelle mehrere Maschen heraus, strickt dann einige Reihen nur über diese Noppenmaschen und fasst anschließend die Maschen wieder zusammen. Die Zahl der Maschen und Reihen entscheidet über die Größe der fertigen Noppe.

Damit enden aber schon die Gemeinsamkeiten, und die ganze Vielzahl der Möglichkeiten tut sich auf. Zum Beispiel beim Ort, an dem die Noppe angesetzt wird: Oft werden sie aus einer Masche herausgestrickt, manchmal aus einem Querfaden. Oder es ist die Struktur: Viele Noppen sind glatt rechts gestrickt, sie können aber auch z. B. durch kraus rechte Maschen extra Profil erhalten. Neben der klassischen Stricknoppe kommen häufig Häkelnoppen zum Einsatz. Sie haben den Vorteil, dass sie auch nachträglich, in anderer Farbe oder aus anderem Garn eingehäkelt werden können. Im Musterteil stellen wir Ihnen Noppenmuster vor, die mit ganz unterschiedlichen Techniken entstehen – lassen Sie sich überraschen.

Kleine Strickschule Noppenmuster

Noppen sind die plastischsten aller Mustermaschen und wirken sehr markant. Sie können auf ganz unterschiedliche Arten gearbeitet werden – hier stellen wir Ihnen eine der gängigsten vor.

NOPPEN

Das Prinzip ist einfach: Aus einer Masche werden mehrere herausgestrickt, nur über diese Maschen werden einige Reihen gestrickt, dann werden die Noppenmaschen wieder abgenommen. Das Ergebnis: plastische Knubbelchen. Die Zahl der Maschen und Reihen entscheidet über die Größe der Noppen. Hier sind es 5 Maschen und 4 Reihen.

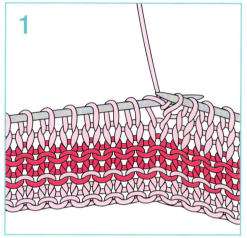

1. Aus einer Masche 5 Maschen wie folgt herausstricken * 1 Masche rechts, die Masche jedoch auf der linken Nadel lassen und aus der gleichen Masche nun eine weitere Masche…

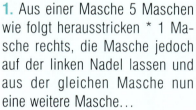

2. … rechts verschränkt herausstricken. Dafür mit der rechten Nadel von hinten in die in die Masche einstechen und den Faden durchholen. Die Vorreihen-Masche immer noch auf der linken Nadel lassen.*

3. Schritt 1 und 2 von * bis * wiederholen, bis 5 Noppenmaschen auf der Nadel liegen.

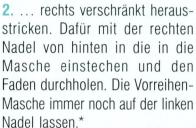

4. Die Arbeit wenden und diese 5 Noppenmaschen links stricken.

5. Die Arbeit wieder wenden, 1 Hinreihe rechts, wenden, 1 Rückreihe links, wenden, 1 Hinreihe rechts über die 5 Noppenmaschen stricken. Nun nacheinander die Noppenmaschen abnehmen, dafür mit der linken Nadel immer die vorletzte Masche über die letzte ziehen, …

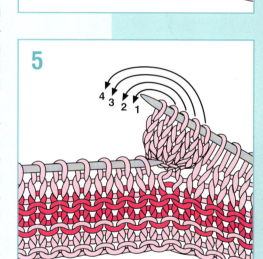

6. … bis nur noch eine Masche übrig ist.

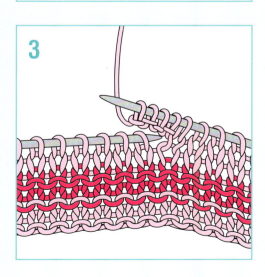
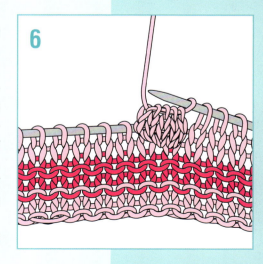

Noppen: ALLOVER-MUSTER

PINBOARD

IN REIHEN:
M-Zahl teilbar durch 6 + 5 + 2 Rand-M.

Jede R mit 1 Rand-M beginnen und beenden.
1. Reihe (Hinr): Re M str.
2. Reihe (Rückr): Li M str.
3. Reihe: Re M str.
4. Reihe: Li M str.
5. Reihe: 2 M re, * 1 N, 5 M re; ab * fortlfd wdh bis zu den letzten 3 M, 1 N, 2 M re.
6. Reihe: Li M str.
7. Reihe: Re M str.
8. Reihe: Li M str.
9. Reihe: Re M str.
10. Reihe: Li M str.
11. Reihe: 2 M re, * 3 M re, 1 N, 2 M re; ab * fortlfd wdh bis zu den letzten 3 M, 3 M re.
12. Reihe: Li M str.
Die 1.–12. R stets wdh.

IN RUNDEN:
M-Zahl teilbar durch 6.

1. Runde: Re M str.
2. Runde: Re M str.
3. Runde: Re M str.
4. Runde: Re M str.
5. Runde: * 1 N, 5 M re; ab * fortlfd wdh.
6. Runde: Re M str.
7. Runde: Re M str.
8. Runde: Re M str.
9. Runde: Re M str.
10. Runde: Re M str.
11. Runde: * 3 M re, 1 N, 2 M re; ab * fortlfd wdh.
12. Runde: Re M str.
Die 1.–12. Rd stets wdh.

Strickschrift in Reihen:

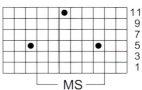

Strickschrift in Runden:

Zeichenerklärung für die Strickmuster dieser Doppelseite:

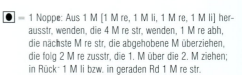

ABKÜRZUNGEN SIEHE SEITE 126

Noppen: ALLOVER-MUSTER

CHECKLIST

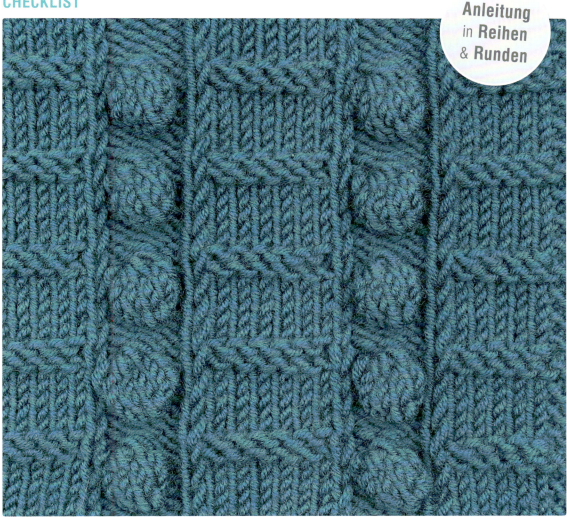

Anleitung in Reihen & Runden

IN REIHEN:
M-Zahl teilbar durch 13 + 8 + 2 Rand-M. Jede R mit 1 Rand-M beginnen und beenden.

1. Reihe (Hinr): * 1 M re abh Fh, 6 M re, 1 M re abh Fh, 5 M li, ab * fortlfd wdh bis zu den letzten 8 M, 1 M re abh Fh, 6 M re, 1 M re abh Fh.
2. Reihe (Rückr): 8 M li, * 5 M re, 8 M li, ab * fortlfd wdh.
3. Reihe: Wie die 1. R str.
4. Reihe: Wie die 2. R str.
5. Reihe: Wie die 1. R str.
6. Reihe: Wie die 2. R str.
7. Reihe: * 1 M re abh Fh, 6 M li, 1 M re abh Fh, 2 M li, 1 N, 2 M li ab * fortlfd wdh bis zu den letzten 8 M, 1 M re abh Fh, 6 M li, 1 M re abh Fh.
8. Reihe: 1 M li, 6 M re, 1 M li, * 5 M re, 1 M li, 6 M re, 1 M li, ab * fortlfd wdh.
Die 1.-8. R stets wdh.

IN REIHEN:
M-Zahl teilbar durch 13.

1. Runde: * 1 M re abh Fh, 6 M re, 1 M re abh Fh, 5 M li, ab * fortlfd wdh.
2. Runde: * 8 M re, 5 M li, ab * fortlfd wdh.
3. Runde: Wie die 1. Rd str.
4. Runde: Wie die 2. Rd str.
5. Runde: Wie die 1. Rd str.
6. Runde: Wie die 2. Rd str.
7. Runde: * 1 M re abh Fh, 6 M li, 1 M re abh Fh, 2 M li, 1 N, 2 M li ab * fortlfd wdh bis zur letzten M, 1 M re abh Fh.
8. Runde: * 1 M re, 6 M li, 1 M re, 5 M li, ab * fortlfd wdh.
Die 1.-8. Rd stets wdh.

Strickschrift in Reihen:

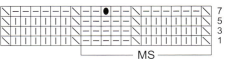

Strickschrift in Runden:

VIDEO-LEHRGÄNGE
zu vielen der dargestellten Muster finden Sie im Internet auf YouTube:
http://goo.gl/QegFRx

Noppen: ALLOVER-MUSTER

ZENTRUM

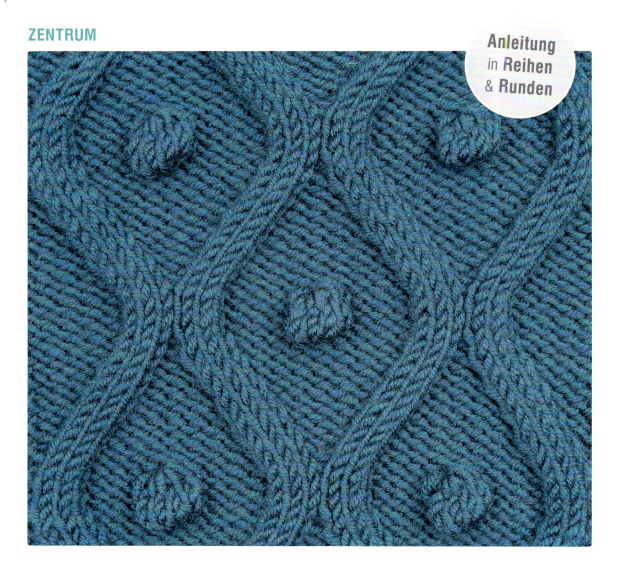

Anleitung in Reihen & Runden

IN REIHEN:

M-Zahl teilbar durch 18 + 2 Rand-M. Jede R mit 1 Rand-M beginnen und beenden.

1. Reihe (Hinr): 6 M li, 3 M re, * 3 M re, 12 M li, 3 M re; ab * fortlfd wdh bis zu den letzten 9 M, 3 M re, 6 M li.

2. Reihe (Rückr): 6 M re, 3 M li, * 3 M li, 12 M re, 3 M li; ab * fortlfd wdh bis zu den letzten 9 M, 3 M li, 6 M re.

3. Reihe: 5 M li, 4 M rdr, * 4 M ldr, 10 M li, 4 M rdr; ab * fortlfd wdh bis zu den letzten 9 M, 4 M ldr, 5 M li.

4. Reihe: 5 M re, 3 M li, 1 M re, * 1 M re, 3 M li, 10 M re, 3 M li, 1 M re; ab * fortlfd wdh bis zu den letzten 9 M, 1 M re, 3 M li, 5 M re.

5. Reihe: 4 M li, 4 M rdr, 1 M li, * 1 M li, 4 M rdr, 8 M li, 4 M rdr, 1 M li; ab * fortlfd wdh bis zu den letzten 9 M, 1 M li, 4 M ldr, 4 M li.

6. Reihe: 4 M re, 3 M li, 2 M re, * 2 M re, 3 M li, 8 M re, 3 M li, 2 M re; ab * fortlfd wdh bis zu den letzten 9 M, 2 M re, 3 M li, 4 M re.

7. Reihe: 3 M li, 4 M rdr, 2 M li, * 2 M li, 4 M ldr, 6 M li, 4 M rdr, 2 M li; ab * fortlfd wdh bis zu den letzten 9 M, 2 M li, 4 M ldr, 3 M li.

8. Reihe: 3 M re, 3 M li, 3 M re, * 3 M re, 3 M li, 6 M re, 3 M li, 3 M re; ab * fortlfd wdh bis zu den letzten 9 M, 3 M re, 3 M li, 3 M re.

9. Reihe: 2 M li, 4 M rdr, 3 M li, * 3 M li, 4 M ldr, 4 M li, 4 M rdr, 3 M li; ab * fortlfd wdh bis zu den letzten 9 M, 3 M li, 4 M ldr, 2 M li.

10. Reihe: 2 M re, 3 M li, 4 M re, * 2 x [4 M re, 3 M li], 4 M re; ab * fortlfd wdh bis zu den letzten 9 M, 4 M re, 3 M li, 2 M re.

11. Reihe: 1 M li, 4 M rdr, 4 M li, * 4 M li, 4 M ldr, 2 M li, 4 M rdr, 4 M li; ab * fortlfd wdh bis zu den letzten 9 M, 4 M li, 4 M ldr, 1 M li.

12. Reihe: 1 M re, 3 M li, 5 M re, * 5 M re, 3 M li, 2 M re, 3 M li, 5 M re; ab * fortlfd wdh bis zu den letzten 9 M, 5 M re, 3 M li, 1 M re.

13. Reihe: 4 M rdr, 5 M li, * 5 M li, 4 M ldr, 4 M rdr, 5 M li; ab * fortlfd wdh bis zu den letzten 9 M, 5 M li, 4 M ldr.

14. Reihe: 3 M li, 6 M re, * 6 M re, 6 M li, 6 M re; ab * fortlfd wdh bis zu den letzten 9 M, 6 M re, 3 M li.

15. Reihe: 3 M re, 6 M li, * 1 N, 6 M li, 6 M re, 6 M li; ab * fortlfd wdh bis zu den letzten 9 M, 1 N, 6 M li, 3 M re.

16. Reihe: 3 M li, 6 M re, * die Noppen-M mit der folg M re zusstr, 5 M re, 6 M li, 6 M re; ab * fortlfd wdh bis zu den letzten 9 M, die Noppen-M mit der folg M re zusstr, 5 M re, 3 M li.

17. Reihe: 4 M ldr, 5 M li, * 5 M li, 4 M rdr, 4 M ldr, 5 M li; ab * fortlfd wdh bis zu den letzten 9 M, 5 M li, 4 M rdr.

18. Reihe: Wie die 12. R str.

Zeichenerklärung für die Strickmuster dieser Doppelseite:

☐ = in Hinr 1 M re, in Rückr 1 M li; in Rd stets 1 M re
☐ = in Hinr 1 M li, in Rückr 1 M re; in Rd stets 1 M li
● = 1 N: 1 Noppe: Aus dem Querfaden [1 M re, 1 M re verschr, 1 M re, 1 M re verschr, 1 M re] herausstr, 2 x [wenden, die 5 M li str, wenden, die 5 M re str], nacheinander die 4., 3., 2. und 1. M über die 5. M ziehen; in Rückr die M mit der folg M re zusstr bzw. in geraden Rd die M mit der vorhergehenden M li zusstr

ABKÜRZUNGEN SIEHE SEITE 126

Noppen: ALLOVER-MUSTER

19. Reihe: 1 M li, 4 M ldr, 4 M li, * 4 M li, 4 M rdr, 2 M li, 4 M ldr, 4 M li; ab * fortlfd wdh bis zu den letzten 9 M, 4 M li, 4 M rdr, 1 M li.
20. Reihe: Wie die 10. R str.
21. Reihe: 2 M li, 4 M ldr, 3 M li, * 3 M li, 4 M rdr, 4 M li, 4 M ldr, 3 M li; ab * fortlfd wdh bis zu den letzten 9 M, 3 M li, 4 M rdr, 2 M li.
22. Reihe: Wie die 8. R str.
23. Reihe: 3 M li, 4 M ldr, 2 M li, * 2 M li, 4 M rdr, 6 M li, 4 M ldr, 2 M li; ab * fortlfd wdh bis zu den letzten 9 M, 2 M li, 4 M rdr, 3 M li.
24. Reihe: Wie die 6. R str.
25. Reihe: 4 M li, 4 M ldr, 1 M li, * 1 M li, 4 M rdr, 8 M li, 4 M ldr, 1 M li; ab * fortlfd wdh bis zu den letzten 9 M, 1 M li, 4 M rdr, 4 M li.
26. Reihe: Wie die 4. R str.
27. Reihe: 5 M li, 4 M ldr, * 4 M rdr, 10 M li, 4 M ldr; ab * fortlfd wdh bis zu den letzten 9 M, 4 M rdr, 5 M li.
28. Reihe: Wie die 2. R str.
29. Reihe: 6 M li, 3 M re, * 3 M re, 6 M li, 1 N, 6 M li, 3 M re; ab * fortlfd wdh bis zu den letzten 9 M, 3 M re, 6 M li.
30. Reihe: 6 M re, 3 M li, * 3 M li, 6 M re, die Noppen-M mit der folg M re zusstr, 5 M re, 3 M li; ab * fortlfd wdh bis zu den letzten 9 M, 3 M li, 6 M re.
1 x die 1.–30. R str, dann die 3.–30. R stets wdh.

IN RUNDEN:
M-Zahl teilbar durch 18.

1. Runde: * 6 M li, 6 M re, 6 M li; ab * fortlfd wdh.
2. Runde: Wie die 1. Rd str.
3. Runde: * 5 M li, 4 M rdr, 4 M ldr, 5 M li; ab * fortlfd wdh.
4. Runde: * 5 M li, 3 M re, 2 M li, 3 M re, 5 M li; ab * fortlfd wdh.
5. Runde: * 4 M li, 4 M rdr, 2 M li, 4 M ldr, 4 M li; ab * fortlfd wdh.
6. Runde: * 2 x [4 M li, 3 M re], 4 M li; ab * fortlfd wdh.
7. Runde: * 3 M li, 4 M rdr, 4 M li, 4 M ldr, 3 M li; ab * fortlfd wdh.
8. Runde: * 3 M li, 3 M re, 6 M li, 3 M re, 3 M li; ab * fortlfd wdh.
9. Runde: * 2 M li, 4 M rdr, 6 M li, 4 M ldr, 2 M li; ab * fortlfd wdh.
10. Runde: * 2 M li, 3 M re, 8 M li, 3 M re, 2 M li; ab * fortlfd wdh.
11. Runde: * 1 M li, 4 M rdr, 8 M li, 4 M ldr, 1 M li; ab * fortlfd wdh.
12. Runde: * 1 M li, 3 M re, 10 M li, 3 M re, 1 M li; ab * fortlfd wdh.
13. Runde: * 4 M rdr, 10 M li, 4 M ldr; ab * fortlfd wdh.
14. Runde: * 3 M re, 12 M li, 3 M re; ab * fortlfd wdh.
15. Runde: * 3 M re, 6 M li, 1 N, 6 M li, 3 M re; ab * fortlfd wdh.
16. Runde: * 3 M re, 5 M li, die folg M mit der Noppen-M li zusstr, 6 M li, 3 M re; ab * fortlfd wdh.
17. Runde: * 4 M ldr, 10 M li, 4 M rdr; ab * fortlfd wdh.
18. Runde: Wie die 12. Rd str.
19. Runde: * 1 M li, 4 M ldr, 8 M li, 4 M rdr, 1 M li; ab * fortlfd wdh.
20. Runde: Wie die 10. Rd str.
21. Runde: * 2 M li, 4 M ldr, 6 M li, 4 M rdr, 2 M li; ab * fortlfd wdh.
22. Runde: Wie die 8. Rd str.
23. Runde: * 3 M li, 4 M ldr, 4 M li, 4 M rdr, 3 M li; ab * fortlfd wdh.
24. Runde: Wie die 6. Rd str.
25. Runde: * 4 M li, 4 M ldr, 2 M li, 4 M rdr, 4 M li; ab * fortlfd wdh.
26. Runde: Wie die 4. Rd str.
27. Runde: * 5 M li, 4 M ldr, 4 M rdr, 5 M li; ab * fortlfd wdh.
28. Runde: Wie die 2. Rd str.
29. Runde: * 6 M li, 6 M re, 6 M li, 1 N; ab * fortlfd wdh.
30. Runde: * 6 M li, 6 M re, 5 M li, die folg M mit der Noppen-M li zusstr; ab * fortlfd wdh.
1 x die 1.–30. Rd str, dann die 3.–30. Rd stets wdh.

Strickschrift in Reihen:

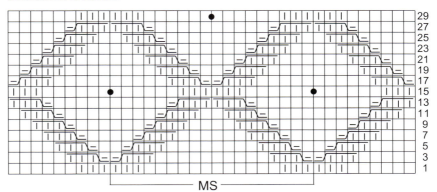

Strickschrift in Runden:

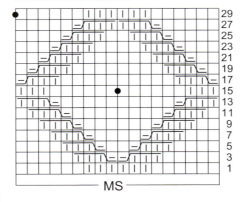

 = 4 M rdr: die nächste M auf einer Zopfnd hinter die Arbeit legen, 3 M re str, dann die M der Zopfnd li str; in Rückr 1 M re, 3 M li bzw. in geraden Rd 3 M re, 1 M li str

⌐|||| = 4 M ldr: die nächsten 3 M auf einer Zopfnd vor die Arbeit legen, 1 M li str, dann die 3 M der Zopfnd re str; in Rückr 3 M li, 1 M re bzw. in geraden Rd 1 M li, 3 M re str

VIDEO-LEHRGÄNGE
zu vielen der dargestellten Muster finden Sie im Internet auf YouTube:
http://goo.gl/QegFRx

Noppen: ALLOVER-MUSTER

CERISE

M-Zahl teilbar durch 20 + 1 + 2 Rand-M. In den Hinr gemäß Strickschrift str, dabei mit 1 Rand-M und den M vor dem MS beginnen, den MS fortlfd wdh und mit den M nach dem MS und 1 Rand-M enden. In den Rückr die M str, wie sie erscheinen, Noppen-M li und U re verschr str. 1 x die 1.–22. R str, dann die 3.–22. R stets wdh.

Strickschrift

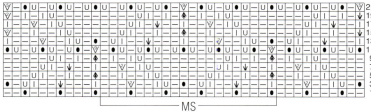

Noppe: Aus 1 M [1 M re, 1 U, 1 M re, 1 U, 1 M re] herausstr (= 5 M), * wenden, 4 M li (die 1. herausgestrickte M bleibt ungestrickt auf der Nd), wenden, 4 M re; ab * noch 1 x wdh, dann nacheinander die 4., 3., 2. und die ungestrickte 1. M über die 5. M ziehen.

MARINA

M-Zahl zunächst teilbar durch 6 + 3 + 2 Rand-M. In den Hinr gemäß Strickschrift str, dabei mit 1 Rand-M beginnen, den MS fortlfd wdh und mit den M nach dem MS und 1 Rand-M enden. In den Rückr alle M str, wie sie erscheinen, die re verschr M li str. Die 1.–12. R 1 x arb, dann die 5.–12. R stets wdh.

Strickschrift

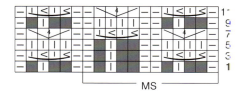

TRIADE

M-Zahl teilbar durch 20 + 1 + 2 Rand-M. In Hin- und Rückr gemäß Strickschrift str, dabei mit 1 Rand-M und den M vor dem MS beginnen, den MS fortlfd wdh und mit den M nach dem MS und 1 Rand-M enden. Die 1.–16. R stets wdh.

Strickschrift

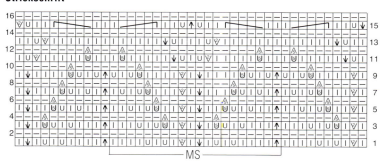

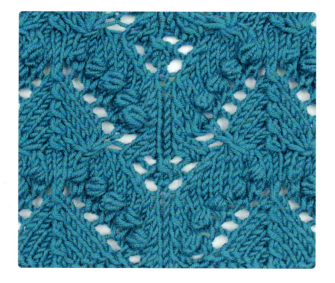

Zeichenerklärung für die Strickmuster dieser Doppelseite:

- ☐ + ☐ = 1 M re
- ☐ = 1 M li
- U = 1 U
- ∀ = 2 M re zusstr
- ⋀ = 2 M re übz zusstr
- ⋏ = 2 M zus re abh, 1 M re str und die abgehobenen M darüberziehen
- ⋁ = 5 M re zusstr
- ∀ = 9 M re zusstr
- • = 1 N: 1 Noppe (siehe jeweilige Anleitung)
- ■ = ohne Strickbedeutung
- I<I<I = 1 N: 1 Noppe = aus 1 M [1 M re verschr, 1 M re, 1 M re verschr, 1 M re] herausstr
- = 4 M übz zusstr: 2 M zus re verschr abh, die folg 2 M re zusstr, dann die abgehobenen M darüberziehen und den Faden fest anziehen
- = 5 M re zusstr, jedoch nicht von der linken Nd gleiten lassen, * 1 U, die M noch einmal re zusstr; ab * noch 1 x wdh
- = 5 M re verschr zusstr, jedoch nicht von der linken Nd gleiten lassen, * 1 U, die M noch einmal re verschr zusstr; ab * noch 1 x wdh

ABKÜRZUNGEN SIEHE SEITE 126

Noppen: ALLOVER-MUSTER

FOKUS

M-Zahl teilbar durch 20 + 2 Rand-M. In Hin- und Rückr gemäß Strickschrift str, dabei mit 1 Rand-M und den M vor dem MS beginnen, den MS fortlfd wdh und mit den M nach dem MS und 1 Rand-M enden. Die 1.–22. R stets wdh. Die Noppen separat arb und nachträglich an den gekennzeichneten Stellen anbringen.

Strickschrift

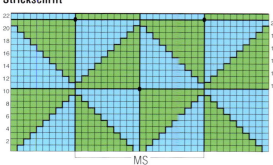

Noppe: 3 M anschl und 1 Hinr re M str, dabei 2 M zun (= 5 M); 1 Rückr li M str, dann in der folg Hinr 2 M re zusstr, 1 M re 2 M re zusstr; danach in der folg Rückr 3 M li zusstr. Den Arbeitsfaden lang abschneiden und durch die verbleibende M ziehen. Mithilfe der Fadenenden kann die Noppe an den markierten Stellen ins Gestrick eingeknotet werden.

QUIPU

M-Zahl teilbar durch 16 + 9 + 2 Rand-M. In den Hinr gemäß Strickschrift str, dabei mit 1 Rand-M und den M vor dem MS beginnen, den MS fortlfd wdh, enden mit den M nach dem MS und 1 Rand-M. In den Rückr die M str, wie sie erscheinen. Die 1.–20. R stets wdh.

Strickschrift

Noppe: Vor dem Zopf aus dem Querfaden 1 M re verschr zun, Ü 1 M re, 1 M re verschr zun; ab * noch 2 x 2dh (=7 M), wenden, 7 M li, wenden, 7 M re, wenden, 7 M li, wenden, 2 M re übz zusstr (= 1 M re abh, 1 M re str, dann die abgehobene M darüberziehen), 3 M re übz zusstr (= 2 M zus re abh, die folg M re str, dann die abgehobenen M darüberziehen), 2 M re zusstr (= 3 M), die 3 M auf die linke Nd heben, dann die 1. M auf eine Zopfnd vor die Arbeit legen, die folg M auf die rechte Nd legen, dann die M der Zopfnd auf die rechte Nd legen.

CRISSCROSS

M-Zahl teilbar durch 8 + 3 + 2 Rand-M. In den Hinr gemäß Strickschrift arb, dabei mit 1 Rand-M und der M vor dem MS beginnen, den MS fortlfd wdh und mit den M nach dem MS und 1 Rand-M enden. 1 x die 1.–10. R arb, dann die 3.–10. R stets wdh.

Strickschrift

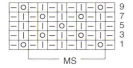

Noppe: Aus 1 M [1 M re, 1 M re verschr, 1 M re] herausstr, wenden, 3 M li, wenden, dann die 2. und 3. M über die 1. M ziehen, die M auf die rechte Nd nehmen.

⊼ = 1 M re abh, 2 M re zusstr, dann die abgehobene M darüberziehen

⋃ = aus 1 M [1 M re, 1 M re verschr, 1 M re, 1 M re verschr, 1 M re] herausstr

O = 1 Noppe: aus 1 M 3 M herausstr (1M re, 1 M re verschr, 1 M re) Arbeit wenden, 3 M li, Arbeit wenden, dann die 2. und 3. M über die 1. M ziehen

T⊥⊥ = 1 M auf einer Zopfnd vor die Arbeit legen, 2 M re str, dann die M der Zopfnd re str

✕ = 1 N: 1 Noppe (siehe jeweilige Anleitung)

■ = 1 M glatt li (in Hinr 1 M li, in Rückr 1 M re)

■ = 1 M glatt re (in Hinr 1 M re, in Rückr 1 M li)

▲ = 5 M li zusstr

VIDEO-LEHRGÄNGE zu vielen der dargestellten Muster finden Sie im Internet auf YouTube: http://goo.gl/QegFRx

Noppen: NOPPENZÖPFE

NOPPENRANKE

Anleitung in Reihen & Runden

IN REIHEN:
Zopf-Noppenstreifen über 24 M.

1. Reihe (Hinr): 5 M li, 6 M re, 2 M li, 6 M re, 5 M li.
2. Reihe (Rückr): 5 M re, 6 M li, 2 M re, 6 M li, 5 M re.
3. Reihe: 5 M li, 6 M lvkr, 2 M li, 6 M rvkr, 5 M li.
4. Reihe: Wie die 2. R str.
5. Reihe: 5 M li, 6 M re, 2 M li, 6 M re, 5 M li, ab * fortlfd wdh.
6. Reihe: Wie die 2. R str.
7. Reihe: Wie die 5. R str.
8. Reihe: Wie die 2. R str.
9. Reihe: Wie die 3. R str.
10. Reihe: Wie die 2. R str.
11. Reihe: 4 M li, 2 x [4 M rdr, 4 M ldr], 4 M li.
12. Reihe: 4 M re, 3 M li, 2 M re, 6 M li, 2 M re, 3 M li, 4 M re.
13. Reihe: 3 M li, 4 M rdr, 2 M li, 6 M re, 2 M li, 4 M ldr, 3 M li.
14. Reihe: 3 M re, 3 M li, 3 M re, 6 M li, 3 M re, 3 M li, 3 M re.
15. Reihe: 2 M li, 4 M rdr, 2 M li, 4 M rdr, 4 M ldr, 2 M li, 4 M ldr, 2 M li.
16. Reihe: 2 M re, 3 M li, 3 M re, 3 M li, 2 M re, 3 M li, 3 M re, 3 M li, 2 M re.
17. Reihe: 2 M li, 3 M re, 2 M li, 4 M rdr, 2 M li, 4 M ldr, 2 M li, 3 M re, 2 M li.
18. Reihe: 2 M re, 3 M li, 2 M re, 3 M li, 4 M re, 3 M li, 2 M re, 3 M li, 2 M re.
19. Reihe: 2 M li, 4 M ldr, 4 M rdr, 4 M li, 4 M ldr, 4 M rdr, 2 M li.
20. Reihe: 3 M re, 6 M li, 6 M re, 6 M li, 3 M re.
21. Reihe: 3 M li, 6 M lvkr, 3 M li, 1 N, 3 M li, 6 M rvkr, 3 M li.
22. Reihe: Wie die 20. R str.
23. Reihe: 3 M li, 6 M re, 2 x [2 M li, 1 N], 2 M li, 6 M re, 3 M li.
24. Reihe: Wie die 20. Rd str.
25. Reihe: 3 M li, 6 M re, 3 M li, 1 N, 3 M li, 6 M re, 3 M li.
26. Reihe: Wie die 20. R str.
27. Reihe: 3 M li, 6 M rvkr, 6 M li, 6 M lvkr, 3 M li.
28. Reihe: Wie die 20. R str.
29. Reihe: 2 M li, 4 M rdr, 4 M ldr, 4 M li, 4 M rdr, 4 M ldr, 2 M li.
30. Reihe: 2 M re, 3 M li, 2 M re, 3 M li, 4 M re, 3 M li, 2 M re, 3 M li, 2 M re.
31. Reihe: 2 M li, 3 M re, 2 M li, 4 M ldr, 2 M li, 4 M rdr, 2 M li, 3 M re, 2 M li.
32. Reihe: 2 M re, 3 M li, 3 M re, 3 M li, 2 M re, 3 M li, 3 M re, 3 M li, 2 M re.
33. Reihe: 2 M li, 4 M ldr, 2 M li, 4 M ldr, 4 M rdr, 2 M li, 4 M rdr, 2 M li.
34. Reihe: 3 M re, 3 M li, 3 M re, 6 M li, 3 M re, 3 M li, 3 M re
35. Reihe: 3 M li, 4 M ldr, 2 M li, 6 M re, 2 M li, 4 M rdr, 3 M li.
36. Reihe: 4 M re, 3 M li, 2 M re, 6 M li, 2 M re, 3 M li, 4 M re
37. Reihe: 4 M li, 2 x [4 M ldr, 4 M rdr], 4 M li.
38. Reihe: 5 M re, 6 M li, 2 M re, 6 M li, 5 M re.
39. Reihe: 5 M li, 6 M rvkr, 2 M li, 6 M lvkr, 5 M li, ab * fortlfd wdh.
40. Reihe: Wie die 2. R str.
41. – 44. Reihe: Wie die 5. – 8. R str.
45. + 46. Reihe: Wie die 39. + 40. R str.
47. – 74. Reihe: Wie die 11. – 38. R str.
1 x die 1.-74. R str, dann die 3.-74. R stets wdh.

IN RUNDEN:
Zopf-Noppenstreifen über 24 M.

1. Runde: 5 M li, 6 M re, 2 M li, 6 M re, 5 M li.
2. Runde: Wie die 1. Rd str.
3. Runde: 5 M li, 6 M lvkr, 2 M li, 6 M rvkr, 5 M li.
4. – 8. Runde: Wie die 1. Rd str.
9. Runde: Wie die 3. Rd str.
10. Runde: Wie die 1. Rd str.
11. Runde: 4 M li, 2 x [4 M rdr, 4 M ldr], 4 M li.
12. Runde: 4 M li, 3 M re, 2 M li, 6 M re, 2 M li, 3 M re, 4 M li.
13. Runde: 3 M li, 4 M rdr, 2 M li, 6 M re, 2 M li, 4 M ldr, 3 M li.
14. Runde: 3 M li, 3 M re, 3 M li, 6 M re, 3 M li, 3 M re, 3 M li.
15. Runde: 2 M li, 4 M rdr, 2 M li, 4 M rdr, 4 M ldr, 2 M li, 4 M ldr, 2 M li.
16. Runde: 2 M li, 3 M re, 3 M li, 3 M re, 2 M li, 3 M re, 3 M li, 3 M re, 2 M li.
17. Runde: 2 M li, 3 M re, 2 M li, 4 M rdr, 2 M li, 4 M ldr, 2 M li, 3 M re, 2 M li.
18. Runde: 2 M li, 3 M re, 2 M li, 3 M re, 4 M li, 3 M re, 2 M li, 3 M re, 2 M li.
19. Runde: 2 M li, 4 M ldr, 4 M rdr, 4 M li, 4 M ldr, 4 M rdr, 2 M li.
20. Runde: 3 M li, 6 M re, 6 M li, 6 M re, 3 M li.
21. Runde: 3 M li, 6 M lvkr, 3 M li, 1 N, 3 M li, 6 M rvkr, 3 M li.
22. Runde: Wie die 20. Rd str.

Zeichenerklärung für die Strickmuster dieser Doppelseite:
☐ = in Hinr 1 M re, in Rückr 1 M li; in Rd stets 1 M re
⊟ = in Hinr 1 M li, in Rückr 1 M re; in Rd stets 1 M li
● = 1 N: 1 Noppe (siehe jeweilige Anleitung)

= 4 M rdr: die nächste M auf einer Zopfnd hinter die Arbeit legen, 3 M re str, dann die M der Zopfnd li str; in Rückr 1 M re, 3 M li bzw. in geraden Rd 3 M re, 1 M li str

= 4 M ldr: die nächsten 3 M auf einer Zopfnd vor die Arbeit legen, 1 M li str, dann die 3 M der Zopfnd re str; in Rückr 3 M li, 1 M re bzw. in geraden Rd 1 M li, 3 M re str

ABKÜRZUNGEN SIEHE SEITE 126

Noppen: NOPPENZÖPFE

23. Runde: 3 M li, 6 M re, 2 x [2 M li, 1 N], 2 M li, 6 M re, 3 M li.
24. Runde: Wie die 20. Rd str.
25. Runde: 3 M li, 6 M re, 3 M li, 1 N, 3 M li, 6 M re, 3 M li.
26. Runde: Wie die 20. Rd str.
27. Runde: 3 M li, 6 M rvkr, 6 M li, 6 M lvkr, 3 M li.
28. Runde: Wie die 20. Rd str.
29. Runde: 2 M li, 4 M rdr, 4 M ldr, 4 M li, 4 M rdr, 4 M ldr, 2 M li.
30. Runde: 2 M li, 3 M re, 2 M li, 3 M re, 4 M li, 3 M re, 2 M li, 3 M re, 2 M li.

31. Runde: 2 M li, 3 M re, 2 M li, 4 M ldr, 2 M li, 4 M rdr, 2 M li, 3 M re, 2 M li.
32. Runde: 2 M li, 3 M re, 3 M li, 3 M re, 3 M li, 3 M re, 2 M li.
33. Runde: 2 M li, 4 M ldr, 2 M li, 4 M ldr, 4 M rdr, 2 M li, 4 M rdr, 2 M li.
34. Runde: 3 M li, 3 M re, 3 M li, 6 M re, 3 M li, 3 M re, 3 M li.
35. Runde: 3 M li, 4 M ldr, 2 M li, 6 M re, 2 M li, 4 M rdr, 3 M li.
36. Runde: 4 M li, 3 M re, 2 M li, 6 M re, 2 M li, 3 M re, 4 M li.

37. Runde: 4 M li, 2 x [4 M ldr, 4 M rdr], 4 M li.
38. Runde: 5 M li, 6 M re, 2 M li, 6 M re, 5 M li.
39. Runde: 5 M li, 6 M rvkr, 2 M li, 6 M lvkr, 5 M li.
40. – 44. Runde: Wie die 1. Rd str.
45. + 46. Runde: Wie die 39. + 40. Rd str.
47. – 74. Runde: Wie die 11. – 38. Rd str.
1 x die 1.-74. Rd str, dann die 3.-74. Rd stets wdh.

Strickschrift in Reihen:

Strickschrift in Runden:

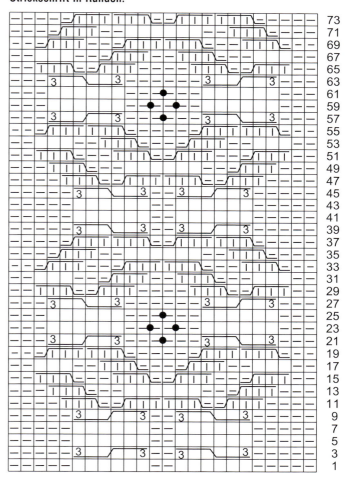

Noppe: Aus dem Querfaden [1 M re, 1 U, 1 M re, 1 U, 1 M re] herausstr, 2 x [wenden, die 5 M li str, wenden, die 5 M re str], wenden, die 5 M li str, wenden, die 5 M re verschr zusstr, die folg M li str und die Noppen-M darüberziehen.

`3 ⌐⌐⌐ 3` = 6 M rvkr: die nächsten 3 M auf einer Zopfnd hinter die Arbeit legen, 3 M re str, dann die 3 M der Zopfnd re str; in Rückr 6 M li bzw. in geraden Rd 6 M re str

`3 ⌐⌐⌐ 3` = 6 M lvkr: die nächsten 3 M auf einer Zopfnd vor die Arbeit legen, 3 M re str, dann die 3 M der Zopfnd re str; in Rückr 6 M li bzw. in geraden Rd 6 M re str

VIDEO-LEHRGÄNGE zu vielen der dargestellten Muster finden Sie im Internet auf YouTube:
http://goo.gl/QegFRx

95

Noppen: NOPPENZÖPFE

NOPPENPFEIL

Anleitung in Reihen & Runden

IN REIHEN:
M-Zahl teilbar durch 16 + 5 + 2 Rand-M. Jede R mit 1 Rand-M beginnen und beenden.

1. Reihe (Hinr): Li M str.
2. Reihe (Rückr): Re M str.
3. Reihe: Li M str.
4. Reihe: Re M str.
5. Reihe: * 10 M li, 1 N, 5 M li, ab * fortlfd wdh bis zu den letzten 5 M, 5 M li.
6. Reihe: Re M str.
7. Reihe: Li M str.
8. Reihe: Re M str.
9. Reihe: * 8 M li, 1 N, 3 M li, 1 N, 3 M li, ab * fortlfd wdh bis zu den letzten 5 M, 5 M li.
10. Reihe: Re M str.
11. Reihe: Li M str.
12. Reihe: Re M str.
13. Reihe: * 6 M li, 1 N, 7 M li, 1 N, 1 M li, ab * fortlfd wdh bis zu den letzten 5 M, 5 M li.
14. Reihe: Re M str.
15. Reihe: * 2 x [5 M li, 3 M re], ab * fortlfd wdh bis zu den letzten 5 M, 5 M li.
16. Reihe: 5 M re, * 2 x [3 M li, 5 M re], ab * fortlfd wdh.
17. Reihe: * 5 M li, 4 M ldr, 3 M li, 4 M rdr, ab * fortlfd wdh bis zu den letzten 5 M, 5 M li.
18. Reihe: 5 M re, * 1 M re, 3 M li, 3 M re, 3 M li, 6 M re, ab * fortlfd wdh.
19. Reihe: * 6 M li, 4 M ldr, 1 M li, 4 M rdr, 1 M li, ab * fortlfd wdh bis zu den letzten 5 M, 5 M li.
20. Reihe: 5 M re, * 2 M re, 3 M li, 1 M re, 3 M li, 7 M re, ab * fortlfd wdh.
21. Reihe: * 7 M li, 7 M ldr, 2 M li, ab * fortlfd wdh bis zu den letzten 5 M, 5 M li.
22. Reihe: Wie die 20. R str.
23. Reihe: * 7 M li, 3 M re, 1 M li, 3 M re, 2 M li, ab * fortlfd wdh bis zu den letzten 5 M, 5 M li.
24. Reihe: Wie die 20. R str.
25. Reihe: Wie die 23. R str.
26. Reihe: Wie die 20. R str.
27. Reihe: Wie die 21. R str.
28. Reihe: Wie die 20. R str.

1 x die 1.-28. R str, dann die 23.-28. R stets wdh.

IN RUNDEN:
M-Zahl teilbar durch 16.

1. – 4. Runde: Li M str.
5. Runde: * 10 M li, 1 N, 5 M li, ab * fortlfd wdh.
6. – 8. Runde: Li M str.
9. Runde: * 8 M li, 1 N, 3 M li, 1 N, 3 M li, ab * fortlfd wdh.
10. – 12. Runde: Li M str.
13. Runde: * 6 M li, 1 N, 7 M li, 1 N, 1 M li, ab * fortlfd wdh.
14. Runde: Li M str.
15. Runde: * 2 x [5 M li, 3 M re], ab * fortlfd wdh.
16. Runde: W e die 15. Rd str.
17. Runde: * 5 M li, 4 M ldr, 3 M li, 4 M rdr, ab * fortlfd wdh.
18. Runde: * 6 M li, 3 M re, 3 M li, 3 M re, 1 M li, ab * fortlfd wdh.
19. Runde: * 6 M li, 4 M ldr, 1 M li, 4 M rdr, 1 M li, ab * fortlfd wdh.
20. Runde: * 7 M li, 3 M re, 1 M li, 3 M re, 2 M li, ab * fortlfd wdh.
21. Runde: * 7 M li, 7 M ldr, 2 M li, ab * fortlfd wdh.
22.-26. Runde: Wie die 20. Rd str.
27. Runde: Wie die 21. Rd str.
28. Runde: Wie die 20. Rd str.

1 x die 1.-28. Rd str, dann die 23.-28. Rd stets wdh.

Strickschrift in Reihen:

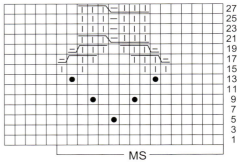

Strickschrift in Runden:

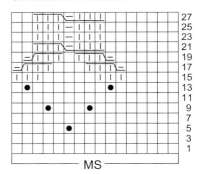

Noppe: Aus 1 M [1 M re, 1 M re verschr, 1 M re, 1 M re verschr, 1 M re] herausstr, 2 x [wenden, die 5 M li str, wenden, die 5 M re str], nacheinander die 4., 3., 2. und 1. M über die 5. M ziehen; in Rückr 1 M re bzw. in geraden Rd 1 M li str.

Zeichenerklärung für die Strickmuster dieser Seite:

☐ = in Hinr 1 M e, in Rückr 1 M li; in Rd stets 1 M re
⊟ = in Hinr 1 M li, in Rückr 1 M re; in Rd stets 1 M li
● = 1 N: 1 Noppe (siehe jeweilige Anleitung)

▱ = 4 M rdr: die nächste M auf einer Zopfnd hinter die Arbeit legen, 3 M re str, dann die M der Zopfnd li str; in Rückr 1 M re, 3 M li bzw. in geraden Rd 3 M re, 1 M li

▱ = 4 M ldr: die nächsten 3 M auf einer Zopfnd vor die Arbeit legen, 1 M li str, dann die 3 M der Zopfnd re str; in Rückr 3 M li, 1 M re bzw. in geraden Rd 1 M li, 3 M re

▱ = 7 M ldr: die nächsten 3 M auf einer Zopfnd vor die Arbeit legen, 3 M re und 1 M li str, dann die 3 M der Zopfnd re str; in Rückr 3 M li, 1 M re, 3 M li bzw. in geraden Rd 3 M re, 1 M li, 3 M re str

ABKÜRZUNGEN SIEHE SEITE 126

Noppen: NOPPENZÖPFE

NOPPENKELCHE

Anleitung in Reihen & Runden

17. Reihe: * 7 M li, 3 M ldr, 3 M rdr, 7 M li; ab * fortlfd wdh.
18. Reihe: * 8 M re, 4 M li, 8 M re; ab * fortlfd wdh.
19. Reihe: * 8 M li, 4 M lvkr, 8 M li; ab * fortlfd wdh.
20. Reihe: Wie die 18. R str.
21. Reihe: * 5 M li, 1 N, 2 M li, 4 M lvkr, 2 M li, 1 N, 5 M li; ab * fortlfd wdh.
22. Reihe: Wie die 18. R str.
1 x die 1.–22. R str, dann die 5.–22. R stets wdh.

IN RUNDEN:
M-Zahl teilbar durch 20.

1. Runde: Li M str.
2. Runde: Li M str
3. Runde: * 5 M li, 1 N, 8 M li, 1 N, 5 M li; ab * fortlfd wdh.
4. Runde: Li M str.
5. Runde: * 5 M li, 2 x [2 M re, 2 M li], 2 M re, 5 M li; ab * fortlfd wdh.
6.–12. Runde: Wie die 5. Rd str.
13. Runde: * 5 M li, 3 M ldr, 1 M li, 2 M re, 1 M li, 3 M rdr, 5 M li; ab * fortlfd wdh.
14. Runde: * 6 M li, 2 x [2 M re, 1 M li], 2 M re, 6 M li; ab * fortlfd wdh.
15. Runde: * 6 M li, 3 M ldr, 2 M re, 3 M rdr, 6 M li; ab * fortlfd wdh.
16. Runde: * 7 M li, 6 M re, 7 M li; ab * fortlfd wdh.
17. Runde: * 7 M li, 3 M ldr, 3 M rdr, 7 M li; ab * fortlfd wdh.
18. Runde: * 8 M li, 4 M re, 8 M li; ab * fortlfd wdh.
19. Runde: * 8 M li, 4 M lvkr, 8 M li; ab * fortlfd wdh.
20. Runde: Wie die 18. Rd str.
21. Runde: * 5 M li, 1 N, 2 M li, 4 M lvkr, 2 M li, 1 N, 5 M li; ab * fortlfd wdh.
22. Runde: Wie die 18. Rd str.
1 x die 1.–22. Rd str, dann die 5.–22. Rd stets wdh.

IN REIHEN:
M-Zahl teilbar durch 20 + 2 Rand-M. Jede R mit 1 Rand-M beginnen und beenden.

1. Reihe (Hinr): Li M str.
2. Reihe (Rückr): Re M str
3. Reihe: * 5 M li, 1 N, 8 M li, 1 N, 5 M li; ab * fortlfd wdh.
4. Reihe: Re M str.
5. Reihe: * 5 M li, 2 x [2 M re, 2 M li], 2 M re, 5 M li; ab * fortlfd wdh.
6. Reihe: * 5 M re, 2 x [2 M li, 2 M re], 2 M li, 5 M re; ab * fortlfd wdh.
7. Reihe: Wie die 5. R str.
8. Reihe: Wie die 6. R str.
9. Reihe: Wie die 5. R str.
10. Reihe: Wie die 6. R str.
11. Reihe: Wie die 5. R str.
12. Reihe: Wie die 6. R str.
13. Reihe: * 5 M li, 3 M ldr, 1 M li, 2 M re, 1 M li, 3 M rdr, 5 M li; ab * fortlfd wdh.
14. Reihe: * 6 M re, 2 x [2 M li, 1 M re], 2 M li, 6 M re; ab * fortlfd wdh.
15. Reihe: * 6 M li, 3 M ldr, 2 M re, 3 M rdr, 6 M li; ab * fortlfd wdh.
16. Reihe: * 7 M re, 6 M li, 7 M re; ab * fortlfd wdh.

Strickschrift in Reihen:

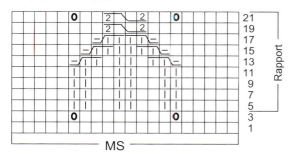

Strickschrift in Runden:

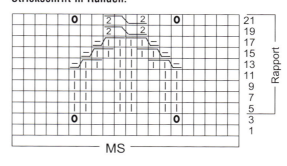

Noppe: Aus 1 M [1 M re, 1 M re verschr, 1 M re, 1 M re verschr, 1 M re] herausstr, 2 x [wenden, die 5 M li str, wenden, die 5 M re str], nacheinander die 4., 3., 2. und 1. M über die 5. M ziehen; in Rückr 1 M re bzw. in geraden Rd 1 M li str.

= 3 M rdr: die nächste M auf einer Zopfnd hinter die Arbeit legen, 2 M re str, dann die M der Zopfnd li str; in Rückr 1 M re, 2 M li bzw. in geraden Rd 2 M re, 1 M li str

= 3 M ldr: die nächsten 2 M auf einer Zopfnd vor die Arbeit legen, 1 M li str, dann die 2 M der Zopfnd re str; in Rückr 2 M li, 1 M re bzw. in geraden Rd 1 M li, 2 M re str

= 4 M lvkr: die nächsten 2 M auf einer Zopfnd vor die Arbeit legen, 2 M re str, dann die 2 M der Zopfnd re str; in Rückr 4 M li bzw. in geraden Rd 4 M re str

VIDEO-LEHRGÄNGE
zu vielen der dargestellten Muster finden Sie im Internet auf YouTube:
http://goo.gl/QegFRx

Noppen: NOPPENZÖPFE

NOPPEN-BLATT-ZOPF

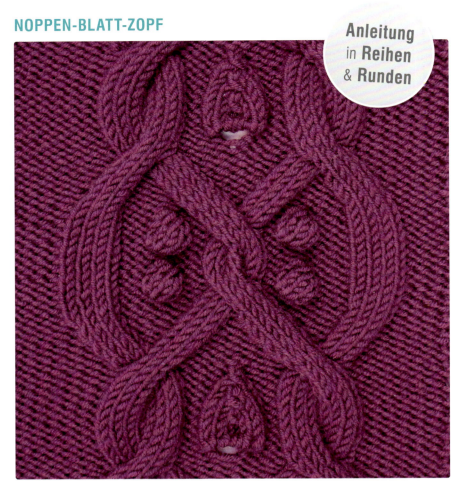

Anleitung in Reihen & Runden

IN REIHEN:
Zopf-Noppen-Streifen über 36 M.

1. Reihe (Hinr): 2 M li, 4 M re, 8 M li, 8 M re, 8 M li, 4 M re, 2 M li.
2. Reihe (Rückr): 2 M re, 4 M li, 8 M re, 8 M li, 8 M re, 4 M li, 2 M re.
3. Reihe: 2 M li, 4 M re, 4 M li, 1 N, 3 M li, 8 M lvkr, 3 M li,1 N, 4 M li, 4 M re, 2 M li.
4. Reihe: Wie die 2. R str.
5. Reihe: 2 M li, 4 M re, 7 M li, 5 M rdr, 5 M ldr, 7 M li, 4 M re, 2 M li.
6. Reihe: 2 M re, 4 M li, 7 M re, 4 M li, 2 M re, 4 M li, 7 M re, 4 M li, 2 M re.
7. Reihe: 2 M li, 5 M ldr, 5 M li, 5 M rdr, 2 M li, 5 M ldr, 5 M li, 5 M rdr, 2 M li.
8. Reihe: 3 M re, 4 M li, 5 M re, 4 M li, 4 M re, 4 M li, 5 M re, 4 M li, 3 M re.
9. Reihe: 3 M li, 5 M ldr, 3 M li, 5 M rdr, 4 M li, 5 M ldr, 3 M li, 5 M rdr, 3 M li.
10. Reihe: 4 M re, 4 M li, 3 M re, 4 M li, 6 M re, 4 M li, 3 M re, 4 M li, 4 M re.
11. Reihe: 4 M li, 5 M ldr, 1 M li, 5 M rdr, 6 M li, 5 M ldr, 1 M li, 5 M rdr, 4 M li.
12. Reihe: 5 M re, 4 M li, 1 M re, 4 M li, 8 M re, 4 M li, 1 M re, 4 M li, 5 M re.
13. Reihe: 5 M li, 9 M ldr, 8 M li, 9 M rdr, 5 M li.
14. Reihe: Wie die 12. R str.
15. Reihe: 5 M li, 4 M re, 1 M li, 4 M re, 4 M li, 7 M zun, 4 M li, 4 M re, 1 M li, 4 M re, 5 M li.
16. Reihe: 5 M re, 4 M li, 1 M re, 4 M li, 4 M re, 7 M li, 4 M re, 4 M li, 1 M re, 4 M li, 5 M re.
17. Reihe: 5 M li, 4 M re, 1 M li, 4 M re, 4 M li, 7 M re, 4 M li, 4 M re, 1 M li, 4 M re, 5 M li.
18. Reihe: Wie die 16. R str.
19. Reihe: 5 M li, 4 M re, 1 M li, 4 M re, 4 M li, 2 M re, 3 M re übz zusstr, 2 M re, 4 M li, 4 M re, 1 M li, 4 M re, 5 M li.
20. Reihe: 5 M re, 4 M li, 1 M re, 4 M li, 4 M re, 5 M li, 4 M re, 4 M li, 1 M re, 4 M li, 5 M re.
21. Reihe: 5 M li, 4 M re, 1 M li, 4 M re, 4 M li, 1 M re, 3 M re übz zusstr, 1 M re, 4 M li, 4 M re, 1 M li, 4 M re, 5 M li.
22. Reihe: 5 M re, 4 M li, 1 M re, 4 M li, 4 M re, 3 M li, 4 M re, 4 M li, 1 M re, 4 M li, 5 M re.
23. Reihe: 5 M li, 4 M re, 1 M li, 4 M re, 4 M li, 3 M re übz zusstr, 4 M li, 4 M re, 1 M li, 4 M re, 5 M li.
24. Reihe: 5 M re, 4 M li, 1 M re, 4 M li, 4 M re, 1 M li, 4 M re, 4 M li, 1 M re, 4 M li, 5 M re.
25. Reihe: 5 M li, 9 M ldr, 3 M li, 2 M li zusstr, 4 M li, 9 M rdr, 5 M li.
26. Reihe: Wie die 12. R str.
27. Reihe: 4 M li, 5 M rdr, 1 M li, 5 M ldr, 6 M li, 5 M rdr, 1 M li, 5 M ldr, 4 M li.
28. Reihe: Wie die 10. R str.
29. Reihe: 3 M li, 5 M rdr, 3 M li, 5 M ldr, 4 M li, 5 M rdr, 3 M li, 5 M ldr, 3 M li.
30. Reihe: Wie die 8. R str.
31. Reihe: 2 M li, 5 M rdr, 5 M li, 5 M ldr, 2 M li, 5 M rdr, 5 M li, 5 M ldr, 2 M li.
32. Reihe: Wie die 6. R str.
33. Reihe: 2 M li, 4 M re, 7 M li, 5 M ldr, 5 M rdr, 7 M li, 4 M re, 2 M li.
34. Reihe: Wie die 2. R str.
35. Reihe: Wie die 3. R str.

Zeichenerklärung für die Strickmuster dieser Doppelseite:

- ☐ = in Hinr 1 M re, in Rückr 1 M li; in Rd stets 1 M re
- ☐ = in Hinr 1 M li, in Rückr 1 M re; in Rd stets 1 M li
- ● = 1 N: 1 Noppe (siehe jeweilige Anleitung)
- ▲ = 3 M re übz zusstr: 1 M re abh, die nächsten 2 M re zusstr, die abgehobene M überziehen; in Rückr 1 M li bzw. in geraden Rd 1 M re str
- ⟋⟋⟋⟋⟋ = 5 M rdr: die nächste M auf einer Zopfnd hinter die Arbeit legen, 4 M re str, dann die M der Zopfnd li str; in Rückr 1 M re, 4 M li bzw. in geraden Rd 4 M re, 1 M li str
- ⟍⟍⟍⟍⟍ = 5 M ldr: die nächsten 4 M auf einer Zopfnd vor die Arbeit legen, 1 M li str, dann die 4 M der Zopfnd re str; in Rückr 4 M li, 1 M re bzw. in geraden Rd 4 M re, 1 M li str
- Ⓐ = 2 M li zusstr; in Rückr 1 M re bzw. in geraden Rd 1 M li
- ⟋⟋⟋⟋ = 8 M lvkr: die nächsten 4 M auf einer Zopfnd vor die Arbeit legen, 4 M re str, dann die 4 M der Zopfnd re str; in Rückr 8 M li bzw. in geraden Rd 8 M re str

ABKÜRZUNGEN SIEHE SEITE 126

Noppen: NOPPENZÖPFE

36. Reihe: Wie die 2. R str.
37. Reihe: Wie die 1. R str.
38. Reihe: Wie die 2. R str.
Die 1.-38. R stets wdh.

IN RUNDEN:
Zopf-Noppen-Streifen über 36 M.

1. Runde: 2 M li, 4 M re, 8 M li, 8 M re, 8 M li, 4 M re, 2 M li.
2. Runde: Wie die 1. Rd str.
3. Runde: 2 M li, 4 M re, 4 M li, 1 N, 3 M li, 8 M lvkr, 3 M li, 1 N, 4 M li, 4 M re, 2 M li.
4. Runde: Wie die 1. Rd str.
5. Runde: 2 M li, 4 M re, 7 M li, 5 M rdr, 5 M ldr, 7 M li, 4 M re, 2 M li.
6. Runde: 2 M li, 4 M re, 7 M li, 4 M re, 2 M li, 4 M re, 7 M li, 4 M re, 2 M li.
7. Runde: 2 M li, 5 M ldr, 5 M li, 5 M rdr, 2 M li, 5 M ldr, 5 M li, 5 M rdr, 2 M li.
8. Runde: 3 M li, 4 M re, 5 M li, 4 M re, 4 M li, 4 M re, 5 M li, 4 M re, 3 M li.
9. Runde: 3 M li, 5 M ldr, 3 M li, 5 M rdr, 4 M li, 5 M ldr, 3 M li, 5 M rdr, 3 M li.
10. Runde: 4 M li, 4 M re, 3 M li, 4 M re, 6 M li, 4 M re, 3 M li, 4 M re, 4 M li.
11. Runde: 4 M li, 5 M ldr, 1 M li, 5 M rdr, 6 M li, 5 M ldr, 1 M li, 5 M rdr, 4 M li.
12. Runde: 5 M li, 4 M re, 1 M li, 4 M re, 8 M li, 4 M re, 1 M li, 4 M re, 5 M li.
13. Runde: 5 M li, 9 M ldr, 8 M li, 9 M rdr, 5 M li.
14. Runde: Wie die 12. Rd str.
15. Runde: 5 M li, 4 M re, 1 M li, 4 M re, 4 M li, 7 M zun, 4 M li, 4 M re, 1 M li, 4 M re, 5 M li.
16. Runde: 5 M li, 4 M re, 1 M li, 4 M re, 4 M li, 7 M re, 4 M li, 4 M re, 1 M li, 4 M re, 5 M li.
17. + 18. Runde: Wie die 16. Rd str.
19. Runde: 5 M li, 4 M re, 1 M li, 4 M re, 4 M li, 2 M re, 3 M re übz zusstr, 2 M re, 4 M li, 4 M re, 1 M li, 4 M re, 5 M li.
20. Runde: 5 M li, 4 M re, 1 M li, 4 M re, 4 M li, 5 M re, 4 M li, 4 M re, 1 M li, 4 M re, 5 M li.
21. Runde: 5 M li, 4 M re, 1 M li, 4 M re, 4 M li, 1 M re, 3 M re übz zusstr, 1 M re, 4 M li, 4 M re, 1 M li, 4 M re, 5 M li.
22. Runde: 5 M li, 4 M re, 1 M li, 4 M re, 4 M li, 3 M re, 4 M li, 4 M re, 1 M li, 4 M re, 5 M li.
23. Runde: 5 M li, 4 M re, 1 M li, 4 M re, 4 M li, 3 M re übz zusstr, 4 M li, 4 M re, 1 M li, 4 M re, 5 M li.
24. Runde: 5 M li, 4 M re, 1 M li, 4 M re, 4 M li, 1 M re, 4 M li, 4 M re, 1 M li, 4 M re, 5 M li.
25. Runde: 5 M li, 9 M ldr, 3 M li, 2 M li zusstr, 4 M li, 9 M rdr, 5 M li.
26. Runde: Wie die 12. Rd str.
27. Runde: 4 M li, 5 M rdr, 1 M li, 5 M ldr, 6 M li, 5 M rdr, 1 M li, 5 M ldr, 4 M li.
28. Runde: Wie die 10. Rd str.
29. Runde: 3 M li, 5 M rdr, 3 M li, 5 M ldr, 4 M li, 5 M rdr, 3 M li, 5 M ldr, 3 M li.
30. Runde: Wie die 8. Rd str.
31. Runde: 2 M li, 5 M rdr, 5 M li, 5 M ldr, 2 M li, 5 M rdr, 5 M li, 5 M ldr, 2 M li.
32. Runde: Wie die 6. Rd str.
33. Runde: 2 M li, 4 M re, 7 M li, 5 M ldr, 5 M rdr, 7 M li, 4 M re, 2 M li.
34. Runde: Wie die 1. Rd str.
35. Runde: Wie die 3. Rd str.
36.-38. Runde: Wie die 1. Rd str.
Die 1.-38. Rd stets wdh.

Strickschrift in Reihen:

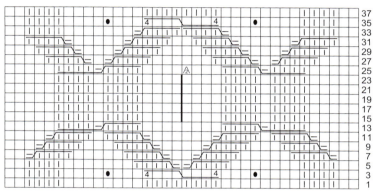 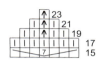

Nach Strickschrift: Die 1. – 38. R von Strickschrift Zopf fortlfd wdh, dabei in der 15. – 24. R mittig in jedem MS (= mit dickerer Linie gekennzeichnet) 1 x die M lt Strickschrift Blatt einstr. In der 25. R die letzte M des Blattes mit der M davor li zusstr, diese Abn ist in Strickschrift Zopf eingezeichnet.

Noppe: Aus 1 M [1 M re, 1 M re verschr, 1 M re, 1 M re verschr, 1 M re] herausstr, wenden, die 5 M li str, wenden, die 5 M re str, wenden, die 5 M li str, wenden, die 5 M re zusstr; in Rückr 1 M re bzw. in geraden Rd 1 M li str.

Strickschrift in Runden:

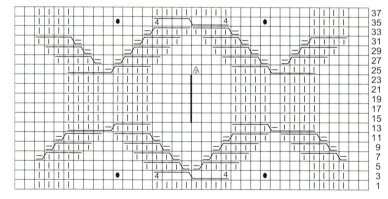 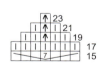

Nach Strickschrift: Die 1. – 38. Rd von Strickschrift Zopf fortlfd wdh, dabei in der 15. – 24. Rd mittig in jedem MS (= mit dickerer Linie gekennzeichnet) 1 x die M lt Strickschrift Blatt einstr. In der 25. Rd die letzte M des Blattes mit der M davor li zusstr, diese Abn ist in Strickschrift Zopf eingezeichnet.

| | = 9 M rdr: die nächsten 5 M auf einer Zopfnd hinter die Arbeit legen, 4 M re str, dann die 4 M der Zopfnd 1 M li, 4 M re str; in Rückr 4 M li, 1 M re, 4 M li bzw. in geraden Rd 4 M re, 1 M li, 4 M re

| | = 9 M ldr: die nächsten 4 M auf einer Zopfnd vor die Arbeit legen, 4 M re und 1 M li str, dann die 4 M der Zopfnd re str; in Rückr 4 M li, 1 M re, 4 M li bzw. in geraden Rd 4 M re, 1 M li, 4 M re str

| | = 7 M zun: aus dem Querfaden [3 x {1 M re, 1 U}, 1 M re] herausstr

VIDEO-LEHRGÄNGE
zu vielen der dargestellten Muster finden Sie im Internet auf YouTube:
http://goo.gl/QegFRx

Noppen: NOPPENZÖPFE

NOPPENTRAUBEN

Musterstreifen über 25 M. In den Hinr gemäß Strickschrift str, in den Rückr alle M str, wie sie erscheinen. 1 x die 1.–18. R str, dann die 3.–18. R stets wdh.

Strickschrift

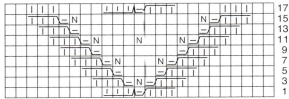

Noppe: Aus 1 M [1 M re, 1 M li, 1 M re] herausstr, wenden, 3 M li, wenden, 3 M re, wenden, 3 M li, wenden, 3 M re verschr zusstr

HINWEIS
Die Musterstreifen auf dieser Doppelseite kommen am besten zur Geltung, wenn sie rechts und links durch einige Maschen - meist glatt links gestrickt - von den benachbarten Mustern abgegrenzt werden.

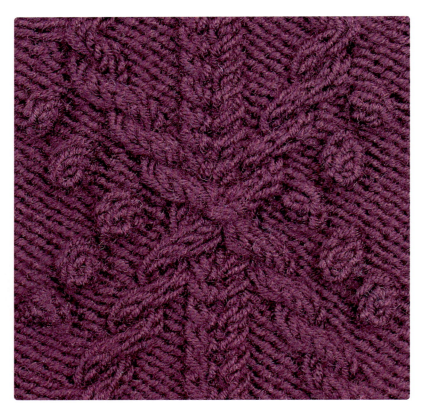

KORDELRAUTEN

Musterstreifen über 28 M. In den Hinr gemäß Strickschrift str, in den Rückr alle M str, wie sie erscheinen.
Die 1.–30. R stets wdh.

Strickschrift

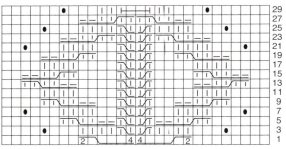

Noppe: Aus 1 M [1 M re, 1 U, 1 M re] herausstr, wenden, 3 M li, wenden, 3 M re, wenden, 3 M li, wenden, die 3 M re zusstr.

Zeichenerklärung für die Strickmuster dieser Doppelseite:

- I = 1 M re
- − + □ = 1 M li
- + = 1 Rand-M
- N + ● = 1 N: 1 Noppe (siehe jeweilige Anleitung)
- = 3 M auf einer Zopfnd hinter die Arbeit legen, 1 M auf einer 2. Zopfnd hinter die Arbeit legen, 3 M re str, dann die M der 2. Zopfnd li und die 3 M der 1. Zopfnd re str
- = 1 M auf einer Zopfnd hinter die Arbeit legen, 3 M re str, dann die M der Zopfnd li str
- = 3 M auf einer Zopfnd vor die Arbeit legen, 1 M li str, dann die 3 M der Zopfnd re str
- = 4 M auf eine Hilfsnd legen, den Faden 3 x um die M wickeln, dann die M von der Hilfsnd re abstr
- = 2 M rvkr: 1 M auf einer Zopfnd hinter die Arbeit legen, 1 M re str, dann die M der Zopfnd re str
- = 2 M lvkr: 1 M auf einer Zopfnd vor die Arbeit legen, 1 M re str, dann die M der Zopfnd re str
- = 4 M lvkr: 2 M auf einer Zopfnd vor die Arbeit legen, 2 M re str, dann 2 M der Zopfnd re str

ABKÜRZUNGEN SIEHE SEITE 126

Noppen: NOPPENZÖPFE

NOPPENGIRLANDE

M-Zahl teilbar durch 15 + 2 Rand-M. In den Hinr gemäß Strickschrift arb, dabei mit 1 Rand-M beginnen, den MS fortlfd wdh und mit 1 Rand-M enden. In den Rückr alle M str, wie sie erscheinen, Noppen-M re str.
Die 1.–12. R stets wdh.

Strickschrift

Noppe: Aus 1 M [1 M re, 1 U, 1 M re, 1 U, 1 M re] herausstr (= 5 M), wenden, * 5 M re, wenden; ab * noch 2 x wdh, dann die 5 M re verschr zusstr.

NOPPENZÖPFCHEN

M-Zahl teilbar durch 20 + 11 + 2 Rand-M. In den Hinr gemäß Strickschrift arb, dabei mit 1 Rand-M beginnen, den MS fortlfd wdh und mit den M bis Pfeil A und 1 Rand-M enden. In den Rückr die M str, wie sie erscheinen, Noppen-M re str. Die 1.–24. R stets wdh.

Strickschrift

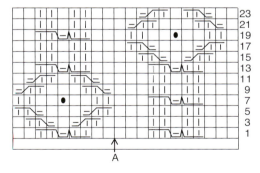

Noppe: Aus 1 M [1 M re, 1 U, 1 M re, 1 U, 1 M re] herausstr, wenden, * 5 M li, wenden, 5 M re, wenden; ab * noch 1 x wdh, dann nacheinander die 4.–1. M über die 5. M ziehen.

= 4 M auf einer Zopfnd hinter die Arbeit legen, die folg 2 M re str, dann die 4 M der Zopfnd re str

= 4 M auf einer Zopfnd hinter die Arbeit legen, 2 M re str, dann die 4 M der Zopfnd [2 M re, 2 M li] abstr

= 2 M auf einer Zopfnd vor die Arbeit legen, 2 M li und 2 M re str, dann die 2 M der Zopfnd re str

= 2 M auf einer Zopfnd vor die Arbeit legen, die folg 4 M re str, dann die 2 M der Zopfnd re str

= 1 M auf einer Zopfnd hinter die Arbeit legen, 2 M re str, dann die M der Zopfnd li str

= 2 M auf einer Zopfnd vor die Arbeit legen, 1 M li str, dann die 2 M der Zopfnd re str

= 2 M auf einer Zopfnd vor die Arbeit legen, 1 M auf einer 2. Zopfnd hinter die Arbeit legen, 2 M re str, dann die M der 2. Zopfnd li und die 2 M der 1. Zopfnd re str

VIDEO-LEHRGÄNGE
zu vielen der dargestellten Muster finden Sie im Internet auf YouTube:
http://goo.gl/QegFRx

Ajour – einfach Spitze!

Löcher bilden sich beim Stricken durch die Kombination von Umschlägen und zusammengestrickten Maschen. Auf diesem einfachen Prinzip beruht eine Vielzahl überaus dekorativer Muster. Je nachdem, wie Sie die Umschläge platzieren und wie viele Maschen Sie rechts, links, verschränkt oder überzogen zusammenstricken, verändert sich das Erscheinungsbild radikal: Eine vielfältige und faszinierende Musterwelt tut sich vor Ihnen auf.

„Lace" – der englische Begriff für geklöppelte Spitze, wird in Großbritannien auch für gestrickte Lochmuster verwendet, denn die filigranen Strukturen erinnern tatsächlich an diese kunstvolle Handarbeitstechnik. Dort haben ganz besonders aufwändige, komplizierte Ajours, die vor allem für Stolen und Schals eingesetzt wurden, eine lange und reiche Tradition. Im 19. Jahrhundert strickte man auf den Shetland-Inseln wunderschöne „Ehering-Stolen" aus allerfeinstem Garn für die Aussteuer. Knielang und breit genug, um sich ganz darin einzuhüllen, waren sie doch so zart, dass man sie durch einen Ehering ziehen konnte.

In den letzten Jahren erlebten diese in Vergessenheit geratenen Muster eine Renaissance. Britische Strickerinnen tüftelten mit nicht immer vollständig erhaltenen Originalen oder alten Abbildungen die Strickschriften aus und lösten in der Strickwelt einen kleinen Boom aus: Das Stricken von Lace-Tüchern, kompliziert wie die alten Vorlagen oder vereinfacht und modernisiert.

Doch es muss nicht kompliziert sein, um toll auszusehen! Auch ganz strickleichte Ajourmuster können sehr wirkungsvoll sein, und manch aufwändig wirkendes, filigranes Maschenbild entsteht letztendlich durch eine einfache Abfolge von Umschlägen und zusammengestrickten Maschen. Auch in puncto Schwierigkeitsgrad bieten Lochmuster eine große Bandbreite, von der Herausforderung für versierte Strickerinnen bis zu anfängerleichten Varianten ist alles dabei.

Glatte Garne wie Baumwolle, Leinen, Seide oder Viskose bringen das kunstvolle Lochwerk sehr schön zur Geltung und passen zum sommerlich-lockeren Charakter dieser großen Musterfamilie. Sehr attraktiv sieht es aus, wenn das gewählte Material leicht schimmert oder sogar richtig glänzt – da wird ein Ajourmodell schnell zum Highlight. Bunte Farben unterstreichen die heitere Leichtigkeit von Lochmustern, Weiß, Natur- und Nudetöne betonen den „wäschigen" Charakter und stellen das Feminine in den Mittelpunkt. Denn letztendlich sind es ja die Löcher, die bei diesen Mustern die Hauptrolle spielen und die lassen nicht nur Licht, sondern auch Haut durchschimmern. Dezent, aber reizvoll, raffiniert und doch subtil – Ajourmuster sind einfach unbeschreiblich weiblich!

Kleine Strickschule Ajour

Die Basis aller Ajourmuster sind die Löcher, und die werden in der Regel durch Umschläge und Überzüge gebildet. Die Stricktechnik dazu erklären unsere Lehrgänge.

◀ DOPPELTER ÜBERZUG
(3 M re übz zusstr)

1. Zunächst 1 Masche wie zum Rechtsstricken abheben und die beiden folgenden Maschen rechts zusammenstricken.
2. Dann die abgehobene Masche darüber ziehen. In den Rückreihen wird diese Masche links gestrickt.

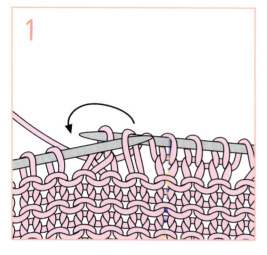

UMSCHLAG BILDEN ▶

1. Einen Umschlag arbeiten heißt: Den Faden von vorne nach hinten über die rechte Nadel legen.
2. In den Rückreihen den Umschlag links stricken, d. h. ihn wie eine Masche behandeln und links abstricken.

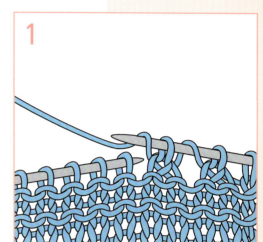

ÜBERZUG STRICKEN ▶
(2 M re übz zusstr)

3. Für den Überzug eine Masche wie zum Rechtsstricken abheben, die folgende Masche rechts stricken und die abgehobene Masche darüber ziehen. In den Rückreihen auch hier alle Maschen und Umschläge links stricken.

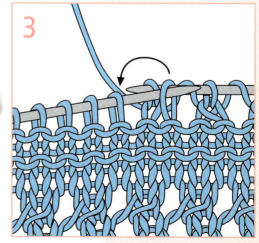

TIPP

Gerade bei Ajourmustern ist es wichtig, den Überblick über Maschen- und Reihenzahlen zu behalten. Dafür gibt es kleine Helfer:
Wie lustig bunte, kleine Büroklammern sehen **Maschenmarkierer** aus. Sie werden einfach in eine Masche eingehängt und markieren zum Beispiel den Musterrapport. Ein Faden in Kontrastfarbe tut's auch, mit den Minis geht's professioneller.
Reihenzähler: Statt Strichliste, damit Sie immer wissen, welche Reihe laut Strickschrift gerade dran ist. Die kleinen Zählwerke werden auf die Nadelenden gesteckt und nach jeder Reihe/Runde um 1 weitergestellt.

Wickeljacken Aurora

Mutter und Töchterchen im Partnerlook: Mamas Wickeljacke und Babys Bolero sind aus luxuriösem Kaschmirgarn in einem nostalgischen Ajourmuster gestrickt.

GARN

Lang Yarns Cashmere Lace
(100 % Kaschmir; LL 170 m/25 g)

Damenjacke

ALTROSA (Fb 883.0048)	25	25	25	25	g
ROSA (Fb 883.0009)	150	175	200	225	g

Mädchenjacke

ROSA (Fb 883.0009)	50	75	75	g

NADELN UND ZUBEHÖR

Damenjacke
Stricknadeln 3,5 mm
Rundstricknadel 3,5 mm, 80–100 cm lang

Mädchenjacke
Stricknadeln 2,5 mm, 3 mm, 3,5 mm und 4 mm
1 Druckknopf

MASCHENPROBE

25 M und 36 R mit Nd 3,5 mm im Ajourmuster gestrickt = 10 cm x 10 cm

HINWEIS

Stufenlos abketten: Die letzte M der R nicht stricken, sondern die Arbeit wenden, die 1. M der linken Nd abh und die nicht gestrickte M der Vorr darüberziehen. Gegebenenfalls weitere M wie gewohnt abk.

ABKÜRZUNGEN SEITE 126

DAMENJACKE

Größen S, M, L, XL

RÜCKENTEIL

In Altrosa mit Nd 3,5 mm 105/113/121/129 M anschl. 6 R glatt re str.
Zu Rosa wechseln und im Ajourmuster nach Strickschrift 1 weiterstr, dabei nach der Rand-M bei Pfeil A beginnen, den Rapport fortlfd wdh und vor der Rand-M bei Pfeil a enden.

ARMAUSSCHNITTE

Mustergemäß weiterstr, dabei in 28/29/30/32 cm Höhe ab Fb-Wechsel beidseitig in jeder 2. R 1 x 3 M abk und 5 x 1 M abn (= 89/97/105/113 M).

SCHULTERSCHRÄGEN UND HALSAUSSCHNITT

Mustergemäß weiterstr, dabei in 20/21/22/24 cm Armausschnitthöhe beidseitig in jeder 2. R 2 x 5 M und 2 x 6 M/3 x 6 M und 1 x 7 M/4 x 7 M/1 x 7 M und 3 x 8 M abk; gleichzeitig mit Schulterbeginn die mittleren 35/37/39/41 M abk und beide Seiten getrennt weiterarb. Auf der Seite des Halsausschnitts in jeder 2. R noch 1 x 3 M und 1 x 2 M abk.

LINKES VORDERTEIL

In Altrosa mit Nd 3,5 mm 105/113/121/129 M anschl. 6 R glatt re str.
Zu Rosa wechseln und im Ajourmuster nach Strickschrift 1 weiterstr, dabei nach der Rand-M bei Pfeil A beginnen, den Rapport fortlfd wdh und vor der Rand-M bei Pfeil a enden.
In 4/4/4/7 cm Höhe ab Fb-Wechsel an der linken Kante 250/275/325/338 M neu dazu anschl.
In folgender Mustereinteilung weiterstr: 105/113/121/129 M im Ajourmuster, 250/275/325/338 M glatt re.

FRONTSCHRÄGE, ARMAUSSCHNITT UND SCHULTERSCHRÄGE

In 9/9/9/12 cm Höhe ab Fb-Wechsel die neu angeschlagenen 250/275/325/338 M locker abk; gleichzeitig an der linken Kante in jeder 2. R stufenlos 1 x 15 M, 1 x 8/10/11/13, 1 x 6 M, 1 x 3 M, dann 3 x/4 x/5 x/6 x 2 M abk.
Anschließend in jeder 2. R 12 x/13 x/14x /15 x 1 M, in jeder 4. folg R 21 x/21 x/22 x/22 x1 M und in jeder 6. folg R 4 x 1 M abn. Gleichzeitig an der rechten Kante den Armausschnitt und die Schulterschräge in gleicher Höhe und wie beim Rückenteil beschrieben arb.

RECHTES VORDERTEIL

Gegengleich zum linken Vorderteil arb.

ÄRMEL (2 X ARB)

In Altrosa mit Nd 3,5 mm 57/65/65/73 M anschl. 6 R glatt re str.
Zu Rosa wechseln und im Ajourmuster nach Strickschrift 1 in der Einteilung wie beim Rückenteil weiterstr.
Für die Ärmelschräge in 15/15/15/10 cm ab Fb-Wechsel beidseitig 1 M zun. Diese Zun noch 9 x in jeder 10. folg R/7 x in jeder 12. folg R/10 x in jeder 8. folg R/11 x in jeder 10. folg R wdh (= 77/81/87/97 M).

ARMKUGEL

In 43 cm Höhe ab Fb-Wechsel beidseitig in jeder 2. R 1 x 3 M abk und 18 x/18 x/20 x/20 x 1 M abn, dann in jeder 4. folg R 2 x 1 M abn und wieder in jeder 2. folg R 2 x 2 M und 2 x 3 M abk.
In 15/15/16/16 cm Armkugelhöhe die restl M locker abk.

FERTIGSTELLUNG

Schulter-, Seiten- und Ärmelnähte schließen, dabei an der rechten Seitennaht von der Anschlagkante aus 5/5/5/8 cm nähen, 4 cm für den Banddurchzug offen lassen, die restl Naht schließen.

BLENDE (OHNE BINDEBAND)

Mit der Rundstricknd 3,5 mm in Altrosa aus jeder Vorderkante 113/117/121/123 M und aus dem rückwärtigen Halsausschnitt 43/45/47/49 M aufnehmen und re str (= 269/279/289/295 M). 6 R glatt re str.
Alle M locker abk. Die Ärmel einsetzen.

Zartes Rosa, ein edles Garn aus feinstem Kaschmir und ein einfaches, aber effektvolles Lochmuster zeichnen diese femininen Modelle aus.

MÄDCHENJACKE
Größen 68–74, 80, 86–92

BETONTE ABNAHMEN
Die betonten Abn in Hinr str wie folgt:
Am Reihenbeginn: 1 Rand-M, 2 x [1 M li, 1 M re], 3 M re zusstr.
Am Reihenende (8 M vor R-Ende): 3 M re abgeh zusstr (= 1 M abh, 2 M re zusstr, die abgehobene M über die zusammengestrickte M ziehen), 2 x [1 M re, 1 M li], 1 Rand-M.

RÜCKENTEIL
Mit Nd 3 mm 139/154/169 M anschl.
1. Reihe (= Rückr): 1 Rand-M, * 1 M li, 1 M re, 2 M li, 1 M re; ab * fortlfd wdh, enden mit 1 M li, 1 M re, 1 Rand-M.
Anschließend mit Nd 4 mm 6 R glatt re str, dabei in der 1. R 82/91/100 M wie folgt abn: 1 Rand-M, * 2 M re zusstr, 3 M re zusstr, ab * fortlfd wdh, enden mit 2 M re zusstr, 1 Rand-M (= 57/63/69 M).
Mit Nd 2,5 mm 6 R im Rippenmuster [1 M li, 1 M re] str, dabei mit 1 M li beginnen.
Mit Nd 3,5 mm im Ajourmuster nach Strickschrift 2 weiterstr, dabei nach der Rand-M bei Pfeil A/B/C beginnen, den Rapport fortlfd wdh und vor der Rand-M bei Pfeil a/b/c enden. Gleichzeitig für die seitliche Schrägung beidseitig in jeder 2. R 2 x 1 M zun (= 61/67/73 M). Die zugenommenen M glatt re str.

ARMAUSSCHNITTE UND HALSAUSSCHNITT
Mustergemäß weiterstr, dabei in 5 cm Gesamthöhe beidseitig in jeder 2. R 1 x 2 M abk und 3 x 1 M abn (= 51/57/63 M).
In 15,5/16,5/17,5 cm Gesamthöhe über die mittleren 31/33/35 M im Rippenmuster [1 M re, 1 M li] str.

SCHULTERSCHRÄGEN
In 11/12/13 cm Armausschnitthöhe beidseitig in jeder 2. R 2 x 7 M/2 x 8 M/2 x 9 M abk. Anschließend die restl 23/25/27 M für den Halsausschnitt abk.

LINKES VORDERTEIL
Mit Nd 3 mm 74/84/94 M anschl.
1. Reihe (Rückr): 1 Rand-M, * 1 M li, 1 M re, 2 M li, 1 M re; ab * fortlfd wdh, enden mit 1 M li, 1 M re, 1 Rand-M.
Anschließend mit Nd 4 mm 6 R glatt re str, dabei in der 1. R 43/49/55 M wie folgt abn: 1 Rand-M, * 2 M re zusstr, 3 M re zusstr; ab * fortlfd wdh, enden mit 2 M re zusstr, 1 Rand-M (= 31/35/39 M).
Zu Nd 2,5 mm wechseln und 6 R im Rippenmuster [1 M re, 1 M li] str.
Zu Nd 3,5 mm wechseln und im Ajourmuster nach Strickschrift 2 weiterstr, dabei nach der Rand-M bei Pfeil A/B/C beginnen, den Rapport stets wdh und vor der Rand-M bei Pfeil e/f/a enden. Gleichzeitig für die seitliche Schrägung an der rechten Kante in jeder 2. R 2 x 1 M zun (= 33/37/41 M). Die zugenommenen M glatt re str.

ARMAUSSCHNITT
In 5 cm Gesamthöhe an der rechten Kante in jeder 2. R 1 x 2 abk und 3 x 1 M abn (= 28/32/36 M). Gleichzeitig mit dem Armausschnittbeginn für den Halsausschnitt an der linken Kante in jeder 6. R 7 x 2 M betont abn, dann in jeder 4. folg R noch 0 x/1 x/2 x 2 M betont abn.

SCHULTERSCHRÄGE
In 11/12/13 cm Armausschnitthöhe am re Rand in jeder 2. R 2 x 7 M/2 x 8 M/2 x 9 M abk.

RECHTES VORDERTEIL
Gegengleich zum linken Vorderteil str.

ÄRMEL (2 X ARB)
Mit Nd 2,5 mm 40/44/48 M anschl.
Für das Bündchen 3 cm im Rippenmuster [1 M re, 1 M li] str.
Im Ajourmuster nach Strickschrift 2 weiterstr, dabei das Muster von der Mitte her einteilen und in der 1. R 1 M abn (= 39/43/47 M).
Für die seitliche Schrägung beidseitig in jeder 8. R 7 x 1 M zun (= 53/57/61 M). Die zugenommenen M ins Muster integrieren.

Strickschriften

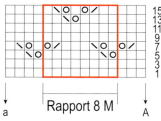
Ajourmuster 1

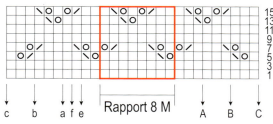
Ajourmuster 2

Die Strickschriften zeigen nur die Hinr. In den Rückr alle M und U li str.

Mädchenjacke

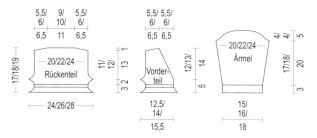

Zeichenerklärung
□ = 1 M re   ◯ = 1 U   ╱ = 2 M re zusstr   ╲ = 2 M re übz zusstr   ☐ = Rapport

ABKÜRZUNGEN SIEHE SEITE 126

ARMKUGEL

In 20/21/23 cm Gesamthöhe beidseitig in jeder 2. R 6 x/6 x/8 x 2 M, 1 x 3 M und 1 x 4 M abk. In 4/4/5 cm Armkugelhöhe die restl M locker abk.

FERTIGSTELLUNG

Schulter-, Seiten- und Ärmelnähte schließen. Den Druckknopf am Rippenbündchen in der vorderen Mitte annähen.
Ärmel einsetzen.

SCHNITTVERKLEINERUNGEN
Damenjacke

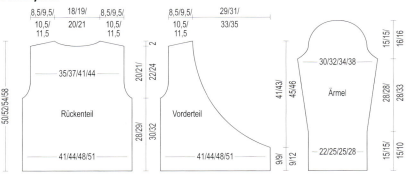

Ajour: SPITZENMUSTER

BLÜTENDUFT

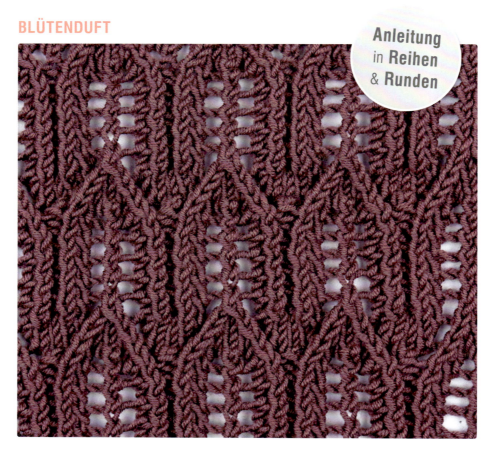

Anleitung in Reihen & Runden

IN REIHEN:

M-Zahl teilbar durch 8 + 1 + 2 Rand-M.
Jede R mit 1 Rand-M beginnen und beenden.

1. Reihe (Hinr): 1 M re verschr, 1 U, 1 M re, 2 M re zusstr, 1 M li, * 2 M re übz zusstr, 1 M re, 1 U, 1 M re verschr, 1 U, 1 M re, 2 M re zusstr, 1 M li, ab * fortlfd wdh bis zu den letzten 4 M, 2 M re übz zusstr, 1 M re, 1 U, 1 M re verschr.
2. Reihe (Rückr): 1 M li verschr, 3 M li, * 1 M re, 3 M li, 1 M li verschr, 3 M li, ab * fortlfd wdh bis zu den letzten 5 M, 1 M re, 3 M li, 1 M li verschr.
3. Reihe: Wie die 1. R str.
4. Reihe: Wie die 2. R str.
5.–8. Reihe: Wie die 1.–4. R str.
9. Reihe: Wie die 1. R str.
10. Reihe: Wie die 2. R str.
11. Reihe: 2 M re, 2 M re zusstr, 1 U, 1 M re, * 1 U, 2 M re übz zusstr, 3 M re, 2 M re zusstr, 1 U, 1 M re, ab * fortlfd wdh bis zu den letzten 4 M, 1 U, 2 M re übz zusstr, 2 M re.
12. Reihe: Li M str.
13. Reihe: 1 M re, 2 M re zusstr, 1 U, 2 M re, * 1 M re, 1 U, 2 M re übz zusstr, 1 M re, 2 M re zusstr, 1 U, 2 M re, ab * fortlfd wdh bis zu den letzten 4 M, 1 M re, 1 U, 2 M re übz zusstr, 1 M re.
14. Reihe: Li M str.
15. Reihe: 2 M re zusstr, 1 U, 3 M re, * 2 M re, 1 U, 3 M re übz zusstr, 1 U, 3 M re, ab * fortlfd wdh bis zu den letzten 4 M, 2 M re, 1 U, 2 M re übz zusstr.
16. Reihe: Li M str.
Die 1.–16. R stets wdh.

IN RUNDEN:

M-Zahl teilbar durch 8.

1. Runde: * 2 M re übz zusstr, 1 M re, 1 U, 1 M re verschr, 1 U, 1 M re, 2 M re zusstr, 1 M li, ab * fortlfd wdh.
2. Runde: * 3 M re, 1 M re verschr, 3 M re, 1 M li, ab * fortlfd wdh.
3. Runde: Wie die 1. Rd str.
4. Runde: Wie die 2. Rd str.
5.–8. Runde: Wie die 1.–4. Rd str.
9. Runde: Wie die 1. Rd str.
10. Runde: Wie die 2. Rd str.
11. Runde: * 1 U, 2 M re übz zusstr, 3 M re, 2 M re zusstr, 1 U, 1 M re, ab * fortlfd wdh.
12. Runde: Re M str.
13. Runde: * 1 M re, 1 U, 2 M re übz zusstr, 1 M re, 2 M re zusstr, 1 U, 2 M re, ab * fortlfd wdh.
14. Runde: Re M str.
15. Runde: * 2 M re, 1 U, 3 M re übz zusstr, 1 U, 3 M re, ab * fortlfd wdh.
16. Runde: Re M str.
Die 1.–16. Rd stets wdh.

Strickschrift in Reihen:

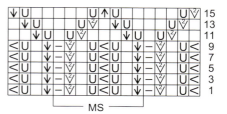

Strickschrift in Runden:

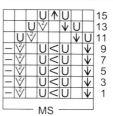

Zeichenerklärung für die Strickmuster dieser Doppelseite:

☐ + Ⅰ = in Hinr 1 M re, in Rückr 1 M li; in Rd stets 1 M re
− = in Hinr 1 M li, in Rückr 1 M re; in Rd stets 1 M li
◁ = in Hinr 1 M re verschr, in Rückr 1 M li verschr; in Rd stets 1 M re verschr

U = 1 U; in Rückr 1 M li bzw. in geraden Rd 1 M re str
⩔ = 2 M re zusstr; in Rückr 1 M li bzw. in geraden Rd 1 M re str
↓ = 2 M re übz zusstr: 1 M re abh, die nächste M re str, die abgehobene M überziehen; in Rückr 1 M li bzw. in geraden Rd 1 M re str

↑ = 3 M re übz zusstr: 1 M re abh, die nächsten 2 M re zusstr, die abgehobene M überziehen; in Rückr 1 M li bzw. in geraden Rd 1 M re str

ABKÜRZUNGEN SIEHE SEITE 126

Ajour: SPITZENMUSTER

MORGENTAU

Anleitung in Reihen & Runden

IN REIHEN:
M-Zahl teilbar durch 6 + 2 Rand-M.
Jede R mit 1 Rand-M beginnen und beenden.

1. Reihe (Hinr): Re M str.
2. Reihe (Rückr): Li M str.
3. Reihe: 1 M re, 2 M re zusstr, 1 U, * 1 U, 2 M re übz zusstr, 2 M re, 2 M re zusstr, 1 U, ab * fortlfd wdh bis zu den letzten 3 M, 1 U, 2 M re übz zusstr, 1 M re.
4. Reihe: 3 M li, * 1 M li verschr, 5 M li, ab * stets wdh bis zu den letzten 3 M, 1 M li verschr, 2 M li.
5. Reihe: 2 M re zusstr, 1 U, 1 M re, * 1 M re, 1 U, 2 M re übz zusstr, 2 M re zusstr, 1 U, 1 M re, ab * fortlfd wdh bis zu den letzten 3 M, 1 M re, 1 U, 2 M re übz zusstr.
6. Reihe: Li M str.
7. Reihe: 1 M re, 1 U, 2 M re übz zusstr, * 2 M re zusstr, 1 U, 2 M re, 1 U, 2 M re übz zusstr, ab * fortlfd wdh bis zu den letzten 3 M, 2 M re zusstr, 1 U, 1 M re.
8. Reihe: Li M str.
9. Reihe: 2 M re übz zusstr, 1 M re, 1 U, * 1 U, 1 M re, 2 M re zusstr, 2 M re übz zusstr, 1 M re, 1 U, ab * fortlfd wdh bis zu den letzten 3 M, 1 U, 1 M re, 2 M re zusstr.
10. Reihe: Wie die 4. R str.
11. Reihe: 1 U, 2 M re übz zusstr, 1 M re, * 1 M re, 2 M re zusstr, 2 U, 2 M re übz zusstr, 1 M re, ab * fortlfd wdh bis zu den letzten 3 M, 1 M re, 2 M re zusstr, 1 U.
12. Reihe: 3 M li, * 3 M li, 1 M li verschr, 2 M li, ab * stets wdh bis zu den letzten 3 M, 3 M li.
13. Reihe: 1 M re, 1 U, 2 M re übz zusstr, * 2 M re zusstr, 1 U, 2 M re, 1 U, 2 M re übz zusstr, ab * fortlfd wdh bis zu den letzten 3 M, 2 M re zusstr, 1 U, 1 M re.
14. Reihe: Li M str.
15. Reihe: 2 M re zusstr, 1 U, 1 M re, * 1 M re, 1 U, 2 M re übz zusstr, 2 M re zusstr, 1 U, 1 M re, ab * fortlfd wdh bis zu den letzten 3 M, 1 M re, 1 U, 2 M re übz zusstr.
16. Reihe: Li M str.
17. Reihe: 1 U, 1 M re, 2 M re zusstr, * 2 M re übz zusstr, 1 M re, 2 U, 1 M re, 2 M re zusstr, ab * fortlfd wdh bis zu den letzten 3 M, 2 M re übz zusstr, 1 M re, 1 U.
18. Reihe: Wie die 12. R str.
1 x die 1.–18. R str, dann die 3.–18. R stets wdh.

IN RUNDEN:
M-Zahl teilbar durch 6.

1. Runde: Re M str.
2. Runde: Re M str.
3. Runde: * 1 U, 2 M re übz zusstr, 2 M re, 2 M re zusstr, 1 U, ab * fortlfd wdh.
4. Runde: * 5 M re, 1 M re verschr, ab * fortlfd wdh.
5. Runde: * 1 M re, 1 U, 2 M re übz zusstr, 2 M re zusstr, 1 U, 1 M re, ab * fortlfd wdh.
6. Runde: Re M str.
7. Runde: * 2 M re zusstr, 1 U, 2 M re, 1 U, 2 M re übz zusstr, ab * fortlfd wdh.
8. Runde: Re M str.
9. Runde: * 1 U, 1 M re, 2 M re zusstr, 2 M re übz zusstr, 1 M re, 1 U, ab * fortlfd wdh.
10. Runde: Wie die 4. Rd str.
11. Runde: * 1 M re, 2 M re zusstr, 2 U, 2 M re übz zusstr, 1 M re, ab * fortlfd wdh.
12. Runde: * 2 M re, 1 M re verschr, 3 M re, ab * fortlfd wdh.
13. Runde: * 2 M re zusstr, 1 U, 2 M re, 1 U, 2 M re übz zusstr, ab * fortlfd wdh.
14. Runde: Re M str.
15. Runde: * 1 M re, 1 U, 2 M re übz zusstr, 2 M re zusstr, 1 U, 1 M re, ab * fortlfd wdh.
16. Runde: Re M str.
17. Runde: * 2 M re übz zusstr, 1 M re, 2 U, 1 M re, 2 M re zusstr, ab * fortlfd wdh.
18. Runde: Wie die 12. Rd str.
1 x die 1.–18. Rd str, dann die 3.–18. Rd stets wdh.

Strickschrift in Reihen:

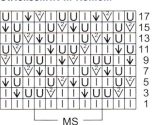

Strickschrift in Runden:

VIDEO-LEHRGÄNGE
zu vielen der dargestellten Muster finden Sie im Internet auf YouTube:
http://goo.gl/QegFRx

Ajour: SPITZENMUSTER

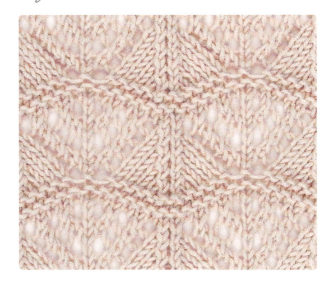

ELFENTANZ

M-Zahl teilbar durch 13 + 2 Rand-M. Gemäß Strickschrift arb. Gezeichnet sind die Hinr. In den Rückr alle M und U li bzw. wie angegeben str. Zwischen den Rand-M den MS und die 1.–14. R stets wdh.

Strickschrift

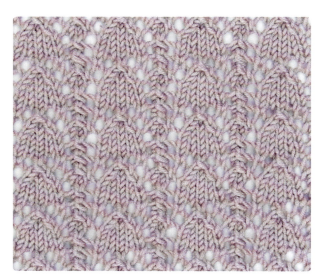

PRINZESSINNENKRONE

M-Zahl teilbar durch 8 + 1 + 2 Rand-M. Gemäß Strickschrift arb. Gezeichnet sind die Hinr. Mit 1 Rand-M und den M vor MS beginnen, den MS stets wdh, enden mit den M nach MS und 1 Rand-M. In den Rückr alle M und U li str. Die 1.–8. R stets wdh.

Strickschrift

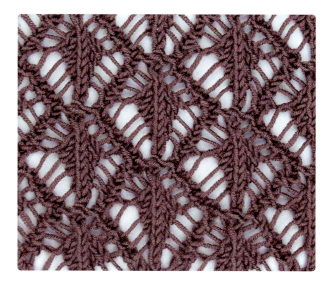

SIRENENNETZ

M-Zahl zunächst teilbar durch 14 + 1 + 2 Rand-M. Gemäß Strickschrift arb. Es sind Hin- und Rückr gezeichnet. Mit 1 Rand-M und den M vor MS beginnen, den MS stets wdh, enden mit den M nach MS und 1 Rand-M. Die 1.–18. R 1 x arb, dann die 7.–18. R stets wdh.

Strickschrift

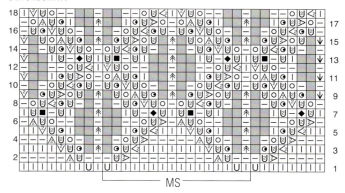

Zeichenerklärung für die Strickmuster dieser Doppelseite:

- ☐ + Ⅰ = 1 M re
- ─ = 1 M li
- ◁ = 1 M re verschr
- U = 1 Umschlag
- ᴗ̈ = 2 Umschläge
- ◸ = 2 M re verschränkt zusstr
- ▷ = 2 M li verschränkt zusstr
- ∇ = 2 M re zusstr
- Ⓐ = 2 M li zusstr
- Ⓐ = 3 M li zusstr
- X = 1 M kraus re: Hin- und Rückr re M
- ↓ = 2 M re übz zusstr: 1 M re abh, 1 M re str und die abgehobene M darüberziehen
- ↑ = 3 M re übz zusstr: 1 M re abh, 2 M re zusstr, dann die abgehobene M darüberziehen
- O = den 1. U der Vorr li str, den 2. U fallen lassen
- ▨ = ohne Strickbedeutung

ABKÜRZUNGEN SIEHE SEITE 126

Ajour: SPITZENMUSTER

NYMPHENREIGEN

M-Zahl teilbar durch 14 + 2 Rand-M. Gemäß Strickschrift arb. Gezeichnet sind die Hin- und Rückr. Zwischen den Rand-M den MS und die 1.–12. R stets wdh.

Strickschrift

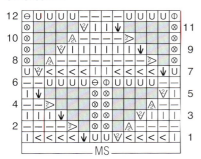

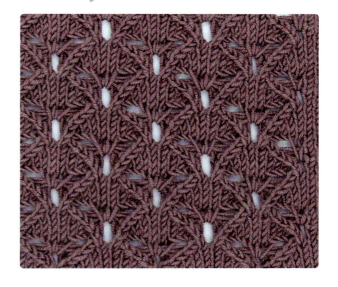

ZAUBERWALD

M-Zahl teilbar durch 18 + 11 + 2 Rand-M. Gemäß Strickschrift arb. Es sind nur Hinr gezeichnet. In den Rückr alle M und U li str. Mit 1 Rand-M und den M vor dem MS beginnen, den MS stets wdh, enden mit den M nach dem MS und 1 Rand-M. Darauf achten, dass innerhalb des Musters U durch zusammengestrickte bzw. überzogene M ausgeglichen werden und umgekehrt. Die 1.–12. R stets wdh.

Strickschrift

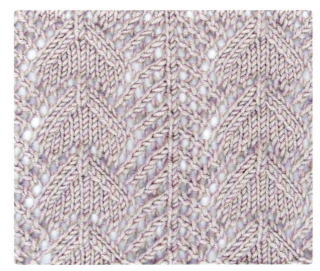

FEENSCHLEIER

M-Zahl teilbar durch 6 + 1 + 2 Rand-M. Gemäß Strickschrift arb. Gezeichnet sind die Hinr. In den Rückr die M str, wie sie erscheinen, U li str. Beginnen mit 1 Rand-M und den M vor dem MS, den MS stets wdh, enden mit den M nach dem MS und 1 Rand-M. Die 1.–8. R stets wdh.

Strickschrift

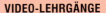

- ⍓ = 3 M re abgeh zusstr: 2 M zus re abh, 1 M re str und die abgehobenen M darüberziehen
- ⊙ = den 1. U der Vorr re str, den 2. U fallen lassen
- ○ = den 1. U der Vorr li str, den 2. U fallen lassen
- ◆ = 1 M und den 1. U der Vor-R li zusstr, den 2. U fallen lassen
- ⊗ = 1 U, dabei den U der Vorr fallen lassen
- ⊖ = den U der Vorr fallen lassen und 1 M li um die 5 fallen gelassenen U
- ⊕ = den U der Vorr fallen lassen und 1 M re um die 5 fallen gelassenen U
- ■ = den 1. U fallen lassen, den 2. U und 1 M li zusstr

VIDEO-LEHRGÄNGE
zu vielen der dargestellten Muster finden Sie im Internet auf YouTube:
http://goo.gl/QegFRx

Ajour: BLATTMUSTER

BLÄTTERWALD

Anleitung in Reihen & Runden

IN REIHEN:
M-Zahl teilbar durch 12 + 1 + 2 Rand-M.

Jede R mit 1 Rand-M beginnen und beenden.
1. Reihe (Hinr): 1 M re, 1 U, 2 M re übz zusstr, 3 M li, * 4 M li, 2 M re zusstr, 1 U, 1 M re, 1 U, 2 M re übz zusstr, 3 M li, ab * fortlfd wdh bis zu den letzten 7 M, 4 M li, 2 M re zusstr, 1 U, 1 M re.
2. Reihe (Rückr): 3 M li, 4 M re, * 3 M re, 5 M li, 4 M re, ab * fortlfd wdh bis zu den letzten 6 M, 3 M re, 3 M li.
3. Reihe: 1 M re, 1 U, 1 M li, 2 M re übz zusstr, 2 M li, * 3 M li, 2 M re zusstr, 1 M li, 1 U, 1 M re, 1 U, 1 M li, 2 M re übz zusstr, 2 M li, ab * fortlfd wdh bis zu den letzten 7 M, 3 M li, 2 M re zusstr, 1 M li, 1 U, 1 M re.
4. Reihe: 2 M li, 1 M re, 1 M li, 3 M re, * 2 M re, 1 M li, 1 M re, 3 M li, 1 M re, 1 M li, 3 M re, ab * fortlfd wdh bis zu den letzten 6 M, 2 M re, 1 M li, 1 M re, 2 M li.
5. Reihe: 1 M re, 1 U, 2 M li, 2 M re übz zusstr, 1 M li, * 2 M li, 2 M re zusstr, 2 M li, 1 U, 1 M re, 1 U, 2 M li, 2 M re übz zusstr, 1 M li, ab * fortlfd wdh bis zu den letzten 7 M, 2 M li, 2 M re zusstr, 2 M li, 1 U, 1 M re.
6. Reihe: 2 M li, 2 M re, 1 M li, 2 M re, * 1 M re, 1 M li, 2 M re, 3 M li, 2 M re, 1 M li, 2 M re, ab * fortlfd wdh bis zu den letzten 6 M, 1 M re, 1 M li, 2 M re, 2 M li.
7. Reihe: 1 M re, 1 U, 3 M li, 2 M re übz zusstr, * 1 M li, 2 M re zusstr, 3 M li, 1 U, 1 M re, 1 U, 3 M li, 2 M re übz zusstr, ab * fortlfd wdh bis zu den letzten 7 M, 1 M li, 2 M re zusstr, 3 M li, 1 U, 1 M re.
8. Reihe: 2 M li, 3 M re, 1 M li, 1 M re, * 1 M li, 3 M re, 3 M li, 3 M re, 1 M li, 1 M re, ab * fortlfd wdh bis zu den letzten 6 M, 1 M li, 3 M re, 2 M li.
9. Reihe: 5 M li, 1 M re, * 2 M re, 9 M li, 1 M re, ab * fortlfd wdh bis zu den letzten 7 M, 2 M re, 5 M li.
10. Reihe: 5 M re, 2 M li, * 1 M li, 9 M re, 2 M li, ab * fortlfd wdh bis zu den letzten 6 M, 1 M li, 5 M re.
11. Reihe: 4 M li, 2 M re zusstr, 1 U, * 1 M re, 1 U, 2 M re übz zusstr, 7 M li, 2 M re zusstr, 1 U, ab * fortlfd wdh bis zu den letzten 7 M, 1 M re, 1 U, 2 M re übz zusstr, 4 M li.
12. Reihe: 4 M re, 3 M li, * 2 M li, 7 M re, 3 M li, ab * fortlfd wdh bis zu den letzten 6 M, 2 M li, 4 M re.
13. Reihe: 3 M li, 2 M re zusstr, 1 M li, 1 U, * 1 M re, 1 U, 1 M li, 2 M re übz zusstr, 5 M li, 2 M re zusstr, 1 M li, 1 U, ab * fortlfd wdh bis zu den letzten 7 M, 1 M re, 1 U, 1 M li, 2 M re übz zusstr, 3 M li.
14. Reihe: 3 M re, 1 M li, 1 M re, 2 M li, * 1 M li, 1 M re, 1 M li, 5 M re, 1 M li, 1 M re, 2 M li, ab * fortlfd wdh bis zu den letzten 6 M, 1 M li, 1 M re, 3 M re.
15. Reihe: 2 M li, 2 M re zusstr, 2 M li, 1 U, * 1 M re, 1 U, 2 M li, 2 M re übz zusstr, 3 M li, 2 M re zusstr, 2 M li, 1 U, ab * fortlfd wdh bis zu den letzten 7 M, 1 M re, 1 U, 2 M li, 2 M re übz zusstr, 2 M li.
16. Reihe: 2 M re, 1 M li, 2 M re, 2 M li, * 1 M li, 2 M re, 1 M li, 3 M re, 1 M li, 2 M re, 2 M li, ab * fortlfd wdh bis zu den letzten 6 M, 1 M li, 2 M re, 1 M li, 2 M re.
17. Reihe: 1 M li, 2 M re zusstr, 3 M li, 1 U, * 1 M re, 1 U, 3 M li, 2 M re übz zusstr, 1 M li, 2 M re zusstr, 3 M li, 1 U, ab * fortlfd wdh bis zu den letzten 7 M, 1 M re, 1 U, 3 M li, 2 M re übz zusstr, 1 M li.
18. Reihe: 1 M re, 1 M li, 3 M re, 2 M li, * 1 M li, 3 M re, 1 M li, 1 M re, 1 M li, 3 M re, 2 M li, ab * fortlfd wdh bis zu den letzten 6 M, 1 M li, 3 M re, 1 M li, 1 M re.
19. Reihe: 2 M re, 4 M li, * 5 M li, 3 M re, 4 M li, ab * fortlfd wdh bis zu den letzten 7 M, 5 M li, 2 M re.
20. Reihe: 2 M li, 5 M re, * 4 M re, 3 M li, 5 M re, ab * fortlfd wdh bis zu den letzten 6 M, 4 M re, 2 M li.
Die 1.–20. R stets wdh.

IN RUNDEN:
M-Zahl teilbar durch 12.

1. Runde: * 4 M li, 2 M re zusstr, 1 U, 1 M re, 1 U, 2 M re übz zusstr, 3 M li, ab * fortlfd wdh.
2. Runde: * 4 M li, 5 M re, 3 M li, ab * fortlfd wdh.
3. Runde: * 3 M li, 2 M re zusstr, 1 M li, 1 U, 1 M re, 1 U, 1 M li, 2 M re übz zusstr, 2 M li, ab * fortlfd wdh.
4. Runde: * 3 M li, 1 M re, 1 M li, 3 M re, 1 M li, 1 M re, 2 M li, ab * fortlfd wdh.
5. Runde: * 2 M li, 2 M re zusstr, 1 U, 1 M re, 1 U, 2 M li, 2 M re übz zusstr, 1 M li, ab * fortlfd wdh.
6. Runde: * 2 M li, 1 M re, 2 M li, 3 M re, 2 M li, 1 M re, 1 M li, ab * fortlfd wdh.
7. Runde: * 1 M li, 2 M re zusstr, 3 M li, 1 U, 1 M re, 1 U, 3 M li, 2 M re übz zusstr, ab * fortlfd wdh.
8. Runde: * 1 M li, 1 M re, 3 M li, 3 M re, 3 M li, 1 M re, ab * fortlfd wdh.
9. Runde: * 2 M re, 9 M li, 1 M re, ab * fortlfd wdh.
10. Runde: Wie die 9. Rd str.
11. Runde: * 1 M re, 1 U, 2 M re übz zusstr, 7 M li, 2 M re zusstr, 1 U, ab * fortlfd wdh.
12. Runde: * 3 M li, 7 M li, 2 M re, ab * fortlfd wdh.
13. Runde: * 1 M re, 1 U, 1 M li, 2 M re übz zusstr, 5 M li, 2 M re zusstr, 1 M li, 1 U, ab * fortlfd wdh.
14. Runde: * 2 M re, 1 M li, 1 M re, 5 M li, 1 M re, 1 M li, 1 M re, ab * fortlfd wdh.
15. Runde: * 1 M re, 1 U, 2 M li, 2 M re übz zusstr, 3 M li, 2 M re zusstr, 2 M li, 1 U, ab * fortlfd wdh.
16. Runde: * 2 M re, 1 M li, 2 M re, 1 M li, 3 M re, 1 M li, 1 M re, ab * fortlfd wdh.
17. Runde: * 1 M re, 1 U, 3 M li, 2 M re übz zusstr, 1 M li, 2 M re zusstr, 3 M li, 1 U, ab * fortlfd wdh.
18. Runde: * 2 M re, 3 M li, 1 M re, 1 M li, 1 M re, 3 M li, 1 M re, ab * fortlfd wdh.
19. Runde: * 5 M li, 3 M re, 4 M li, ab * fortlfd wdh.
20. Runde: Wie die 19. Rd str.
Die 1.–20. Rd stets wdh.

Strickschrift in Reihen:

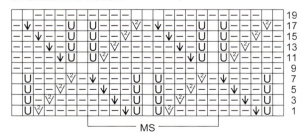

Strickschrift in Runden:

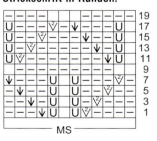

Zeichenerklärung für die Strickmuster dieser Doppelseite:

☐ + │ = in Hinr 1 M re, in Rückr 1 M li; in Rd stets 1 M re
− = in Hinr 1 M li, in Rückr 1 M re; in Rd stets 1 M li
U = 1 U; in Rückr 1 M li bzw. in geraden Rd 1 M re str

⩔ = 2 M re zusstr; in Rückr 1 M li bzw. in geraden Rd 1 M re str
⩗ = 2 M re übz zusstr: 1 M re abh, die nächste M re str, die abgehobene M überziehen; in Rückr 1 M li bzw. in geraden Rd 1 M re str

⬆ = 3 M re übz zusstr: 2 M zus re abh, die nächste M re str, die abgehobenen M überziehen; in Rückr 1 M li bzw. in geraden Rd 1 M re str

ABKÜRZUNGEN SIEHE SEITE 126

Ajour: BLATTMUSTER

BLATTRAUTEN

Anleitung in Reihen & Runden

IN REIHEN:
M-Zahl teilbar durch 10 + 1 + 2 Rand-M.

Jede R mit 1 Rand-M beginnen und beenden.
1. Reihe (Hinr): 1 M re, 1 U, 2 M re übz zusstr, 2 M li, * 1 M re, 2 M li, 2 M re zusstr, 1 U, 1 M re, 1 U, 2 M re übz zusstr, 2 M li, ab * fortlfd wdh bis zu den letzten 6 M, 1 M re, 2 M li, 2 M re zusstr, 1 U, 1 M re.
2. Reihe (Rückr): 3 M li, 2 M re, 1 M li, * 2 M re, 5 M li, 2 M re, 1 M li, ab * fortlfd wdh bis zu den letzten 5 M, 2 M re, 3 M li.
3. Reihe: 2 M re, 1 U, 2 M re übz zusstr, 1 M li, * 1 M re, 1 M li, 2 M re zusstr, 1 U, 3 M re, 1 U, 2 M re übz zusstr, 1 M li, ab * fortlfd wdh bis zu den letzten 6 M, 1 M re, 1 M li, 2 M re zusstr, 1 U, 2 M re.
4. Reihe: 4 M li, 1 M re, 1 M li, * 1 M re, 7 M li, 1 M re, 1 M li, ab * fortlfd wdh bis zu den letzten 5 M, 1 M re, 4 M li.
5. Reihe: 3 M re, 1 U, 2 M re übz zusstr, * 1 M re, 2 M re zusstr, 1 U, 5 M re, 1 U, 2 M re übz zusstr, ab * fortlfd wdh bis zu den letzten 6 M, 1 M re, 2 M re zusstr, 1 U, 3 M re.
6. Reihe: Li M str.
7. Reihe: 1 M re, 2 M li, 1 M re, 1 U, * 3 M re übz zusstr, 1 U, 2 x [1 M re, 2 M li], 1 M re, 1 U, ab * fortlfd wdh bis zu den letzten 7 M, 3 M re übz zusstr, 1 U, 1 M re, 2 M li, 1 M re.
8. Reihe: 1 M li, 2 M re, 3 M li, * 2 M li, 2 M re, 1 M li, 2 M re, 3 M li, ab * fortlfd wdh bis zu den letzten 5 M, 2 M li, 2 M re, 1 M li.
9. Reihe: 1 M re, 2 M li, 2 M re zusstr, 1 U, * 1 M re, 1 U, 2 M re übz zusstr, 2 M li, 1 M re, 2 M li, 2 M re zusstr, 1 U, ab * fortlfd wdh bis zu den letzten 6 M, 1 M re, 1 U, 2 M re übz zusstr, 2 M li, 1 M re.
10. Reihe: Wie die 8. R str.
11. Reihe: 1 M re, 1 M li, 2 M re zusstr, 1 U, 1 M re, * 2 M re, 1 U, 2 M re übz zusstr, 1 M li, 1 M re, 1 M li, 2 M re zusstr, 1 U, 1 M re, ab * fortlfd wdh bis zu den letzten 6 M, 2 M re, 1 U, 2 M re übz zusstr, 1 M li, 1 M re.
12. Reihe: 1 M li, 2 M re, 4 M li, * 3 M li, 1 M re, 1 M li, 2 M re, 4 M li, ab * fortlfd wdh bis zu den letzten 5 M, 3 M li, 1 M re, 1 M li.
13. Reihe: 1 M re, 2 M re zusstr, 1 U, 2 M re, * 3 M re, 1 U, 2 M re übz zusstr, 1 M re, 2 M re zusstr, 1 U, 2 M re, ab * fortlfd wdh bis zu den letzten 6 M, 3 M re, 1 U, 2 M re übz zusstr, 1 M re.
14. Reihe: Li M str.
15. Reihe: 2 M re zusstr, 1 U, 1 M re, 2 M li, * 1 M re, 2 M li, 1 M re, 1 U, 3 M re übz zusstr, 1 U, 1 M re, 2 M li, ab * fortlfd wdh bis zu den letzten 6 M, 1 M re, 2 M li, 1 M re, 1 U, 2 M re übz zusstr.
16. Reihe: Wie die 2. R str.
Die 1.–16. R stets wdh.

IN RUNDEN:
M-Zahl teilbar durch 10.
Hinweis: Am Beginn der 7. Rd die ersten 2 M der Rd und die letzte M der vorhergehenden Rd übz zusstr (= in der Strickschrift grau unterlegt).

1. Runde: * 1 M re, 2 M li, 2 M re zusstr, 1 U, 1 M re, 1 U, 2 M re übz zusstr, 2 M li, ab * fortlfd wdh.
2. Runde: * 1 M re, 2 M li, 5 M re, 2 M li, ab * fortlfd wdh.
3. Runde: * 1 M re, 1 M li, 2 M re zusstr, 1 U, 3 M re, 1 U, 2 M re übz zusstr, 1 M li, ab * fortlfd wdh.
4. Runde: * 1 M re, 1 M li, 7 M re, 1 M li, ab * fortlfd wdh.
5. Runde: * 1 M re, 2 M re zusstr, 1 U, 5 M re, 1 U, 2 M re übz zusstr, ab * fortlfd wdh.
6. Runde: Re M str.
7. Runde: * 3 M re übz zusstr, 1 U, 2 x [1 M re, 2 M li], 1 M re, 1 U, ab * fortlfd wdh.
8. Runde: * 3 M re, 2 M li, 1 M re, 2 M li, 2 M re, ab * fortlfd wdh.
9. Runde: * 1 M re, 1 U, 2 M re übz zusstr, 2 M li, 1 M re, 2 M li, 2 M re zusstr, 1 U, ab * fortlfd wdh.
10. Runde: Wie die 8. Rd str.
11. Runde: * 2 M re, 1 U, 2 M re übz zusstr, 1 M li, 1 M re, 1 M li, 2 M re zusstr, 1 U, 1 M re, ab * fortlfd wdh.
12. Runde: * 4 M re, 1 M li, 1 M re, 1 M li, 3 M re, ab * fortlfd wdh
13. Runde: * 3 M re, 1 U, 2 M re übz zusstr, 1 M re, 2 M re zusstr, 1 U, 2 M re, ab * fortlfd wdh.
14. Runde: Re M str.
15. Runde: * 1 M re, 2 M li, 1 M re, 1 U, 3 M re übz zusstr, 1 U, 1 M re, 2 M li, ab * fortlfd wdh.
16. Runde: Wie die 2. Rd str.
Die 1.–16. Rd stets wdh.

Strickschrift in Reihen:

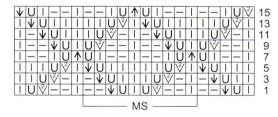

Strickschrift in Runden:

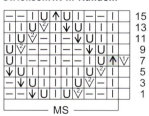

↑ = Am Beginn der Rd die ersten 2 M der Rd mit der letzten M der vorhergehenden Rd übz zusstr.
V = 1 M von der rechten auf die linke Nd holen

VIDEO-LEHRGÄNGE
zu vielen der dargestellten Muster finden Sie im Internet auf YouTube:
http://goo.gl/QegFRx

Ajour: BLATTMUSTER

BUCHENBLÄTTER

M-Zahl zu Beginn teilbar durch 22 + 17 + 2 Rand-M. Gemäß Strickschrift str. Gezeichnet sind die Hinr. In den Rückr alle M str, wie sie erscheinen, re verschr M und U li str. Mit 1 Rand-M und den M vor dem MS beginnen, den MS stets wdh, mit den M nach dem MS und 1 Rand-M enden. Die 1.–20. R stets wdh. Achtung: Die M-Zahl verändert sich innerhalb des Höhenrapports.

Empfehlung: Strickschrift hochkopieren (150 %)

Strickschrift

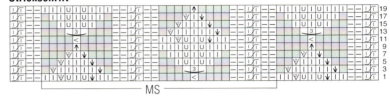

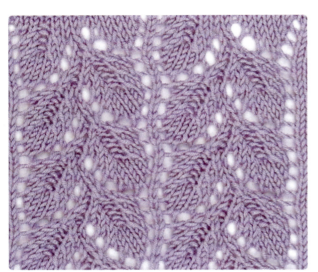

EFEURANKEN

M-Zahl teilbar durch 15 + 1 + 2 Rand-M. Nach der Strickschrift arb. Es sind nur Hinr gezeichnet, in den Rückr die M str, wie sie erscheinen, die U str. Mit 1 Rand-M beginnen, den MS stets wdh, enden mit der M nach dem MS und 1 Rand-M. Die 1.–10. R stets wdh.

Strickschrift

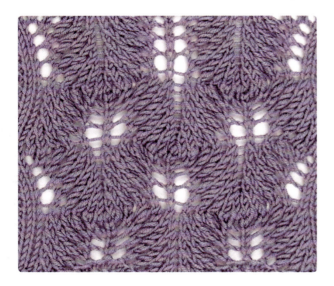

ÄHRENMUSTER

M-Zahl teilbar durch 17 + 2 Rand-M. Gemäß Strickschrift arb. Es sind nur Hinr gezeichnet. In den Rückr alle M und U li str. Zwischen den Rand-M den MS stets wdh. Die 1.–20. R stets wdh.

Strickschrift

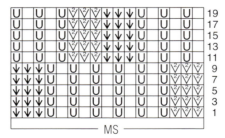

Zeichenerklärung für die Strickmuster dieser Doppelseite:

- ☐ + |I| = 1 M re
- ― = 1 M li
- < = 1 M re verschr
- ▷ = 2 M li verschr zusstr
- U = 1 Umschlag
- ▽ = 2 M re zusstr
- ↓ = 2 M re übz zusstr: 1 M re abheben, 1 M re str und die abgehobene M darüberziehen
- ⒜ = 2 M li zusstr
- ▨ = ohne Strickbedeutung
- Ⓐ = 3 M li zusstr
- ↑ = 3 M übz zusstr: 1 M re abh, 2 M re zusstr und die abgehobene M darüberziehen
- I/T = 2 M rvkr: 1 M auf eine Zopf-Nd hinter die Arbeit legen, 1 M re und die M der Zopf-Nd re str

ABKÜRZUNGEN SIEHE SEITE 126

Ajour: BLATTMUSTER

DSCHUNGELMUSTER

M-Zahl teilbar durch 13 + 2 Rand-M. Gemäß Strickschrift str. Es sind Hin- und Rückr gezeichnet. Zwischen den Rand-M den MS stets wdh. Die 1.–20. R stets wdh.

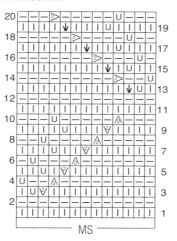
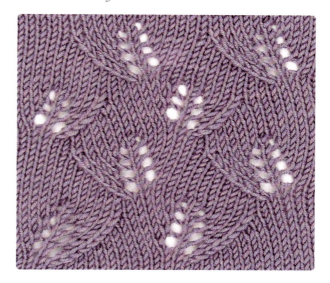

AZALEENBLÜTEN

M-Zahl teilbar durch 34 + 1 + 2 Rand-M. Gemäß Strickschrift arb. Gezeichnet sind die Hinr. In den Rückr alle M und U li str; bei zwei aufeinandertreffenden U den ersten li und den zweiten re abstr. Beginnen mit 1 Rand-M, den MS stets wdh, enden mit der M nach dem MS und 1 Rand-M. In der 11. R nur am R-Anfang statt 3 M übz zusstr nur 2 M übz zusstr (= grau unterlegt). Die 1.–28. R stets wdh.

Strickschrift

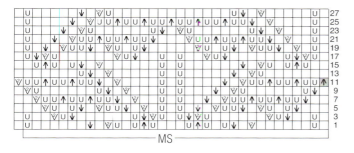
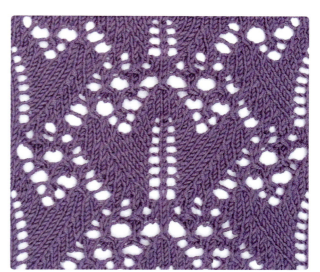

TULPENMEER

M-zahl teilbar durch 9 + 2 Rand-M. Gemäß Strickschrift str. Es sind nur Hinr gezeichnet. In den Rückr alle M und U li str. Zwischen den Rand-M den MS stets wdh. die 1.-16. R stets wdh.

Strickschrift

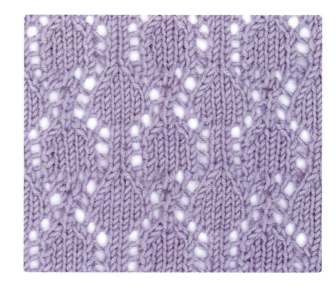

- ⌐3⌐ = aus 1 M 3 M herausstr (= 1 M re, 1 M li, 1 M re)
- ⋏ = 3 M re abgeh zusstr: 2 M zus re abh, 1 M re str und die abgehobenen M darüberziehen
- ↑ = 2 M übz zusstr (statt 3 M)

VIDEO-LEHRGÄNGE
zu vielen der dargestellten Muster finden Sie im Internet auf YouTube:
http://goo.gl/QegFRx

Ajour: NETZMUSTER

DIAGONALNETZ

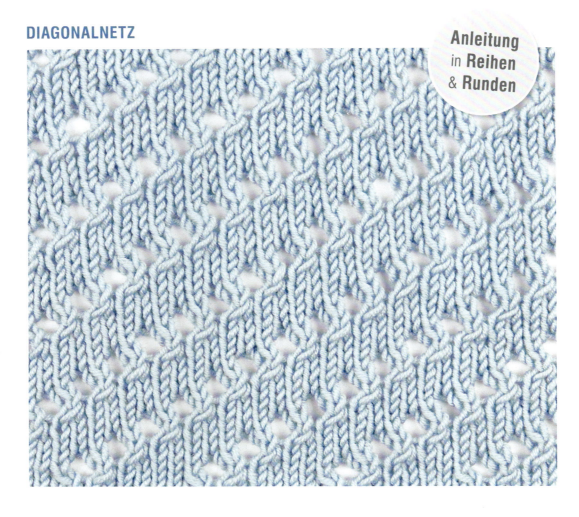

Anleitung in Reihen & Runden

IN REIHEN:
M-Zahl teilbar durch 8 + 6 + 2 Rand-M.
Jede R mit 1 Rand-M beginnen und beenden.

1. Reihe (Hinr): 3 M re, * 4 M re, 2 M re zusstr, 2 U, 2 M re übz zusstr, ab * fortlfd wdh bis zu den letzten 3 M, 3 M re.
2. Reihe (Rückr): 3 M li, * 2 M li, 1 M li verschr, 5 M li, ab * fortlfd wdh bis zu den letzten 3 M, 3 M li.
3. Reihe: 3 M re, * 2 M re, 2 M re zusstr, 2 U, 2 M re übz zusstr, 2 M re, ab * fortlfd wdh bis zu den letzten 3 M, 3 M re.
4. Reihe: 3 M li, * 4 M li, 1 M li verschr, 3 M li, ab * fortlfd wdh bis zu den letzten 3 M, 3 M li.
5. Reihe: 3 M re, * 2 M re zusstr, 2 U, 2 M re übz zusstr, 4 M re, ab * fortlfd wdh bis zu den letzten 3 M, 2 M re zusstr, 1 U, 1 M re.
6. Reihe: 3 M li, * 6 M li, 1 M li verschr, 1 M li, ab * fortlfd wdh bis zu den letzten 3 M, 3 M li.
7. Reihe: 1 M re, 2 M re zusstr, 1 U, * 1 U, 2 M re übz zusstr, 4 M re, 2 M re zusstr, 1 U, ab * fortlfd wdh bis zu den letzten 3 M, 1 U, 2 M re übz zusstr, 1 M re.
8. Reihe: 3 M li, * 1 M li verschr, 7 M li, ab * fortlfd wdh bis zu den letzten 3 M, 1 M li verschr, 2 M li.
Die 1.–8. R stets wdh.

IN RUNDEN:
M-Zahl teilbar durch 8.

1. Runde: * 4 M re, 2 M re zusstr, 2 U, 2 M re übz zusstr, ab * fortlfd wdh.
2. Runde: * 5 M re, 1 M re verschr, 2 M re, ab * fortlfd wdh.
3. Runde: * 2 M re, 2 M re zusstr, 2 U, 2 M re übz zusstr, 2 M re, ab * fortlfd wdh.
4. Runde: * 3 M re, 1 M re verschr, 4 M re, ab * fortlfd wdh.
5. Runde: * 2 M re zusstr, 2 U, 2 M re übz zusstr, 4 M re, ab * fortlfd wdh.
6. Runde: * 1 M re, 1 M re verschr, 6 M re, ab * fortlfd wdh.
7. Runde: * 1 U, 2 M re übz zusstr, 4 M re, 2 M re zusstr, 1 U, ab * fortlfd wdh.
8. Runde: * 7 M re, 1 M re verschr, ab * fortlfd wdh.
Die 1.–8. Rd stets wdh.

Strickschrift in Reihen:

Strickschrift in Runden:

Zeichenerklärung für die Strickmuster dieser Doppelseite:

☐ + ☐ = in Hinr 1 M re, in Rückr 1 M li; in Rd stets 1 M re
☐ U ☐ = 1 U; in Rückr 1 M li bzw. 2 aufeinander folg U mit 1 M li, 1 M li verschr abstr; in geraden Rd 1 M re bzw. 2 aufeinander folg U mit 1 M re verschr, 1 M re abstr

☐ ⩗ ☐ = 2 M re zusstr; in Rückr 1 M li bzw. in geraden Rd 1 M re str
☐ ⩛ ☐ = 2 M re übz zusstr: 1 M abh, die nächste M re str, die abgehobene M überziehen; in Rückr 1 M li bzw. in geraden Rd 1 M re str

☐ ◁ ☐ = in Hinr 1 M re verschr, in Rückr 1 M li verschr; in Rd stets 1 M re verschr

ABKÜRZUNGEN SIEHE SEITE 126

STREIFENNETZ

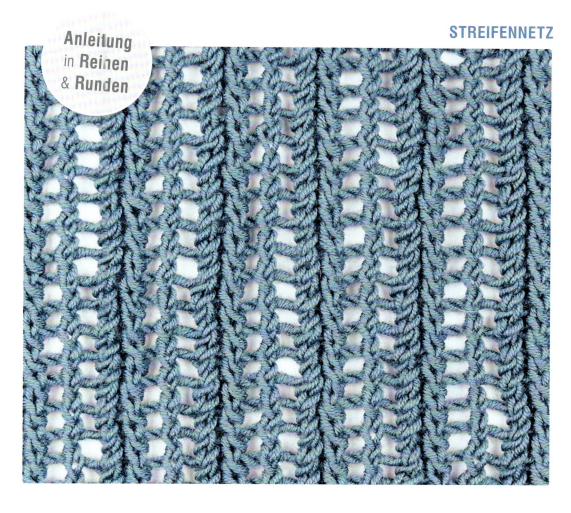

IN REIHEN:
M-Zahl teilbar durch 5 + 1 + 2 Rand-M.
Jede R mit 1 Rand-M beginnen und beenden.

1. Reihe (Hinr): 1 M re, * 1 U, 2 M re übz zusstr, 2 M re zusstr, 1 U, 1 M re verschr, ab * fortlfd wdh bis zu den letzten 5 M, 1 U, 2 M re übz zusstr, 2 M re zusstr, 1 U, 1 M re.
2. Reihe (Rückr): 5 M li, * 1 M li verschr, 4 M li, ab * fortlfd wdh bis zur letzten M, 1 M li.
Die 1. und 2. R stets wdh.

Strickschrift in Reihen:

Strickschrift in Runden:

IN RUNDEN:
M-Zahl teilbar durch 5.

1. Runde: * 1 U, 2 M re übz zusstr, 2 M re zusstr, 1 U, 1 M re verschr, ab * fortlfd wdh.
2. Runde: * 4 M re, 1 M re verschr, ab * fortlfd wdh.
Die 1. und 2. Rd stets wdh.

VIDEO-LEHRGÄNGE
zu vielen der dargestellten Muster finden Sie im Internet auf YouTube:
http://goo.gl/QegFRx

Ajour: NETZMUSTER

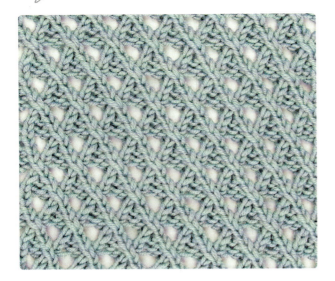

TRIANGELNETZ

M-Zahl teilbar durch 4 + 2 Rand-M. Gemäß Strickschrift arb. Es sind Hin- und Rückr gezeichnet. Mit 1 Rand-M und den M vor dem MS beginnen, den MS stets wdh, enden mit den M nach dem MS. Die 1.–8. R stets wdh.

Strickschrift

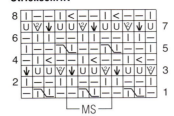

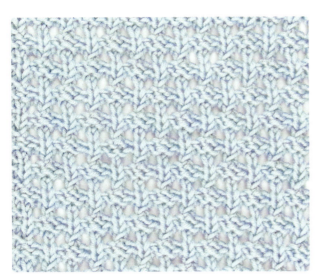

GITTERNETZ

M-Zahl teilbar durch 4 + 3 + 2 Rand-M. Gemäß Strickschrift str. Gezeichnet sind die Hinr. In den Rückr alle M str, wie sie erscheinen, U li str. Mit 1 Rand-M und der M vor dem MS beginnen, den MS stets wdh, mit den M nach dem MS und 1 Rand-M enden. Die 1.–8. R stets wdh.

Strickschrift

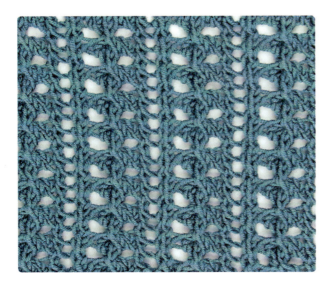

LEITERNETZ

M-Zahl teilbar durch 9 + 4 + 2 Rand-M. Gemäß Strickschrift arb. Gezeichnet sind die Hinr. In den Rückr alle M li, den ersten U stets li, den zweiten li verschr abstr. Beginnen mit 1 Rand-M, den MS stets wdh, enden mit den M nach dem MS und 1 Rand-M. Die 1.–4. R stets wdh.

Strickschrift

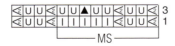

Zeichenerklärung für die Strickmuster dieser Doppelseite:

- ☐ + I = 1 M re
- — = 1 M li
- U = 1 Umschlag
- ⩔ = 2 M re übz zusstr: 1 M re abheben, 1 M re str und die abgehobene M darüberziehen
- ⌐⌐ = 2 M lvkr: 1 M auf eine Zopf-Nd vor die Arbeit legen, 1 M re und die M der Zopf-Nd re str
- ⩘ = 2 M re zusstr
- Ⓐ = 2 M li zusstr; in der Rückr 1 M li
- Ⓐ = 3 M li zusstr; in der Rückr 1 M li
- ◁ = 2 M re verschr zusstr

ABKÜRZUNGEN SIEHE SEITE 126

Ajour: NETZMUSTER

KREISELNETZ

M-Zahl teilbar durch 4 + 2 Rand-M. Gemäß Strickschrift 3 arb. In den Rückr bei zwei aufeinandertreffenden U den ersten li, den zweiten li verschr abstr. Zwischen den Rand-M den MS stets wdh. Die 1.–4. R stets wdh.

Strickschrift

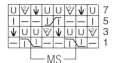

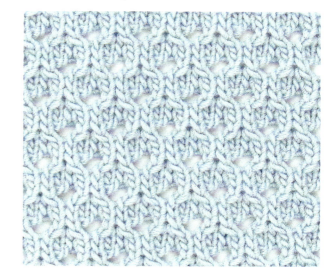

RHOMBENNETZ

M-Zahl teilbar durch 4 + 2 Rand-M. Gemäß Strickschrift str. Gezeichnet sind die Hinr. In den Rückr alle M str, wie sie erscheinen, U re str, bei 2 aufeinanderfolg U den 1. U re, den 2. U re verschr str. Mit 1 Rand-M und den M vor dem MS beginnen, den MS stets wdh, mit den M nach dem MS und 1 Rand-M enden. Die 1.–8. R stets wdh. Bei Zu- und Abnahmen darauf achten, dass sich die übrigen U und zugestrickten M innerhalb des Musters ausgleichen.

Strickschrift

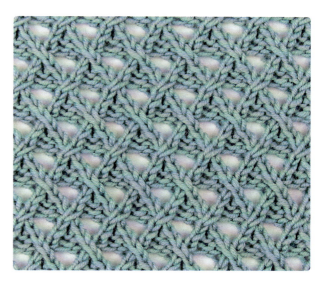

ZICKZACKNETZ

Ungerade M-Zahl + 2 Rand-M. Gemäß Strickschrift str. Gezeichnet sind die Hinr. In den Rückr alle M und U li str. Bei 2 U in der Rückr 1 M li und 1 M re verschr str. Mit 1 Rand-M und den M vor dem MS beginnen, den MS stets wdh, mit den M nach dem MS und 1 Rand-M enden. Die 1.-4. R stets wdh.

Strickschrift

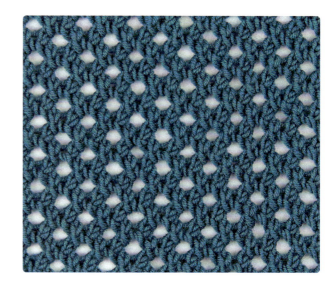

 = 2 M lvkr: 1 M auf einer Zopf-Nd vor die Arbeit legen, 1 M re und die M der Zopf-Nd re str

= 2 M rvkr: 1 M auf einer Zopf-Nd hinter die Arbeit legen, 1 M re und die M der Zopf-Nd re str

▲ = 5 M re übz zusstr: 2 M zus re abh, 3 M re zusstr, dann die abgehobenen M darüberziehen

VIDEO-LEHRGÄNGE
zu vielen der dargestellten Muster finden Sie im Internet auf YouTube:
http://goo.gl/QegFRx

Ajour: WELLENMUSTER

WINDSEE

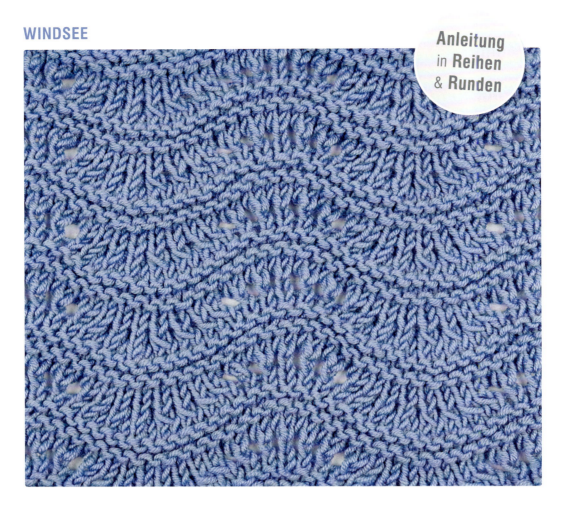

Anleitung in Reihen & Runden

IN REIHEN:
M-Zahl teilbar durch 19 + 1 + 2 Rand-M.
Jede R mit 1 Rand-M beginnen und beenden.

1. Reihe (Hinr): Re M str.
2. Reihe (Rückr): Li M str.
3. Reihe: * 1 M re, 3 x [1 U, 1 M re verschr], 3 x 2 M re verschr zusstr, 3 x 2 M re zusstr, 3 x [1 M re verschr, 1 U], ab * fortlfd wdh bis zur letzten M, 1 M re.
4. Reihe: 1 M li, * 3 x [1 M li, 1 M li verschr], 6 M li, 3 x [1 M li verschr, 1 M li], 1 M li, ab * fortlfd wdh.
5.–8. Reihe: Re M str.
Die 1.–8. R stets wdh.

IN RUNDEN:
M-Zahl teilbar durch 19

1. und 2. Runde: Re M str.
3. Runde: * 1 M re, 3 x [1 U, 1 M re verschr], 3 x 2 M re verschr zusstr, 3 x 2 M re zusstr, 3 x [1 M re verschr, 1 U], ab * fortlfd wdh.
4. Runde: * 1 M re, 3 x [1 M re, 1 M verschr], 6 M re, 3 x [1 M re verschr, 1 M re], ab * fortlfd wdh.
5. Runde: Re M str.
6. Runde: Li M str.
7. Runde: Re M str.
8. Runde: Li M str.
Die 1.–8. Rd stets wdh.

Strickschrift in Reihen:

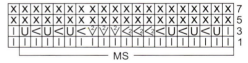

Strickschrift in Runden:

Zeichenerklärung für die Strickmuster dieser Doppelseite:

- ⊠ = kraus re: in Hin- und Rückr 1 M re; in Rd abwechselnd 1 Rd re M, 1 Rd li M str
- ⊡ = in Hinr 1 M re, in Rückr 1 M li; in Rd stets 1 M re
- ◁ = in Hinr 1 M re verschr, in Rückr 1 M li verschr; in Rd stets 1 M re verschr
- ⊍ = 1 U; in Rückr 1 M li bzw. in geraden Rd 1 M re str
- ⊽ = 2 M re zusstr; in Rückr 1 M li bzw. in geraden Rd 1 M re str
- ◁ = 2 M re verschr zusstr; in Rückr 1 M li bzw. in geraden Rd 1 M re str

ABKÜRZUNGEN SIEHE SEITE 126

Ajour: WELLENMUSTER

BRANDUNG

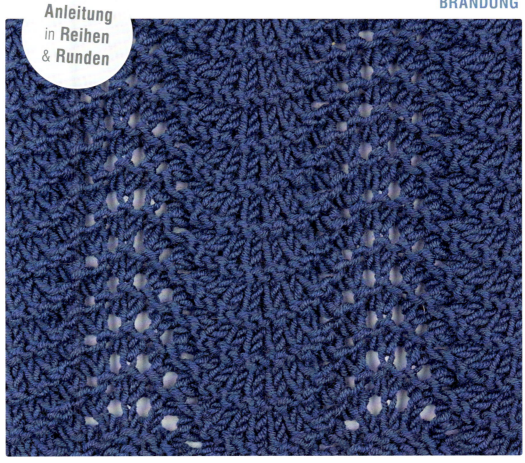

Anleitung in Reihen & Runden

IN REIHEN:
M-Zahl teilbar durch 18 + 2 Rand-M.

Jede R mit 1 Rand-M beginnen und beenden.
1. Reihe (Hinr): * 3 x 2 M re zusstr, 6 x [1 M re, 1 U], 3 x 2 M re übz zusstr, ab * fortlfd wdh.
2. Reihe (Rückr): Li M str.
3. Reihe: Re M str.
4. Reihe: Re M str.
Die 1.–4. R stets wdh.

Strickschrift in Reihen:

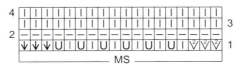

IN RUNDEN:
M-Zahl teilbar durch 18

1. Runde: * 3 x 2 M re zusstr, 6 x [1 M re, 1 U], 3 x 2 M re übz zusstr, ab * fortlfd wdh.
2. Runde: Re M str.
3. Runde: Re M str.
4. Runde: Li M str.
Die 1.–4. Rd stets wdh.

Strickschrift in Runden:

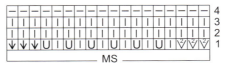

| = 1 M re |V| = 2 M re zusstr
| = 1 M li |V| = 2 M re übz zusstr: 1 M re abh, die nächste M
|U| = 1 U   re str, die abgehobene M überziehen

VIDEO-LEHRGÄNGE
zu vielen der dargestellten Muster finden Sie im Internet auf YouTube:
http://goo.gl/QegFRx

Ajour: WELLENMUSTER

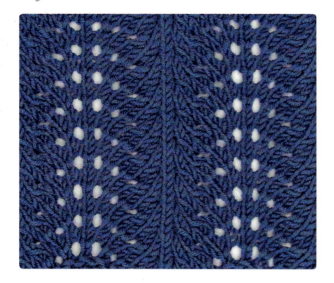

SANFTE BRISE

M-Zahl teilbar durch 16 + 1 + 2 Rand-M. Gemäß Strickschrift arb. Gezeichnet sind die Hinr. In den Rückr alle M und U li str. Beginnen mit 1 Rand-M, den MS stets wdh, enden mit der M nach dem MS und 1 Rand-M. Die 1.–4. R stets wdh.

Strickschrift

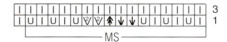

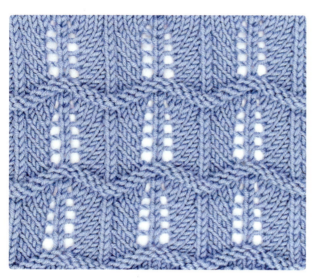

OFFENES MEER

M-Zahl teilbar durch 10 + 1 + 2 Rand-M. Gemäß Strickschrift str. Gezeichnet sind die Hinr. In den Rückr die M str, wie sie erscheinen bzw wie angegeben, U li str. Beginnen mit 1 Rand-M, den MS stets wdh, enden mit der M nach dem MS und 1 Rand-M. Die 1.–14. R stets wdh.

Strickschrift

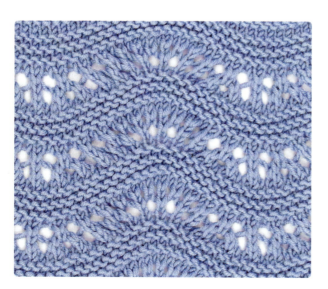

SÜDSEEWELLEN

M-Zahl teilbar durch 24 + 1 + 2 Rand-M. Gemäß Strickschrift arb. Gezeichnet sind die Hinr. In den Rückr alle M und U li bzw wie angegeben str. Beginnen mit 1 Rand-M und der M vor dem MS, den MS stets wdh, enden mit 1 Rand-M. Die 1.–24. R stets wdh.

Strickschrift

Zeichenerklärung für die Strickmuster dieser Doppelseite:

- ☐ + I = 1 M re
- U = 1 Umschlag
- ⩔ = 2 M re zusstr
- X = 1 M kraus re: Hin- und Rückr re M
- ⩛ = 3 M re abgeh zusstr: 2 M zus re abh, 1 M re str und die abgehobenen M darüberziehen
- U̲ = 1 U und 1 M re
- U̳ = 2 U und 1 M re
- ⊥ = 1 M kraus li (Hin- und Rückr li str)

ABKÜRZUNGEN SIEHE SEITE 126

Ajour: WELLENMUSTER

SEEGANG
M-Zahl teilbar durch 17 + 2 Rand-M. Gemäß Strickschrift arb. Gezeichnet sind die Hinr. In den Rückr M und U li, bzw. wie angegeben str. Zwischen den Rand-M den MS stets wdh. Die 1.–10. R stets wdh.

Strickschrift

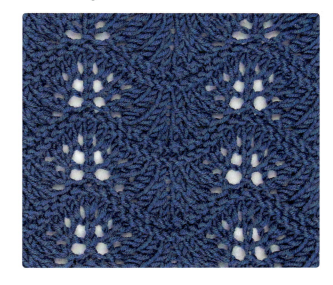

LEICHTE DÜNUNG
M-Zahl teilbar durch 18 + 17 + 2 Rand-M. Gemäß Strickschrift arb. Es sind Hin- und Rückr gezeichnet. Mit 1 Rand-M beginnen, den MS stets wdh, enden mit den ersten 17 M des MS und 1 Rand-M. Die 1.–4. R stets wdh.

Strickschrift

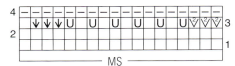

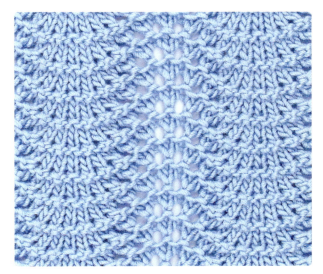

KABBELSEE
M-Zahl teilbar durch 12 + 2 + 2 Rand-M. Gemäß Strickschrift arb. Gezeichnet sind die Hinr. In den Rückr alle M re str, dabei alle U der Vorr fallen lassen und die betreffenden M lang ziehen. Beginnen mit 1 Rand-M und der M vor dem MS, den MS stets wdh, enden mit cer M nach dem MS und 1 Rand-M. Die 1.–8. R stets wdh.

Strickschrift

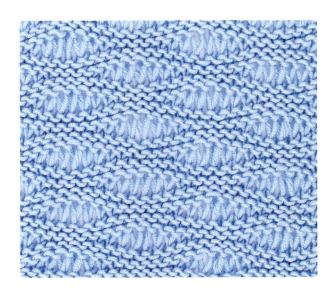

⟨V⟩ = 2 M re übz zusstr: 1 M re abh, 1 M re str und die abgehobene M darüberziehen

⟨U⟩ = 1 U und 1 M re

⟨Λ⟩ = 3 M re übz zusstr: 1 M re abh, 2 M zusstr, dann die abgehobene M darüberziehen

⟨Ü⟩ = 2 U und 1 M re

VIDEO-LEHRGÄNGE
zu vielen der dargestellten Muster finden Sie im Internet auf YouTube:
http://goo.gl/QegFRx

Erste Hilfe

Übung macht die Meisterin – das gilt auch fürs Stricken! Und wenn doch mal etwas schief geht, gibt es (meistens) Rettung.

FÄDEN VERNÄHEN

1. Die Fadenenden in eine stumpfe Sticknadel fädeln und in die Randmaschen einziehen, dabei einen Faden nach oben, den anderen nach unten ziehen. Bei zusammengenähten Strickteilen die Fäden ebenfalls in die Randmaschen einziehen.

2. Geht ein Knäuel mitten in der Reihe zu Ende oder ist ein Farbwechsel in einer Reihe notwendig, werden die Fäden auf der Rückseite der Arbeit vernäht. Dabei zunächst durch die daneben liegende Masche stechen, sodass zwischen der letzten Masche des alten Fadens und der ersten, die mit dem neuen Faden gestrickt wurde, eine Ver-

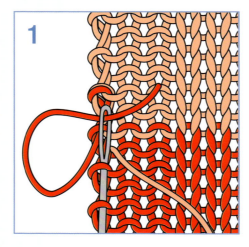

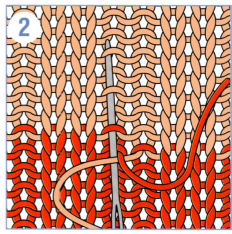

kreuzung entsteht. Den Faden in die Maschenreihe (bei Farbwechsel in die gleichfarbigen Maschen) einziehen, dabei immer nur einen Teil der Ma-

schenglieder erfassen, damit der Faden auf der Vorderseite nicht sichtbar ist.

NÜTZLICHE TIPPS

BITTE DURCHLESEN

Auch wenn es manchmal lästig ist: Bitte immer zuerst die ganze Anleitung bis zum Ende durchlesen. Der Grund: Was gleichzeitig passiert, kann trotzdem nur nacheinander beschrieben werden. So wird oft gleichzeitig für den Halsausschnitt und die Schulterschrägung abgenommen, im Text steht aber erst das eine, dann das andere. Wer erstmal alles liest, ist vorgewarnt und spart sich das Aufribbeln!

BITTE MITSCHREIBEN

Zu- und Abnahmen geben dem Strickstück Form – deshalb wird in jeder Anleitung ganz genau angeben an welchen Stellen um wie viele Maschen vermindert oder erweitert werden muss. Damit am Ende alles stimmt, einfach einen Notizblock bereit halten und eine Strichliste führen. Dann ist immer klar, welche Reihe oder Runde gerade dran ist, das lästige Nachzählen entfällt, und auch, wenn das Strickstück mal länger zur Seite liegt, ist der Wiedereinstieg beim Weiterstricken überhaupt kein Problem!

DIE MASCHENPROBE

Niemand liebt sie, jeder braucht sie: Die Maschenprobe! Eigentlich möchte man mit Feuereifer loslegen, stattdessen ist ein 12 cm x 12 cm großes Strickläppchen Pflicht. Die Maschenprobe ist nicht nur unerlässlich, damit später die Maße stimmen, sie dient auch dazu, sich auf das jeweilige Material einzustimmen und das Muster zu üben. Machen Sie die Pflicht zur Kür: Stricken Sie jede Maschenprobe tatsächlich 12 x 12 cm groß. Sollte Sie mal etwas kleiner ausfallen, dann ergänzen Sie die fehlenden Zentimeter, indem Sie das Stück umhäkeln. Jedes Läppchen ist anders in Farbe, Muster und Material. Nähen Sie Stück für Stück aneinander, so entsteht nach und nach eine tolle Patchwork-Decke und gleichzeitig eine Chronik Ihres Strickens!

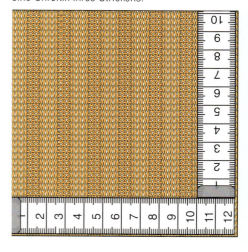

Auch erfahrenen Strickerinnen passiert einmal ein Missgeschick. Doch Fehler oder von der Nadel gefallene Maschen sind kein Drama. Tief durchatmen, die Laufmasche wieder hochhäkeln oder bis zum Fehler zurückstricken - und schon geht,s wieder weiter!

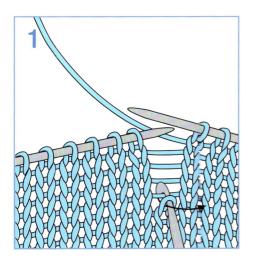

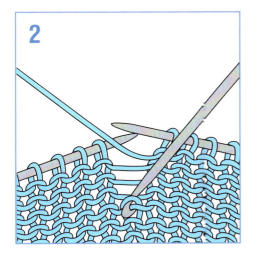

◀ LAUFMASCHE AUFHEBEN

Ist einmal eine Masche von der Nadel gerutscht und dann auch noch einige Reihen tiefer gefallen, lässt sich das mit einer Häkelnadel wieder in Ordnung bringen.

1. Bei rechten Maschen: Die gefallene Masche von vorne auf eine Häkelnadel nehmen und den darüber liegenden Querfaden durchholen.

2. Bei linken Maschen: Von hinten in die gefallene Masche einstechen und den darüber liegenden Querfaden von vorn nach hinten durch die Masche ziehen. Diesen Vorgang jeweils wiederholen, bis die Masche wieder auf die Stricknadel gehängt werden kann. Bei kraus rechts gestrickten Reihen die Laufmasche entsprechend dem Maschenbild abwechselnd rechts und links hochhäkeln. Bei Mustermaschen die gefallene Masche mit einer Sicherheitsnadel sichern, dann bis zu dieser Stelle rückwärts stricken, die Masche wieder einfügen und das Muster fortsetzen.

Ist eine einzelne Masche falsch gearbeitet und fällt dies erst einige Reihen später auf, hilft das gezielte Fallenlassen der über dem Fehler liegenden Masche(n). Die Masche bis zum Fehler laufen lassen und dann wie beschrieben wieder hochholen, dabei den Fehler korrigieren.

▶ RÜCKWÄRTSSTRICKEN

Hat sich ein Fehler eingeschlichen und wird dies erst einige Maschen später bemerkt? Wer jetzt die Nadeln aus der Arbeit zieht und aufribbelt, hat Schwierigkeiten, wirklich alle Maschen wieder ordentlich aufzunehmen. Viel

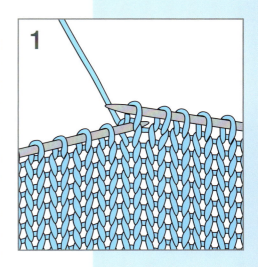

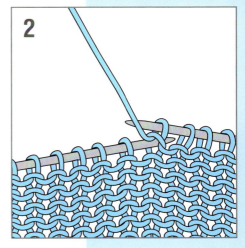

sicherer ist es, rückwärts zu stricken.

1. Rechte Maschen rückwärtsstricken: Der Faden liegt hinter der Arbeit. Mit der linken Nadel von vorn in die Masche unter der letzten Masche der rechten Nadel einstechen und diese auf die linke Nadel heben. Den Arbeitsfaden anziehen und so die Masche auflösen.

2. Linke Maschen rückwärtsstricken: Der Faden liegt vor der Arbeit. Mit der linken Nadel von vorn in die Masche unter der letzten Masche der rechten Nadel einstechen und diese auf die linke Nadel heben. Den Arbeitsfaden anziehen und so die Masche auflösen.

TIPP
Locker bleiben

Schaut man Anfängern zu, dann sieht man allzu oft verkrampfte Schultern, Arme und Finger und ein Faden, der vor lauter Anstrengung und Konzentration straff gespannt ist und nicht weiterrutschen will. Dagegen hilft nur ganz bewusste Entspannung: Lassen Sie die Schultern locker hängen, die Hände nicht versteifen, den Faden halten, aber nicht festhalten.
Seien Sie am Anfang nicht zu streng mit sich, mit jeder Masche, mit jeder Reihe und mit jedem Knäuel bekommen Sie mehr Routine und ganz plötzlich läuft es locker und ohne Kraftaufwand!

ABKÜRZUNGEN

abgeh	abgehoben(en)	Hinr	Hinreihe(n)	Rd-Ende	Rundenende	weiterstr	weiterstricken
abh	abheben	hStb	halbe(s) Stäbchen	Rd	Runde(n)	w&w	wickeln und wenden (bei verkürzten Reihen)
abk	abketten	Km	Kettmasche(n)	re	rechte/rechts		
Abn	Abnahme(n)	li	linke/links	R-Ende	Reihenende	Zopfnd	Zopfnadel
abn	abnehmen	Lm	Luftmasche(n)	restl	restliche(n)	Zun	Zunahme(n)
abstr	abstricken	LL	Lauflänge	Rückr	Rückreihe(n)	zun	zunehmen
anschl	anschlagen	lvkr	nach links verkreuzen	Rundstricknd	Rundstricknadel	zusstr	zusammenstricken
arb	arbeiten	M	Masche(n)	rvkr	nach rechts verkreuzen	2 M re abgeh zusstr	2 M einzeln nacheinander wie zum Rechtsstricken abh und in dieser Orientierung re verschr zusstr
Fb	Farbe	MM	Maschenmarkierer				
Fh	Faden nach hinten legen/Faden hinter der Arbeit	MS	Mustersatz	Stb	Stäbchen		
		M-Zahl	Maschenzahl	str	stricken		
		N	Noppe(n)	U	Umschlag/Umschläge		
fM	feste Masche(n)	Nd	Nadel(n)	übz zusstr	überzogen zusammenstricken		
folg	folgende(n)	Ndspiel	Nadelspiel			2 M re übz zusstr	1 M abh, die nächste M re str, die abgeh M über die re gestrickte M ziehen
fortlfd	fortlaufend	P	Perle(n)	verschr	verschränkt		
Fv	Faden nach vorne legen/Faden vor der Arbeit	R	Reihe(n)	Vorr	Vorreihe		
		Rand-M	Randmasche(n)	Vorrd	Vorrunde		
		R-Beginn	Reihenbeginn	wdh	wiederholen		
Hilfsnd	Hilfsnadel	Rd-Beginn	Rundenbeginn	weiterarb	weiterarbeiten		

IMPRESSUM

Konzept und Serviceseiten: Janne Graf
Redaktion: Angelika Klein
Fotografie: W. Hofmann, OZ Verlag; Addi Handarbeitshilfen (S. 8–11)
Modelle und Modellfotografie: Lang Yarns, Reiden
Umschlaggestaltung und Satz: GrafikwerkFreiburg
Litho: RTK & SRS mediagroup GmbH
Druck und Verarbeitung: Neografia, Slowakei

ISBN 978-3-8410-6383-0
Art.-Nr. 6383

© 2016 Christophorus Verlag GmbH & Co. KG, Rheinfelden. Eine Lizenz der OZ-Verlags-GmbH

Alle Rechte vorbehalten

Sämtliche Modelle, Illustrationen und Fotos sind urheberrechtlich geschützt. Jede gewerbliche Nutzung ist untersagt. Dies gilt auch für eine Vervielfältigung bzw. Verbreitung über elektronische Medien.

Der Verlag hat die größtmögliche Sorgfalt walten lassen, um sicherzustellen, dass alle Angaben und Anleitungen korrekt sind, kann jedoch im Falle unrichtiger Angaben keinerlei Haftung für eventuelle Folgen, direkte oder indirekte, übernehmen. Die gezeigten Materialien sind zeitlich unverbindlich. Der Verlag übernimmt für Verfügbarkeit und Lieferbarkeit keine Gewähr und keine Haftung. Farbe und Helligkeit der in diesem Buch gezeigten Garne, Materialien und Modelle können von den jeweiligen Originalen abweichen. Die bildliche Darstellung ist unverbindlich. Der Verlag übernimmt keine Gewähr und keine Haftung.

Herstellerverzeichnis

- Lang Yarns: Lang & Co. AG, Mühlenhofstraße 9, 6260 Reiden (CH)
  www.langyarns.com
- Addi Handarbeitshilfen
  Gustav Selter GmbH, Hauptstraße 13–15, 58762 Altena

Kreativ-Service

Sie haben Fragen zu den Büchern und Materialien? Frau Erika Noll ist für Sie da und berät Sie rund um alle Kreativthemen. Rufen Sie an! Wir interessieren uns auch für Ihre eigenen Ideen und Anregungen. Sie erreichen Frau Noll per E-Mail: mail@kreativ-service.info oder Tel.: +49 (0) 5052 / 91 18 58

Besuchen Sie uns im Internet: **www.christophorus-verlag.de**